성공 패턴 63으로
비즈니스 모델 완벽 정복

필수 4요소 전략·운영·수익·콘텍스트로 완성하는 비즈니스 필승 전략

성공 패턴 63으로 비즈니스 모델 완벽 정복

초판 1쇄 2021년 12월 31일
　2쇄 2022년 9월 15일

지은이 네고로 타츠유키·토가시 카오리·아지로 사토시
옮긴이 안동현
발행인 최홍석

발행처 (주)프리렉
출판신고 2000년 3월 7일　제 13-634호
주소 경기도 부천시 원미구 길주로 77번길 19 세진프라자 201호
전화 032-326-7282(代)　팩스 032-326-5866
URL www.freelec.co.kr

편집 박영주
표지디자인 황인옥
본문디자인 박경옥

ISBN 978-89-6540-323-4

필수 4요소 전략·운영·수익·콘텍스트로 완성하는 비즈니스 필승 전략

성공 패턴 63으로
비즈니스 모델
완벽 정복

ALL ABOUT BUSINESS MODEL

네고로 타츠유키 · 토가시 카오리 · 아지로 사토시 지음

안동현 옮김

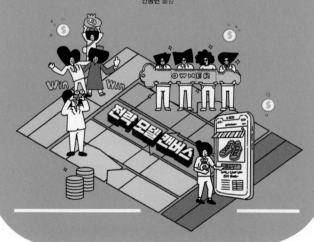

프리렉

이 책을 선택해 주셔서 고맙습니다. 여기서는 이 책의 특징과 내용을 간단히 소개하고자 합니다.

불확실한 '지금과 미래'를 살아남는 데 꼭 필요한 지식

필자가 이 원고를 쓴 2020년 11월은 인류사에 남을 팬데믹이 한창입니다. 최근 몇 달간 세계의 사회 구조와 비즈니스는 그야말로 '극적으로' 변할 수밖에 없었습니다. 그리고 지금의 팬데믹을 겪으며 세상은 불확실하다는 것이 분명해졌습니다. 어떤 기업이라도 지금의 비즈니스를 영원히 지속할 수는 없습니다.

지금부터 펼쳐질 불확실한 사회에서 살아남기 위해서는, 기업은 물론 개인도 사회와 비즈니스를 냉정하게 바라보고 객관적으로 분석하는 기술을 익혀야 합니다. 다시 말해, 이 기술을 익혀 두면 **세상이 어떻게 바뀌더라도 그 시대에 맞는 새로운 비즈니스를 개발할 수 있을 뿐 아니라, 기존 사업의 혁신도 이룰 수 있습니다.**

이런 요구에 응답하고자 이 책을 집필했습니다. 비즈니스의 기본을 체득한 뒤, 다양한 성공 패턴을 분석·확인함으로써 비즈니스를 더 깊이 이해하고 디자인할 수 있는 '눈'을 기를 수 있을 것입니다.

이 책의 구성

이 책은 다음 3부로 구성됩니다.

- 1부 비즈니스 모델이란?
- 2부 비즈니스 모델 도감
- 3부 비즈니스 모델 제작 워크숍

비즈니스 원리를 알기 쉽게!

1부 비즈니스 모델이란?에서는 제목대로 비즈니스 모델의 개념과 디자인의 기본 사고방식, 즉 비즈니스 모델의 성립 과정을 하나씩 자세하게 설명합니다. 처음 익히는 사람도 쉽게 읽을 수 있도록 불필요한 전문 용어는 가능한 한 사용하지 않고 쓰더라도 해설을 곁들이겠습니다. '비즈니스 모델 관련 책은 처음'인 사람이라도 마음 놓고 읽을 수 있습니다.

2부 비즈니스 모델 도감에서는 1부에서 설명한 비즈니스 모델의 기본적인 사고방식을 기본으로 비즈니스 모델의 패턴을 63가지로 분류하고, 사례를 첨부하여 하나의 도감으로 정리했습니다. 비즈니스 모델을 하나씩 확인할 수도 있고 여러 개의 비즈니스 모델을 비교할 수도 있습니다. 여기서 소개하는 성공 패턴을 눈여겨 살펴보면 새로운 아이디어를 검토할 때 많은 도움이 될 것입니다.

3부 비즈니스 모델 제작 워크숍에서는 기존의 비즈니스 모델을 혁신하는 방법이나 새로운 비즈니스 모델을 개발하는 방법을 실제 기업에서 집단으로 검토하는 프로세스에 빗대어 자세히 설명합니다.

이 책을 통해 비즈니스 모델의 기본부터 성공 패턴의 성립이나 강점 그리고 새로운 비즈니스 모델을 만드는 방법까지 한 번에 배울 수 있습니다. 덧붙여 이 책은 각 부분을 나누어 집필하지 않고 세 명의 저자가 협업하며 작성했습니다. 각 장의 초안을 담당한 사람은 있으나 모든 장은 세 사람이 서로 리뷰하고 수정을 반복하여 최종 원고로 완성한 것입니다. 그 결과 일관된 프레임워크가 책 전체를 관통하고 있습니다.

이 책의 대상 독자

이 책의 대상 독자는 다음과 같습니다.

- 새로운 비즈니스를 시작해 보고자 하는 사람

- 기존 비즈니스를 재검토하고자 하는 사람
- 기업 내부에서 비즈니스 이노베이션(사업 혁신)을 계획하는 사람
- 비즈니스 기획이나 아이디어를 찾는 사람
- 타사의 성공 비밀을 알고 싶은 사람
- 사회나 비즈니스에 대한 지식을 넓혀 레벨 업하고 싶은 사람
- 이와 같은 내용을 공부하고 싶은 학생이나 사회 초년생

이런 분이라면 이 책이 딱이라고 생각합니다. 책이 조금은 두껍습니다만, 그만큼 내용도 충실하므로 꼭 끝까지 읽어 보기 바랍니다.

이 책의 특징

이 책에서는 일본과 유럽, 미국의 선행 연구나 유명 이론을 음미하면서 **비즈니스 모델을 분석하고 디자인하는 독자적인 방법을 제안합니다.** 자세한 내용은 본문에서 설명하겠으나, 독자적인 방법으로 비즈니스 모델의 중요 3가지 하위 모델인 '전략 모델', '운영 모델', '수익 모델'을 이용하여 비즈니스 모델을 분석·디자인합니다. 또한, 각 모델이 성립하려면 콘텍스트(Context, 전제)가 필요함을 명시하고, 그만큼 이를 분석하는 일 역시 중요하다고 주장합니다. 그리고 앞의 3가지 하위 모델을 조감하는 도구로 '전략 모델 캔버스'를 제안합니다.

이론 세계에서 독자성이란 마음대로 주장하는 것이 아닙니다. 세계의 최신 이론에 입각하여 새로운 관점을 더해야 합니다. 이 책을 집필하면서 실제로 많은 선행 문헌이나 이론을 참조했고, 다양하게 영향을 받았습니다. 특히 많은 영향을 준 것은 알렉산더 오스터왈더(Alexander Osterwalder)와 예스 피그누어(Yves Pigneur)가 공저 《비즈니스 모델의 탄생(Business Model Generation)》에

서 제안한 '비즈니스 모델 캔버스'입니다. 필진은 수년간 피그누어 교수와 교류하며 식견을 넓히고, 자신의 연구를 더해 '전략 모델 캔버스' 프레임워크를 만들었습니다.

또한, 에릭 리스(Eric Ries)의 《린 스타트업(THE LEAN STARTUP)》에서도 큰 영향을 받았습니다. 린 스타트업의 뛰어난 점은 새롭고 획기적인 비즈니스일수록 그 수요를 책상 위에서 파악하기란 불가능하다면서, 우선 MVP(Minimum Viable Product, 최소 기능 상품)를 만들고 시장의 반응에 따라 비즈니스를 피벗(재편성)할 것을 강조하는 데 있습니다. 필진이 제안하는 '전략 모델 캔버스'는 린 스타트업을 본받아 캔버스에서 다룰 요소를 재편성함으로써 체계적인 피벗을 가능하게 합니다.

세 번째로 영향을 받은 것은 찰스 오라일리(Charles A. O'Reilly)와 마이클 투시먼(Michael L. Tushman)의 《리드 앤 디스럽트(Lead and Disrupt: How to Solve the Innovator's Dilemma)》입니다. 기존 사업의 심화(효율화나 강화)와 새로운 사업의 탐색(개발이나 제휴)을 양립하도록 하는 '양손잡이 경영'을 주장하는 책입니다. 이 책의 '전략 모델 캔버스'는 심화와 탐색 둘 모두를 의식하며 사용했습니다.

지금부터 비즈니스 세계를 살아갈 모든 사람에게 이 책이 조금이나마 도움이 되었으면 좋겠습니다.

마지막으로 장장 2년 동안의 집필 작업을 인내하며 지켜본 편집 담당 오카모토 신고(岡本晋吾) 씨에게 고마움을 전합니다.

2020년 11월

필진을 대표해서

네고로 타츠유키(根来龍之)

○ 차 례 ○

PART 3   비즈니스 모델 제작 워크숍 **429**

Chapter 07 기존 비즈니스 혁신 워크숍 433

Chapter 08 신규 비즈니스 개발 워크숍 453

비즈니스 모델이란?

1부에서는 처음 배우는 사람을 대상으로 '비즈니스 모델이란 무엇인가?'라는 가장 기초가 되는 주제부터 하나씩 자세하게 설명합니다.

비즈니스 모델
기초 지식

1장에서는 비즈니스 모델의 기초 지식과 이 책의 골자인 프레임워크에 대해 설명합니다. 이 프레임워크는 서구의 최신 비즈니스 모델 연구를 바탕으로 필진 나름의 양념을 첨가한 새로운 제안이라 할 수 있습니다.

비즈니스 모델이란 무엇인가?

지금 우리는 디지털화나 데이터 시각화로 대표되는 큰 변화의 시대에 삽니다. 특히 디지털화(p.371)는 많은 산업의 '수익 획득 구조'를 극적으로 바꾸었습니다. 급격한 구조 변화에 따라 전통적인 기업에서도 신규 사업 입안이나 기존 사업의 대폭 혁신이 요구되는 등, 비즈니스 모델을 향한 관심이 커지고 있습니다.

그러면 비즈니스 모델을 어떻게 개발·혁신해야 할까요? 이 장에서는 먼저 '비즈니스 모델이란 무엇인가?'부터 설명합니다. 그런 다음, 기존 비즈니스 모델의 '심화'와 신규 비즈니스 모델의 '탐색' 간의 차이를 설명하고•, 마지막으로 비즈니스 모델을 디자인(설계·구축)할 때의 요점을 설명하겠습니다.

비즈니스 모델은 '사업 구조 설계 모델'

비즈니스 모델은 간단하게 다음과 같이 정의할 수 있습니다.

> *"비즈니스 모델이란 '기업이 어떤 사업을 하는가?' 또는 '어떤 사업 활동을 구상하는가?'를 나타내는 사업 구조 설계 모델이다."*

• '심화'와 '탐색'은 경영학 전문 용어입니다. 장기적인 성장에 필요한 이 두 가지 활동을 동시에 또는 차례로 수행해야 한다고 주장하는 것이 '양손잡이 경영'입니다(찰스 오라일리, 마이클 투시먼, 2019).

여기서 말하는 '구조'란, '사업의 뼈대'에 해당하는 것 또는 사업 활동의 '패턴'을 뜻합니다. 이 설계 모델에는 적어도 다음 3가지 모델이 있습니다.

(1) 전략 모델

전략 모델이란 어떤 고객(타깃 이용자)에게 무엇(상품·서비스)을 어떻게 매력적으로 보이도록 하고, 자사의 어떤 자원을 활용하여 이를 제공할 것인가를 표현하는 모델입니다. 비즈니스 모델의 전체적인 방향성을 정하는 것이라 할 수 있습니다.

(2) 운영 모델

운영 모델이란 전략 모델을 실현하는 '사업 프로세스 구조'를 표현하는 모델입니다. 기업이 실제로 수행하는 일련의 주된 활동을 결정합니다.

(3) 수익 모델

수익 모델이란 사업 활동에서 '수익을 얻는 방법'과 '비용 구조'를 표현하는 모델입니다. 수익을 얻고자 어느 정도의 사업 규모나 단가, 비용을 고민해야 하는가를 정하는 것입니다.

이들 3가지 모델을 검토하면 최적의 비즈니스 모델을 구축할 수 있습니다.

아울러 이 3가지 모델 이외에도 다음 표에서 보듯이 자사의 '사업 영역'이나 '산업에서의 역할'이라는 의미로 비즈니스 모델이라는 용어를 사용하기도 합니다. 그러므로 이 책의 '비즈니스 모델' 정의가 유일한 것은 아닙니다만, 타사의 사업 구조를 정확히 이해하고 자사의 사업을 전략적으로 디자인하는 데는 이 책의 정의가 바람직하다고 생각합니다.

표 1-1 비즈니스 모델의 5가지 의미

의미	내용	예
전략 모델	고객에게 어떤 가치를 어떻게 제공할 것인가를 결정	• 셰어링 • 서비스화
운영 모델	전략 모델을 실현하는 데 필요한 '업무 프로세스 구조'를 표현	• 직판 • 프랜차이즈
수익 모델	수익을 확보할 방법을 결정(수익을 얻는 방법과 비용 구조)	• 구독 • 프리미엄
사업 영역	수직 통합할 것인가, 수평 분할을 추구할 것인가, 국제화할 것인가 등 자사의 활동 영역을 설정	• SAP • 수직통합 • 수평분업
산업에서의 역할	플랫폼, 도급 생산, 구매 대리 등의 역할을 설정	• 도급 생산(EMS) • 구매대행

비즈니스 모델 디자인

새로운 사업을 입안하거나 기존 사업을 혁신하려면 비즈니스 모델을 적절하게 디자인(설계·구축)해야 합니다. 이 책에서는 이 '비즈니스 모델 디자인'을 위한 실천적인 방법으로 '전략 모델 캔버스'를 제안합니다. 자세한 내용은 나중에 설명합니다만, 전략 모델 캔버스를 사용하면 앞의 '전략 모델', '운영 모델', '수익 모델'의 요점을 알기 쉬운 하나의 프레임워크로 정리하여 표현할 수 있습니다.

때로 검토가 필요한 모델

실제로 비즈니스 모델을 디자인할 때는 앞의 3가지 모델뿐 아니라 때로는 더욱 상세한 조사와 디자인이 필요하기도 합니다(다음 표 참고).

예를 들어 '시장 모델 작성'이나 '경쟁 모델과의 차이 분석'을 수행하여 마케팅 방법을 생각해야 할 때도 있습니다. 아울러 '공급망 모델이나 협력사 모델 설계'가 필요할 때도 있습니다. 다양해지는 과금 방법을 고려하여 수익 모델을 세분화하여 '과금 모델'을 설계할 때도 있습니다. 구체적으로는 구독(p.292)이나 종량 과금(p.274) 등의 과금 방법이나 그 구체적인 내용을 고안하는 것입니다. 단, 이들 모델은 항상 필요한 것이 아니라 '때때로 필요한' 것입니다.

표 1-2 때로는 검토가 필요한 모델

종류	설명
시장 모델	시장의 구조나 고객의 특성 분포를 표현한 모델
경쟁 모델	경쟁자나 신규 참가자와 어떻게 경쟁할 것인가를 표현한 모델
공급망 모델/협력사 모델	기업과 협력사가 어떤 관계를 만드는가를 표현한 모델(운영 모델의 확장)
커뮤니티 모델	기업과 커뮤니티가 어떤 관계를 만드는가를 표현한 모델
과금 모델	누구에게 어떤 방법으로 과금할 것인가를 표현한 모델

02 비즈니스 모델의 출발점: 전략 모델

앞서 본 것처럼 비즈니스 모델은 여러 개의 모델을 조합하여 디자인합니다. 그 출발점이 되는 것이 '전략 모델'입니다. 또한, 전략 모델의 요소 중 **핵심이 되는 것이 '기업의 사업 활동'과 '구매자의 소비 활동'**입니다. 왜냐하면, 판매자인 기업과 이를 사는 구매자가 있기 때문에 비즈니스가 성립한다는 것이 시장 경제에서 비즈니스의 본질이기 때문입니다. 이는 곧 그림 1-1 왼쪽에 있는 '자사의 사업 활동'과 가운데의 '구매자의 소비 활동' 간의 관계입니다.

그림 1-1 '전략 모델' 출발점으로서의 단위 모델 (1)자사·구매자·경쟁자

구매자와 시장

여기서는 앞 그림에서 본 단위 모델(전략 모델을 더 단순화한 모델)이 왜 비즈니스의 본질이라는 것인지, 그 의미를 알아보겠습니다.

'구매자가 있다'는 상태는 즉 그 구매자가 '기업에 돈을 내도 좋다고 평가한다'는 것을 가리킵니다. 즉, **비즈니스가 성립하려면, 자사가 기업 활동으로 제공하는 상품이나 서비스에 가치를 느끼는 고객이 있어야 한다**는 말입니다.

아울러 비즈니스의 또 하나 특징은 **시장**이 존재한다는 점입니다. 시장은 고객에게 가치를 전달하는 곳임과 동시에 기업의 경쟁사나 대체품이 있는 곳이기도 합니다(그림 1-1 오른쪽). 이 책에서 다루는 비즈니스 모델 프레임워크에서는 '사업에는 반드시 경쟁사 또는 대체품이 있다'고 가정합니다.

(1) 대체품이란?

대체품이란 마이클 포터(Michael E. Porter)가 주창한 '5 세력 분석(5 Forces Analysis)'에 등장하는 요소 중 하나로, 기업이 고객에게 제공하는 상품이나 서비스와 똑같은 가치를 주는 상품·서비스를 가리킵니다. 비슷한 용어로 '경쟁상품'이 있으므로 주의하세요. **경쟁상품**이란 같은 기본 기능을 가진 상품·서비스를 말합니다. 이와는 달리 대체품은 **같은 수준으로 고객의 수요를 충족하는 것**입니다. 그러므로 반드시 같은 기능을 가진 상품·서비스일 필요는 없습니다.

블루오션 시장(p.401)에는 직접적인 대체품(경쟁)이 없을 수도 있습니다. 그러나 이럴 때도 기업의 제품이나 서비스의 기능을 부분적으로(때로는 원시적인 형태로) 제공하는 상품이나 서비스는 있습니다. 이것이 대체품입니다. 경쟁 상대가 반드시 같은 상품과 서비스를 제공하는 시장 참가자일 필요는 없습니다. 예를 들어 소비자에 따라서는 음악 스트리밍 서비스의 대체품이 동영상 서비스일 수도 있습니다(스포티파이 대신 유튜브).

대체품 중에는 자사 상품에는 없는 다양한 기능이 있는 것도 있지만, 기본적으로는 기업이 제공하는 기본적인 가치를 다른 형태로 제공하는 것입니다. 예를 들어, 스포티파이에서나 유튜브에서나 모두 음악을 즐길 수 있는 것과 같습니다.

참고로 이 책에서는 정부나 지방자치단체의 활동은 자세히 다루지 않습니다. 이들 활동은 지역독점에 가까운 형태가 많으므로 대체품이 없을 뿐 아니라, 가치에 대해 비용을 '지불해도 좋다'는 이용자의 의사 표명이 시장을 통해 이루어지지 않기 때문입니다.

MEMO

비즈니스 모델 분석에서 기능의 추상도를 지나치게 추구하는 것은 바람직하지 않습니다. 스포티파이나 유튜브는 '엔터테인먼트 서비스 매체'인 점에서는 동일하다고 할 수 있지만, '심심풀이 도구'라 생각하는 것은 추상도가 너무 높습니다. 추상도가 너무 높으면 실제 비즈니스 디자인이 좀처럼 구체화되지 않습니다. 그러나 한편으론 어느 정도 추상도를 추구하지 않으면 대체품을 고려하지 않고 직접 경쟁만 생각하는 근시안에 빠지게 됩니다.

(2) 대상 고객

시장에서 고객에게 평가받기 위해서는 경쟁사나 대체품과는 다른 가치를 제공해야 합니다. 고객이 가장 평가하기 쉬운 것이 타사 제품이나 서비스와의 차이입니다. '저렴한 가격'과 같은 단순한 차이도 있지만, 대부분은 품질이나 기능 차이입니다. 그림 1-1을 예로 들어 설명하자면, 경쟁사의 제품·서비스나 대체품과 자사의 제품·서비스로 경쟁한 결과, 경쟁사보다 '고객 가치에 대한 공헌도'가 큰 쪽이 되도록 설계해야 한다는 것입니다. 평가하는 주체는 구매자인 고객입니다.

여기서 기억해야 할 것은 '모든 고객이 자사를 호평하지 않아도 된다'는 점입니다. 시장에 자사의 제품이나 서비스의 가치를 인정하는 고객(대상 고객)이 존재하는지만 생각하면 됩니다.

예를 들어 자전거 공유 서비스는 그 지역에 살며 매일 자택에서 직장이나 학교까지 자전거로 이동하는 고객에게는 그리 큰 가치가 없습니다. 그러나 가끔 외출하거나 볼일을 보러 이동할 때에는 걷기에는 멀고 택시를 타기에는 부담인 거리를 편하게 이동할 수 있고, 목적지 근처의 자전거 주차장에 반납하면 된다는 점에서 커다란 가치가 있습니다. 자사의 제품이나 서비스 가치를 인정하는 고객이 일정 정도만 있다면 비즈니스는 성립합니다.

철저한 자사 자원 분석: 격리

우수한 제품만 만들면 비즈니스는 성공하는 것일까요? 고도 경제성장기 이후 품질이 좋은 제품을 선구적으로 출시했던 일본 기업이 현재는 제자리걸음인 점을 보더라도 제품에는 생명주기가 있다는 것, 즉 **아무리 차별화하더라도 언젠가는 진부해지기 일쑤**란 사실을 알 수 있습니다.

그러나 비즈니스(사업)는 계속되어야 합니다. 비즈니스와 상품의 차이는, 지속성이 있는지 없는지에 있습니다. 즉, 비즈니스 모델을 구축할 때는 타사와의 차이가 '있다'만으로는 불충분하며, 그 차이를 오랫동안 유지할 수 있는지가 중요합니다. 히트 상품(제품)도 언젠가는 팔리지 않게 되지만, 끊임없이 제품을 교체해 가며 계속되는 것이 바로 비즈니스(사업)인 것입니다.

이를 위해서는 자사의 자원과 활동, 또는 이 두 가지를 조합하여 광의의 경쟁자(직접 경쟁과 대체품)에 대해 차별화를 이루어야 합니다. "기업이 축적하고 **보유한 자원이나 능력을 어떻게 이용하여 경쟁 우위를 창출할 것인가?**"란 과제는,

1980년대 중반부터 1990년대에 걸쳐 버거 워너펠트(1984)와 제이 B. 바니(1991) 등의 연구가 주목받으면서 '**자원기반이론**'의 형태로 정립되고 있습니다. 여기서 말하는 자원, 곧 경영 자원이라고 하면 부동산이나 공장 등의 설비, 회사의 입지, 혹은 인재와 같은 '**유형 자원**'을 떠올리기 쉽습니다만, 그뿐만은 아닙니다. 예를 들어 기업은 특허나 브랜드 등의 '**무형 자원**'도 보유합니다. 그 밖에도 경영 능력이나 마케팅 능력이 뛰어나다고 표현하는 '**조직 능력**(capability)' 역시 경영 자원입니다. 또한, 2000년대에 들어 발전한 IT나 그 운용 능력도 경영 자원의 하나입니다.

표 1-3 경영 자원의 종류

종류	설명
유형 자원	부동산, 설비, 입지, 인재, IT 시스템 등
무형 자원	특허, 브랜드, 활동 노하우 등
조직 능력	영업 능력, 마케팅 능력 등

경영 자원에는 '**축적에 시간이 걸린다**', '**해당 기업과 관련한 역사적 배경이 반영된다**'와 같은 시간과 관련한 특수한 성질이 있다고 알려져 있습니다. 이는 쉽게 흉내 낼 수 없는 성질입니다(물론 모방하게 되는 경우도 꽤 있습니다).

또한, 경영 자원에는 여러 개의 조합(자원 세트)에 따라 그 가치가 달라지는 성질도 있습니다. 예를 들어 토요타자동차는 포드나 GM보다 후발 주자였지만, 저비용·고품질 제품 제조를 실현하여 시장을 확대했습니다. 이 경쟁력의 배경에는 '칸반 시스템', '표준화', '다기능공' 등, 독창적인 경영 자원이 많았습니다. 이러한 개별 경영 자원은 같은 업종의 타사가 마음먹는다면 그리 어렵지 않게 흉내 낼 수 있습니다.

그러나 토요타에서는 여러 개의 자원을 다양하게 조합하여 '**현장 개선 능력**'이라는 조직 능력을 만들어 냈습니다. 실제로 세계의 많은 자동차 회사가 '토요타 생산방식'을 따라 했지만, 여전히 토요타는 세계에서 가장 높은 현장 개선 능력을 갖춘 회사입니다. 현장 개선 능력은 한순간에 생긴 것이 아니라 토요타가 자사의 생산 시스템 독자성을 추구하고 타사와의 차이를 모색하는 중에 역사적으로 구축해 온 것입니다. 이러한 오랫동안 쌓아 올린 경영 자원 조합은 타사가 쉽게 흉내 낼 수 없습니다.

비즈니스 모델을 디자인할 때 이처럼 '자원'과 '활동'의 독자적인 조합을 목표로 하는 것을, 이 책에서는 '**격리**'라 부릅니다(타사와 자사를 분리한다는 의미입니다).

전략 모델 디자인

비즈니스 모델을 만들 때 출발점이 되는 전략 모델 디자인에서는 다음 2가지가 중요합니다.

(1) 구매자에게 평가 대상이 되는 가치 제안을 광의의 경쟁사(직업 경쟁이나 대체품)와의 차별화를 통해 수행할 것

(2) 이 차별화가 가능한 콘텍스트에는 타사와는 다른 자원과 활동이 있을 것

즉, 전략 모델이란 고객에게 '가치'를 제공하고, 가치를 창조하는 데 필요한 자원과 활동의 '격리'를 어떻게 만들 것인가를 고민하고자 하는 프레임워크입니다.

그림 1-2 '전략 모델' 출발점으로서의 단위 모델 (2)가치와 격리

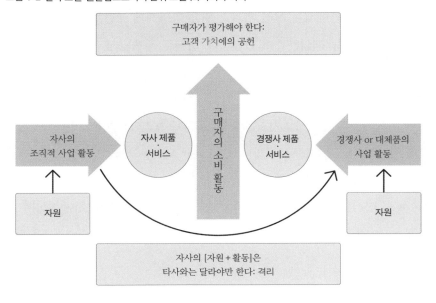

표 1-4 자원의 '격리'와 '가치'

자원(세트)의 '격리'
자사가 가진 것과 같은 기능과 같은 수준의 자원(세트)을 • 타사는 금방 획득할 수 없다 • 타사가 획득·유지하려면 자사보다도 훨씬 비용이 많이 든다
누가 타사인지는 개별 소비자에 따라 달라진다 • 현존 경쟁사 - 잠재 경쟁사 • 동일 제품 - 대체품
자원(세트)의 '가치'
자원 세트의 격리가 시장에서의 고객 가치 실현과 지속적인 차별화에 공헌한다 • 시장에서의 고객 가치 = 기능 실현 수준에서 경쟁 • 지속적인 차별화 = 매력의 지속적인 우위

자사 자원의 격리와 가치

(1) 자사 자원의 격리

자사 자원의 격리가 반드시 '모방 불가능'한 자원을 가진다는 의미는 아닙니다. 강점이 되는 경영 자원은, 요소 단위에서는 언젠가 타사도 같은 것을 갖게 되기 마련입니다. 토요타의 강점 중 하나는 현재의 다기능공화입니다만, 혼다나 포드도 다기능공을 자사의 자원으로 구축할 수는 있습니다. 문제는 금방은 안 된다는 것입니다. 획득이나 육성에는 시간이 걸립니다. 그러므로 경쟁 우위의 근간이 되는 경영 자원은 몇 년간은 독자성을 지닐 수 있습니다.

또한, 흉내 낼 수는 있어도 후발 기업이 같은 능력을 지니려면 큰 비용이 들게 됩니다. 백화점의 입지가 그 예입니다.

이러한 조건이 경영 자원에 갖추어지면 이를 모방곤란성이라 부릅니다. 자원에 모방곤란성이 있으면 비즈니스 모델을 격리할 수 있습니다. 이때 모방곤란성이란 '시간이 걸린다'나 '비용이 많이 든다'를 의미합니다. 또한 요소 자원은 흉내 낼 수 있더라도, 그 조합 또는 자원과 활동 세트는 모방하기 어려운 경우도 있습니다.

현실적으로는 타사가 언젠가 같은 경영 자원을 손에 넣는다고 생각해야합니다. 따라서 '격리'되어 있는 동안 새로운 자원을 축적하는 활동을 수행하는지 여부가 비즈니스의 지속성에 영향을 미칩니다.

더불어 비즈니스 모델을 디자인할 때는 자원을 격리하는 '타사란 누구인가?'를 생각해야 합니다. 상대를 특정하지 않고는 모방곤란성을 생각할 수 없습니다. 타사는 좁은 의미로는 같은 산업 내의 직접 경쟁자일 수도 있습니다. 그러나 앞서 살펴본 대로 시점을 달리하면 대체품을 제공하는 회사일 수도 있습니다. 예를 들어, 장거리를 이동할 때 철도회사의 경쟁자가 되는 타사에는 다른 철도회사 이외에 항공사, 버스회사도 포함됩니다. 경쟁자가 누구인가는 '구매자가 어떤 가치를 원하는가', '어떤 부가 기능이나 매력을 평가하는가'에 따라 달라집니다.

(2) 자사 자원의 가치

자사 자원(세트)의 가치는 격리와 밀접한 관계가 있습니다. 왜냐하면, 자사가 경쟁사인 타사에 대해 자원을 격리할 수 있을 때 고객이 원하는 기능을 제공할 수 있으며, 지속적인 차별화를 달성할 수 있어야 가치가 생기기 때문입니다. 이렇게 생각하면, 자사가 보유한 자원 세트를 격리하지 못하는 한 가치역시 지속될 수 없다고 말할 수 있습니다.

> **MEMO**
>
> '가치'나 '매력'이란 단어는 고객 관점에서 본 말입니다. 이와는 달리 '기능'은 제공자 관점에서 생각할 때 사용하는 말입니다.
>
> 청소기의 기본 기능은 '방의 작은 쓰레기나 먼지를 없애는' 것입니다만, 고객이 본 기본 가치는 '방, 특히 바닥을 깨끗이 하는' 것입니다. 기본 기능 수준은 기계의 흡인력이나 그 지속력으로 측정할 수 있습니다. 청소기의 무게, 청소의 편리함, 예쁜 디자인 등은 '매력'을 구성하는 항목입니다.
>
> 기존 무선 청소기의 가까운 '대체품'은 로봇 청소기로, '자동화'라는 새로운 기능이 추가되었습니다. 이와는 달리 청소 대행 비즈니스는 먼 '대체품'입니다. 더는 기계라는 수단을 쓰지 않지만, '방을 청소한다'라는 기본 가치를 실현하는 수단 중 하나임은 분명합니다.
>
> 가정용 청소기 비즈니스는 비즈니스로서 계속되는 데 필요한 '비즈니스 단위'지만, '종이 팩' 방식 청소기는 생명주기를 가진 제품 수준의 존재입니다.
>
> 더불어 기본 가치로서 '방을 쾌적하게 유지한다'라는 표현은 비즈니스 모델을 디자인할 때는 추상도가 너무 높습니다. 모델을 구체적으로 검토할 수 있는 추상화로는 '방, 특히 바닥을 깨끗이 한다'가 더 좋습니다. 단, 사업 다각화를 생각할 때는 '방을 쾌적하게 유지하는 서비스' 정도의 추상도로 생각하는 쪽이 바람직합니다.

03

전략 모델의 구성요소
4그룹과 콘텍스트

비즈니스 모델은 다양한 요소로 구성됩니다. 그 출발점이 되는 전략 모델의 요소는 크게 4가지 그룹으로 나눌 수 있습니다. 전략 모델의 4가지 그룹과 그 구성요소, 그리고 그 전제가 되는 콘텍스트에 대해 정리한 것이 다음 표입니다.

표 1-5 전략 모델의 구성요소 4그룹과 콘텍스트

	구성요소	설명
I	고객	기능을 제공할 상대, 자사의 매력을 평가하는 고객층(타깃)
	고객 활동	고객이 자사의 제품·서비스를 이용하여 수행하는 '활동'
	제공 가치	제공을 통해 고객이 충족하는 기본적인 '것'
II	기능	자사가 고객에게 제공하는 기본적인 '것'(고객이 제품을 구매하는 기본 니즈)
	매력	고객이 경쟁사와 비교하는 '것'(경쟁사가 아니라 자사를 선택한 이유)
	가격 설정·납기 (생략 가능)	• 자사가 고객에게 제공하는 '것'의 가격 설정 기본 방침 • 자사의 기본 납기 패턴

Ⅲ	경쟁사·대체품	고객의 수요를 놓고 경쟁하는 참가자 또는 대체성이 있는 제품·서비스
	제품 (생략 가능)	실제로 제공하는 '물건' 또는 '서비스'
Ⅳ	구조	자원: 자사가 기능이나 매력을 실현하고자 보유한 유무형의 '물건'이나 '능력'
		활동: 자원을 조합하여 활용하는 프로세스
Ⅴ	콘텍스트	타당성: 이 모델이 현실에서 성립하는 데 필요한 전제
		정당성: 이 모델이 자사에 가치가 있는 이유

이제 전략 모델을 구성하는 4 그룹, **Ⅰ. 고객과 제공 가치**, **Ⅱ. 기능·매력**, **Ⅲ. 경쟁사 또는 대체품**, **Ⅳ. 구조**와 그 바탕인 **Ⅴ. 콘텍스트**에 대해 하나씩 자세하게 설명하겠습니다.

전략 모델의 구성요소 4그룹

Ⅰ. 고객과 제공 가치

- 비즈니스를 수행할 때는 반드시 [고객]이 필요하다.
- 고객이란 시장에 있는 모든 고객이 아니라 자사의 타깃이 되는 고객이다.
- 각각의 고객은 제품이나 서비스를 통해 [가치]를 제공받고 이를 평가한다.
- '제공 가치'가 달라지면 다른 사업이 된다.

II. 기능·매력

[기능]은 제품이 제품일 수 있도록 하는 데 필요한 '것'입니다. 이것이 있어 가치를 제공할 수 있습니다.

- 고객은 그 기능을 추구하여 그 제품·서비스를 구매한다.
- 따라서 기능은 고객의 기본적인 니즈에 대응한다.

[매력]은 고객이 자사와 경쟁사를 비교할 때 영향을 미칩니다.

- 고객이 자사와 경쟁사를 비교 검토할 때 결정적 근거가 되는 '것'
- 고객이 자사를 선택할 때 이유가 되는 '것'

[매력]은 고객의 비교 항목이긴 합니다만, 제공 가치와는 달리 경쟁사에 있는 '것'이 자사에는 없을 때도 있고, 우수하기만 한 것이 아니라 뒤떨어질 때도 있습니다.

덧붙여 자사와 경쟁사를 비교할 때는 [가격 설정]이나 [기본 납품 패턴]도 검토해야 할 요소가 됩니다.

III. 경쟁사 또는 대체품

- 시장에서 [경쟁사]란 수요를 놓고 다투는 참가자, 즉 기업이 단위가 된다.
- [대체품]은 자사가 고객에게 제공하는 가치를 대신하는 상품이나 서비스가 단위가 된다.
- 경쟁사·대체품은 제공하는 가치로 경쟁하기에, 반드시 같은 업종이라고는 할 수 없다.

IV. 구조

- [비즈니스 구조]는 자사가 가진 '자원'과 자사가 수행하는 '활동'을 조합하여 만든다.
- 유형 자원뿐 아니라 브랜드나 지명도와 같은 무형 자원이나 조직의 능력도 포함한다.
- [활동]이란 자사가 가진 자원을 조합하여 활용하는 프로세스를 일컫는다.
- '구조'야말로 모방곤란성의 근원이다.

비즈니스 모델을 디자인할 때는, 이 '구조'가 경쟁사 또는 대체품과 얼마나 다른가가 중요합니다. 그리고 장기적으로 구조의 차이를 어떻게 유지할 것인가를 생각해야 합니다. 구조가 다르면 고객에게 제공하는 기능의 내용이나 수준 그리고 고객이 평가하는 매력도 달라지기 때문입니다.

콘텍스트

V. 콘텍스트

이와 같은 전체적인 요소가 모였을 때 비즈니스 성립 여부를 결정하는 전제를 [콘텍스트]라 합니다.

- 자사의 비즈니스가 경쟁사 또는 대체품보다 고객에게 매력적인가?
- 고객이 자사를 선택할 때 기준이 되는 매력을 자원과 활용에 따라 격리할 수 있는가?
- 이 비즈니스는 자사가 추구하는 가치나 사회가 바라는 가치관과 일치하는가?

콘텍스트는 비즈니스 모델이 성립하는 데 필요한 타당성과 정당성으로 나누어 생각해야 합니다. 각각에 대해 자사가 처한 환경과 자사 조직에서 이를

'성립시킬 수 있는가?'를 검토합니다.

표 1-6 비즈니스 모델의 '타당성'과 '정당성'

타당성	비즈니스 모델의 전제인 '현실성'이 있는가? • 실현 가능성(환경 측면의 타당성) • 실행 가능성(조직 측면의 타당성)
정당성	비즈니스 모델의 전제인 '정당성'이 있는가? • 수용성(조직 외의 이해관계자가 보는 정당성) • 이념성(조직 안의 정당성)

비즈니스 모델 디자인에서 '타당성'이나 '정당성'을 두고 고민할 때, 이것이 성립할지 어떨지는 책상 위에서 판단할 수 없습니다. 왜냐하면, 비즈니스 모델을 혁신하거나 새로운 모델을 디자인하는 과정에서 콘텍스트는 항상 가설일 뿐이기 때문입니다. 가설은 실천해 보지 않으면 성립하는지, 받아들여지는지 알 수 없습니다.

따라서 비즈니스 모델 디자인은 그 원리상 책상 위에서는 이루어지지 않습니다. 시장에서 시행착오를 거치고 피벗(요소 재편성)하는 등의 과정이 필요합니다. 책상에서 시장에 통용되는 '번뜩임'을 얻을 수는 없다고 생각해야 합니다.

MEMO

이 문제와 관련해 스타트업에 초점을 두고 MVP(Minimum Viable Product, 최소 기능 제품)를 우선 출시한 다음 비즈니스 모델을 수정하는 것이 좋다는 주장이 바로 에릭 리스(2012)가 제창한 린 스타트업(p.413)입니다.

콘텍스트 분석 사례

전략 모델의 요소에 따른 **콘텍스트 분석**의 구체적인 예를 들면 다음 표와 같습니다.

표 1-7 콘텍스트 분석(필수 확인 항목)의 예

① 고객 가치 콘텍스트	
<ul><li>○○ 사업은 충분한 고객을 모을 수 있다.</li><li>○○ 사업은 고객에게 기존 비즈니스와 다르다고 인식된다.</li><li>○○ 사업은 성장할 것이다.</li></ul>	
② 차별화(매력) 콘텍스트	
○○ 자원(또는 구조)에 따라 경쟁사와의 차별화(충분한 차이)로 이어진다.	
③ 모방곤란성(격리) 콘텍스트	
○○ 자원(또는 구조)에는 모방곤란성이 있다.	
④ 참가 콘텍스트	
협력사인 △△는 ○○ 사업 협력에 인센티브를 느낀다.	
⑤ 수익성 콘텍스트	
○○ 사업의 가치가 가져오는 가격과 양에 따른 수익은 운영 비용을 ▲▲ 시점에 뛰어넘을 것이다.	

(주) ○○, △△, ▲▲에 구체적인 단어나 숫자를 넣어 검토합니다.

중요한 것은 '콘텍스트는 비즈니스의 타당성·정당성을 확인하기 위해 명시해야 하지만, 실제 성립하는지는 사업을 진행하지 않으면 알 수 없다'라는 점입니다. 그러므로 비즈니스 모델의 콘텍스트에 포함된 가설 모두를 사업을 전개하면서 반복해서 검증해 나가야 합니다.

Chapter

02

첫 비즈니스 모델 분석

2장에서는 이 책이 제안하는 프레임워크인 '전략 모델 캔버스'의 개요를 살펴본 뒤, 이 프레임워크를 이용한 비즈니스 모델 분석 방법을 해설합니다. 세계에 이름난 유명 기업이 어떤 비즈니스 모델을 채용하고 있는지를 확인해 봅시다. 또, 후반부에서는 비즈니스 모델을 '탐색'하거나 '심화'하는 방법도 함께 알아보겠습니다.

전략 모델 캔버스란?

　　지금부터 비즈니스 모델을 구성하는 4가지 요소(전략 모델, 운영 모델, 수익 모델의 3가지 모델과 콘텍스트)를 한 장의 종이에 표현하는 프레임워크, 전략 모델 캔버스를 이용하여 비즈니스 모델을 디자인(설계·구축)하는 방법을 제안하겠습니다.

그림 2-1 전략 모델 캔버스

(1) 전략 모델

캔버스 가운데에 위치한 ① 부분은, 전략 모델의 [대상 고객]이나 [자사의 가치 제안](자사가 고객에게 제공할 가치 <상품·서비스로 채워지는 기본 요구>) 등으로 이루어집니다.

(2) 운영 모델

캔버스 왼쪽의 ② 부분은 운영 모델의 [자사 자원]이나 [자사 활동] 등으로 이루어집니다.

또한, 캔버스 오른쪽의 ③ 부분은 [경쟁사(대체품)의 자원이나 활동]으로 이루어집니다.

이곳을 기입하는 것으로 비즈니스의 구조를 설정할 수 있습니다.

(3) 수익 모델

캔버스 아래의 ④ 부분은 수익 모델의 [비용 구조 특징]과 [수익 모델 특징]으로 이루어집니다.

(4) 콘텍스트

캔버스 위의 ⑤ 부분에는 콘텍스트, 즉 '이 비즈니스가 성립하기 위한 타당성과 정당성'을 기술합니다(p.32). 콘텍스트는 '다른 3가지 모델의 조합이 현실에서 성공하기 위한 전제는 무엇인가?'를 확인하는 가설입니다.

전략 모델 캔버스에서는 타당성과 정당성이라는 용어를 굳이 사용하기보다는, 좀더 알기 쉽도록 [자원·구조·가치관에 대한 전제(정당성, 자사 조직의 타당성)]와 [시장에 관한 전제(고객의 활동이나 시장 동향 등 기업을 둘

러싼 환경의 타당성)]로 나누고 있습니다.

이들 4가지 요소는 각각 분리해서 생각해야 합니다. 또한, 각 블록에는 기본적인 패턴이 있습니다. 이 패턴을 2부 〈비즈니스 모델 도감〉에서 확인해 가면서, 구체적인 비즈니스 모델을 디자인해 보는 것이 이 책의 목표입니다.

2부에는 비즈니스 모델의 패턴을 63개로 분류하고, 사례를 통해 일목요연하게 설명해 두었습니다. 이를 참조하면서 이 비즈니스 모델을 자사에 적용할 수 있을지를 고민해 보거나, 피벗(요소 재편성)의 선택지를 목록화하는 데 사용하면 됩니다.

> **MEMO**
>
> 전략 모델 캔버스는 알렉산더 오스터왈더와 예스 피그누어(2012)가 제안한 비즈니스 모델 캔버스(Business Model Canvas)를 참고했습니다. 단, 프레임워크의 뼈대인 '전략 모델'이나 '콘텍스트'라는 사고방식은 필진이 독자적으로 고안한 것으로, 오스터왈더와 피그누어보다 앞서 발표한 것입니다. 전략 모델 캔버스 개념이 최초로 등장한 곳은 네고로·기무라(1999)입니다.

02 실습 비즈니스 모델 분석: 사우스웨스트항공

　　미국의 경영자가 고전적인 사례로 참고하는 사우스웨스트항공을 예로 삼아, 전략 모델 캔버스를 이용한 비즈니스 모델 분석을 수행하는 방법을 설명하고자 합니다. 먼저 이 회사의 전략 모델을 상세히 검토하는 것부터 시작하겠습니다.

(1) 전략 모델

　　사우스웨스트항공의 주요 고객은 출장으로 비행기를 이용하는 비즈니스 고객과 저가 항공을 원하는 여행객입니다. 이 회사는 1967년에 텍사스주에서 에어 사우스웨스트라는 이름으로 창업했으며 지금도 본사는 댈러스에 있습니다. 여기에는 깊은 의미가 있는데, 댈러스를 중심으로 하는 텍사스주 내의 이동이 비즈니스 고객에게는 매우 불편하고 비쌌던 것이 사우스웨스트항공을 설립한 계기였기 때문입니다.

　　사우스웨스트항공은 1971년 취항 당시, 텍사스주 내의 비즈니스 거점인 3곳의 도시(댈러스, 휴스턴, 샌안토니오)를 1일 18왕복하는 서비스로 출발한 회사입니다. 이런 창업 초기부터의 직행·다빈도 콘셉트가, 다른 대형 항공사와의 차이점이었습니다.

　　이 회사의 주 대상 고객인 비즈니스 고객이 비행기를 이용하는 목적은 주로 출장입니다. 이에 사우스웨스트항공은 기내에서 제공하는 식음료를 청량음료와 스낵으로 한정하고, 좌석은 모두 이코노미 클래스 자유석으로 하는 등, 서비스를 간소화하는 대신 운임을 낮추었습니다. 이렇게 저가를 실현함으로써 사우스웨스트항공은 비즈니스 고객뿐 아니라 되도록 **저렴한 여행을 원했던 고객**에게도 좋은 평가를 받았습니다.

사우스웨스트항공이 제공한 **가치 제안**은 '**적은 비용으로 목적지까지 이동한다**'입니다. 그러나 고객 중에는 이동 과정 자체를 즐기는 것이 목적인 사람도 있습니다. 예를 들어 보통의 항공사는 이동의 쾌적함이나 호화 시설에 가치를 두는 고객을 위해 일등석 등을 제공하지만, 사우스웨스트항공에는 이러한 서비스가 없습니다. 이런 고객층은 처음부터 타깃이 아니었던 것입니다.

사우스웨스트항공이 제공하는 **기능**은 '**중간 규모 이상의 도시 간 이동 수단**'입니다. 이를 위해 구체적으로 제공하는 이 회사의 **상품·서비스**는 '**2개 도시를 운항하는 수많은 직항편**'입니다. 직항로, 즉 '**포인트 투 포인트(Point to Point)**' 구조만을 채용하여 갈아타는 불편을 없앰으로써, 타사보다 현격하게 우수한 '정시 운항'을 실현했습니다. 정시 운항은 출장지에서 고객과의 미팅을 앞둔 비즈니스 고객에게는 큰 매력입니다. 또한, 직항이므로 짐을 분실할 염려도 없습니다. 당시 대형 항공사는 거점 공항을 중심으로 많은 연결편을 이용하여 다양한 지역으로 고객을 운송하는 '**허브 앤드 스포크(Hub and Spoke)**' 운영 방식을 채택했으므로, 일부 한정된 대상 고객에게는 사우스웨스트항공 쪽이 훨씬 더 편리했습니다.

중간 규모의 도시 간을 이동하는 시장에서 사우스웨스트항공의 주된 **경쟁사**는 **다른 항공사**입니다. 그 밖의 **대체품**으로 **자동차를 이용한 이동**, 그레이하운드와 같은 **장거리 버스를 이용한 이동**이 있습니다(사우스웨스트항공은 단·중거리 이동이 전문이므로 자동차나 버스의 대체성이 점차 높아졌습니다).

이 회사의 비즈니스 모델을 전략 모델 캔버스로 표현하기 전에 먼저 전략 모델부터 분석하면 다음 표 2-1이 됩니다. 비즈니스 모델의 분석이나 설정 단계에서 가장 먼저 생각해야 하는 것은, 이러한 전략 모델의 4가지 그룹에 콘텍스트를 더한 5가지 요소입니다.

(2) 운영 모델

다음으로, 전략 모델 캔버스를 염두에 두고 운영 모델을 검토해 보겠습니다. 캔버스 왼쪽에 표현하는 자사 자원과 자사 활동을 살펴봅시다.

사우스웨스트항공의 자원은 '단일 기종 보잉 여객기'입니다. 사우스웨스트항공에는 700대 이상의 여객기가 있는데, 이들 모두 같은 보잉 737 기종이라는 점이 특징입니다. 모든 비행기를 같은 기종으로 통일하여 정비에 드는 시간을 대폭 단축할 수 있습니다. 또한, 이 회사는 타사와는 크게 다른 운영 모델을 구축했습니다. 예를 들어, **숙련된 정비팀**도 자원 중 하나입니다.

표 2-1 전략 모델 분석과 설정(예: 사우스웨스트항공)

구성요소		설명
I	고객	비즈니스 고객과 저렴한 가격을 원하는 여행객
	고객 활동	예정대로(또는 가능한 한 빨리) 목적지로 이동 (이동 그 자체를 즐기는 것은 아님)
	제공 가치	저렴한 비용으로 목적지까지 이동하는 것(저가 이동)
II	자사 제품	2개 도시를 연결하는 수많은 직항편
	기능	중간 규모 이상의 도시 간 이동 수단

II	매력	• 다빈도 항공편(다음 편으로 변경이 쉬움) • 지정 좌석제 항공사보다 저렴함 • 정시 운항, 수하물 분실 위험 없음
	(가격 설정·납기)	자동차 이동 비용과 비슷한 가격, 직접 경쟁보다 저렴함
III	경쟁사/대체품	자동차, 장거리 버스, 타 대형 항공사
IV	구조	• 보잉 737 단일 기종 여객기 • 숙련된 정비팀 • 비용 의식이 높은 직원
		• 2지점의 직항로 설정 • 전 좌석을 자유석으로 지정 • 정비 시간이 짧음 • 경비가 적음 • 다빈도 운행 확보
V	콘텍스트	화물을 운송하지 않거나 기내식이 없는 등 최소화한 서비스는 필요한 고객을 모집하는 데 영향을 미치지 않음

이 운영 모델이 '저가 이동을 실현한다', '정시 운항을 지킨다'라는 전략 모델의 가치 제공이나 매력을 뒷받침하므로, 대상 고객으로부터 좋은 평가를 얻을 수 있었습니다.

(3) 수익 모델

사우스웨스트항공의 비용 구조 특징은 '수많은 직항편을 운항함으로써 고정비를 줄일 수 있다는 점'에 있습니다. 이는 같은 기종만을 보유하므로 정비 시간을 단축할 수 있다는 것과 큰 관계가 있습니다.

예를 들어 하루에 한 번만 운항한다면 정비 시간이 다소 차이 나더라도 기체의 회전율에는 영향을 주지 않습니다. 그러나 하루에 같은 기종으로 여러 번 운항하는 다빈도 운항에서는, 정비 시간을 15분으로 줄일 수 있다면 30분 걸릴 때보다 확실히 기체 회전율이 높아집니다. 착륙 후부터 다시 이륙할 때까지의 시간(리턴 타임)이 확실히 짧아지기 때문입니다. 이러한 메커니즘을 배경으로 한 비용 구조가 사우스웨스트항공이 보유한 타사와의 가격 차별화 원천입니다.

항공 산업의 경우, 고정비의 많은 부분을 차지하는 **비행기 비용과 운항 비용(연료나 인건비 등)이 기체 가동률과 좌석 가동률에 의해 좌우**됩니다. 이 회사는 리턴 타임을 짧게 하여 기체 가동률을 확보하고, 압도적으로 낮은 가격을 실현함으로써 좌석 가동률을 확보했습니다.

사우스웨스트항공의 뛰어난 점은 수익 변동이 심하다고 알려진 항공 산업에서 계속해서 이익을 올린다는 데 있습니다(그림 2-2 참조).

그림 2-2 미국 주요 항공사의 영업 이익률 추이

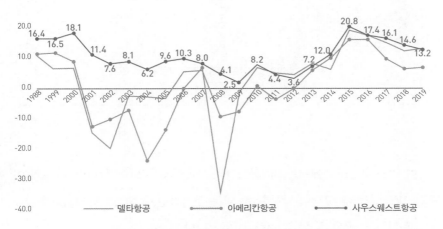

[출처] 아메리칸항공, 델타항공, 사우스웨스트항공 각사의 연간 보고서

(4) 콘텍스트

사우스웨스트항공은 '**정시 운항**'을 '**저렴한 가격**'으로 제공하는 한편, 대형 항공사보다 '**적은 서비스**'를 제공하는 회사입니다. 그러나 '저렴한 가격'에 가치를 두고, 대신 '전 좌석 자유석', '기내식 없음', '위탁 수하물 없음'(대신 짐을 분실하지 않음) 등을 신경 쓰지 않는 대상 고객이 미국 국내 시장에 일정 규모 있다는 것이, 이 회사의 비즈니스 모델에서 시장에 관한 전제(타당성)가 됩니다.

그림 2-3 사우스웨스트항공의 전략 모델(단위 모델)

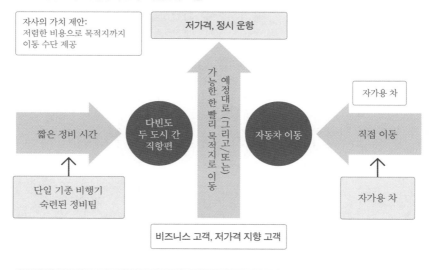

| 콘텍스트 | '기내식 없음, 위탁 수하물 없음'이라는 서비스에도 충분한 수요가 있다. (성장기)다빈도 운항에 따라 고객 수를 확보할 수 있다. |

이 비즈니스 모델에서는 대체품과의 비교도 생각해 봐야 합니다. 자동차 이동과 비교했을 때 고객이 납득할 수 있는 것이라면, 콘텍스트의 타당성(현실에서 성립하는 조건)을 충분히 확보할 수 있습니다.

또한, 다음 표는 사우스웨스트항공의 정당성을 둘러싼 콘텍스트가 시간에 따라 변화해 온 것을 나타내고 있습니다. 정당성이란, 이해관계자의 가치관에서 볼 때 받아들일 수 있는가 그렇지 않은가의 문제를 말합니다.

표 2-2 콘텍스트 분석: 정당성 확인(예: 사우스웨스트항공)

시기	대상	정당성
창업 초기	후발 주자의 사명감	더 저렴하고 편리한 근거리·중거리 항공 서비스가 필요
현재	ES 중시※	직원 만족도를 제일로 생각하는 것이 고객 만족도 향상으로 이어짐
장래	성장 사명	장래 사업 영역도 국내선에만 특화하는 것으로 충분

※ ES(Employee Satisfaction)란 직원 만족도를 말합니다. 직원의 의욕이나 만족도를 나타내는 지표입니다.

시간에 따라 콘텍스트의 정당성을 생각할 때, 우선 창업 초기에는 후발 주자 기업의 사명감으로 기존의 항공사가 제공할 수 없는 가치를 자사가 실현한다는 강한 의지가 있었습니다. 즉, 단·중거리 이동을 더 편리하고 저렴하게 하는 것입니다. 이 시장에서는 다른 항공사는 물론, 자동차도 대체품이 될 수 있습니다. 이런 상황에서 사우스웨스트항공이 수익을 얻으려면 타사와는 차별화된 구조가 필요했습니다.

이에 이 회사가 채용한 것이 앞서 말한 다빈도 운항입니다. 예를 들어 염가라도 고정 비용을 줄이고 많은 수요를 처리할 수 있다면, 수익 확보가 가능하기 때문입니다.

이처럼 콘텍스트의 정당성(사명감)을 보면 사우스웨스트항공의 비즈니스 모델은 결코 틈새 모델이 아니며, 실은 많은 수요를 예상한 미국 국내선의 주요 시장이었다고 할 수 있습니다.

[정리] 사우스웨스트항공의 전략 모델 캔버스

　지금까지의 분석을 토대로 전략 모델 캔버스에 사우스웨스트항공의 비즈니스 모델을 적용하면 다음 그림과 같이 됩니다.

그림 2-4 사우스웨스트항공의 전략 모델 캔버스

📖 콘텍스트(자원·구조·가치관에 대한 전제)	📖 콘텍스트(시장에 관한 전제)
• 직원 만족을 가장 먼저 생각하고, 그 결과로 고객 만족을 제고하는 것이 바람직함 • 장래의 사업 도메인도 국내선 특화로 충분	• (성장기) 다빈도 운항에 따른 고객 수를 확보할 수 있음 • 기내식 없음, 위탁 수하물 없음 • 최소화된 서비스로도 충분한 수요가 있음

📊 자사 활동	🙂 자사 제품	💡 자사의 가치 제안	💼 경쟁사 제품 (대체품)	📊 경쟁사(대체품) 활동
• 항로 설정 • 전석 자유석 • 짧은 정비 시간 • 낮은 경비 • 다빈도 운항 확보	• 다빈도의 두 도시 간 직항편	저렴한 비용으로 목적지까지 이동하는 것 • 자동차와 비슷한 비용 • 경쟁 항공사보다 저렴	• 자동차 • 장거리 버스 • 타 항공사	경쟁 항공사 • 지정석 제공 • 기내식, 음료 서비스 제공

🏢 자사 자원	⚒ 기능·매력	👥 대상 고객/고객 활동	✨ 기능·매력	🏢 경쟁사(대체품) 자원
자사 • 2지점 직행 항로 • 보잉737로 통일된 단일 기종 항공기 • 숙련된 정비팀 • 비용 의식이 높은 직원 협력사 • 미국 국내 공항 • 보잉사	기능 • 중간 규모 이상 도시 간 이동 수단 매력 • 다빈도/다회 항공편 • 정시 운항 • 수하물 분실 위험 없음	고객 • 비즈니스 고객 • 저가격 지향 고객 고객 활동 • 예정대로 (그리고/또는) 가능한 한 빨리 목적지로 이동 • 이동 비용 절약 ※이동 그 자체를 즐기는 것이 아님	기능 [자동차] • 이동 시, 시간에 얽매이지 않음 [항공사] • 여러 도시 운항 • 서비스 품질	경쟁 항공사 • 전 세계를 포함한 다수 대도시 간 항로 • 전 세계 공항과 제휴 • 숙련된 정비팀 • 고품질 서비스 제공

💰 비용 구조의 특징	💰 수익 모델의 특징
높은 고정비 • 기체 고정비　• 공항 사용료　• 인건비　• 예약시스템 상대적으로 낮은 변동비 • 연료비　• 광고홍보비	이코노미석뿐(단가는 낮으나 수량으로 보완) • 가능한 한 공석이 발생하지 않도록 가격 설정 • 날짜에 따라 변동하는 수요 대응형 가격 설정

46

사우스웨스트항공이 꾸준히 경쟁 우위를 유지한 비결

항공 산업에 뛰어들어 일정한 시장을 구축하는 데 성공한 사우스웨스트항공이 타사에 대해 꾸준히 경쟁 우위를 유지하면서 비즈니스를 계속할 수 있었던 것은, 이를 떠받치는 가치관(정당성 콘텍스트)이 있었기 때문입니다.

이 회사는 고객 만족도를 높이고자 '직원 만족도(ES, Employee Satisfaction)'를 내세웠습니다. 실은 이 회사는 창업 이래 2019년까지 미국에서는 드물게 실질적인 구조 조정을 한 번도 하지 않은 기업입니다. 노동 조건이나 대우 면에서 직원들이 가능한 한 오래 근무할 수 있는 조직을 만들었던 것입니다. 이를 통해 직원의 식견을 축적하여, 효율 향상으로 연결할 수 있었습니다. 안타깝게도 코로나19 팬데믹의 영향으로 2020년에 창업 첫해 이후 처음으로 적자를 보았으며 구조 조정도 진행했습니다만, 분명 이른 시일 안에 다시 안정 궤도로 돌아올 것입니다.

이 회사는 창업 때부터 한결같이 국내선에 특화한 사업 영역을 유지했습니다. 일반적으로 항공사는 해외로 항로를 확대하는 경향이 있습니다만, 사우스웨스트항공은 지금도 국제선에는 진출하지 않으며 국내 두 도시 연결편에 특화하더라도 충분히 수익을 올릴 수 있다는 가설을 세운 듯합니다. 이는 이 회사의 효율성을 떠받치는 근간이지만, 장래의 성장을 가로막는 벽이 될지도 모릅니다.

실습 비즈니스 모델의 '탐색'과 '심화': 아마존

앞 절에서 소개한 사우스웨스트항공의 사례를 보면 '창업 시기', '현재', '장래'에 따라 이 회사 비즈니스 모델의 콘텍스트가 조금씩 달라진다는 것을 알 수 있습니다. 이 사례에서처럼 **기업이 성장하려면 비즈니스 모델을 끊임없이 혁신해야 합니다.** 기존 모델을 수정하는 것은 물론, 비즈니스 모델을 복합화하거나 서로 다른 복수 모델을 병행하여 추구하는 등의 노력을 기울여야 합니다.

'탐색'과 '심화'란?

기업이 기존 사업을 발전시켜 새로운 비즈니스 모델을 만들거나 비즈니스 모델을 복합화하고자 할 때, 스탠퍼드대학의 찰스 오라일리(Charles A. O'Reilly)와 하버드대학의 마이클 투시먼(Michael L. Tushman)이 제안한 '양손잡이 경영(ambidextrous management)'이라는 개념을 이해하면 도움이 될 것입니다.

'양손잡이' 개념을 구성하는 '탐색'과 '심화'라는 개념을 처음으로 대비하여 사용했던 제임스 가드너 마치(James Gardner March)는, 탐색(exploration)을 '검색, 변이, 실험, 이노베이션'에 관계된 기업의 학습 활동이라 정의했습니다. 한편 심화(exploitation)는 '세련화, 효율화, 선택, 실행'에 관계된 기업의 학습 활동이라 정의했습니다.

마치는 탐색과 심화 두 가지의 활동은 조직 내의 서로 다른 능력을 필요로 하며, 조직의 자원 배분을 두고 경쟁하는 '상호 대립 활동'이라 했습니다. 탐색은 **시간을 낭비하는 경향이 있고, 성과가 불확실하며 나올 때까지 시간이 걸립니다.** 이와는 달리 심화는 **보다 효율적이고 성과가 더 확실하며 빠를 때가 많습니다.** 즉, 탐색은 기업의 장기 성과와 관련이 있고, 심화는 기업의 단기 성과와 관련이 있는 것입니다. 그러므로 경영자는 균형 감각을 가지고 조직이 가진 한정된 자금과 인적 자원 등을 각각의 활동에 얼마나 사용할 것인가를 결정해야 합니다.

양손잡이 경영과 탐색·심화

양손잡이 개념과 심화와 탐색 개념을 연결한 것이 오라일리와 투시먼입니다. 이 두 사람은 1996년《캘리포니아 매니지먼트 리뷰》에 발표한 논문에서 '진화적인 변화와 혁명적인 변화 둘 모두를 실현할 수 있는 조직'을 '양손잡이 조직'이라 부르고, 이 조직이 탐색 활동과 심화 활동 모두를 잘 수행하면 점진적인 **이노베이션과 급진적인 이노베이션 모두를 실현할 수 있다고 주장했습니다.**

두 사람은 그 이후로도 때로는 함께 때로는 홀로 양손잡이에 대해 연구를 계속했는데, 그 성과를 정리한 것이 2016년 2월에 발표한 공저《리드 앤 디스럽트(Lead and Disrupt: How to Solve the Innovator's Dilemma)》입니다. 책에서는 **'탐색'을 신사업을 만드는 활동, '심화'를 기존 사업을 강화하는 기업 활동**이라 했습니다. 이 '탐색'과 '심화' 둘 모두를 실현할 수 있는 조직을, 두 사람은 오른손과 왼손을 동시에 사용한다는 비유를 들어 '양손잡이 조직(ambidextrous organization)'이라 칭한 것입니다.

아마존의 발전 역사로 본 '탐색'과 '심화'

이 책에서는 '양손잡이 경영'의 한 예로, 아마존의 발전 역사를 소개합니다. 아마존은 창업 당시부터 '신규 사업 탐색'과 '기존 사업 심화'를 언제나 함께 진행해 온 기업이며 그 역사는 크게 4단계로 나눌 수 있습니다.

표 2-3 아마존의 발전 과정에서 나타난 '탐색'과 '심화'의 예

	<신사업> 탐색	<기존 사업> 심화
1단계 소매 비즈니스 (1994~)	1994년 회사 등기 1996년 인터넷 서점 오픈 1999년 옥션 비즈니스 시작(후에 철수)	고객 참가형 리뷰 제공 수량 증가를 대비한 창고 건설 풀필먼트 기술에 투자 대상 상품 확대(CD, DVD, 비디오) 원클릭(1-Click) 특허 취득 2001년 마케팅용 제휴사 프로그램 시작 (사외 웹사이트와 제휴)
2단계 중개 비즈니스 (2001~)	2002년 마켓플레이스 사업 시작 2008년 풀필먼트 사업(아마존 창고에서 다른 소매업자의 제품을 보관하고 이를 출고) 시작	물류를 조직 능력의 중심으로 정하고 창고 효율과 기술에 투자 2005년 유료 구독 서비스 '아마존 프라임(Amazon Prime)' 개시 2012년 로봇 제조사 '키바 시스템(Kiva Systems)' 인수 2015년 '아마존 대시(Amazon Dash)' 버튼 제공 시작(후에 중지)

3단계 IT·하드웨어 기업으로의 변신 (2006~)	2006년 클라우드 서비스 'Amazon Web Services(AWS)' 시작 2007년 전자책 리더기 '아마존 킨들(Amazon Kindle)' 출시 2007년 전자책 서점 '아마존 스토어(Amazon Store)' 오픈 2010년 동영상 서비스 '아마존 인스턴트 비디오(Amazon Instant Video)' 시작 2010년 영화, 방송 제작사 '아마존 스튜디오(Amazon Studio)' 설립 2014년 스마트폰 '파이어폰(Fire Phone)' 발표(후에 철수) 2014년 스마트 스피커 '아마존 에코(Amazon Echo)' 발표	실리콘밸리에 개발 거점 설치 2011년 안드로이드 기반 태블릿 '킨들 파이어(Kindle Fire)' 발표
4단계 오프라인 비즈니스 진출 (2016~)	2016년 무인 매장 '아마존고(Amazon Go)' 실험 시작 2016년 식품 슈퍼 체인 '홀푸드(Whole Foods)' 인수 2017년 신선식품 배달 서비스 '아마존 프레시(Amazon Fresh)' 시작 2019년 부동산 사무소 소개 서비스 '턴키(Turn Key)' 시작 2020년 피트니스 밴드 '아마존 할로(Amazon Halo)' 출시	2020년 '아마존 프레시(Amazon Fresh)' 오프라인 매장 개점

1단계: 소매 비즈니스

아마존의 '탐색'과 '심화' 1단계는 1994년부터 시작한 창업기의 인터넷 서점 사업과 관련된 기업 활동입니다.

이 단계의 끝에 해당하는 1999년에 아마존은 옥션 비즈니스를 신사업으로 시작했습니다만, 계속하지는 못했습니다. '탐색'을 통해 새로운 사업을 일으

51

키는 것이 모두 잘되는 것은 아닙니다. 또한, 결과적으로 잘된 경우에도 수익을 얻을 수 있을 때까지는 시간이 걸립니다. **최초에 만든 모델이 수익이 나지 않을 때도 시행착오를 반복해야, 최종적으로 성공한 비즈니스가 되는 것입니다.**

그림 2-5 아마존의 비즈니스 모델 <1단계>: 서적 온라인 쇼핑

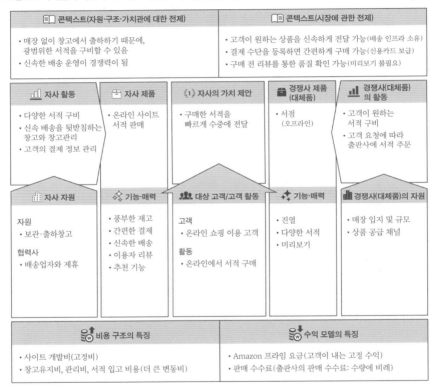

이 시기 아마존은 동시에 소매 비즈니스 부문에 대한 '**심화**' 활동도 게을리하지 않았습니다. 그 예로 인터넷 서점 사이트에 고객이 감상을 게재하는 리뷰 도입을 들 수 있습니다. 책을 구입할 때 다른 고객이 제공한 정보는 이 책의 판매를 촉진하는 서비스가 됩니다. 그 밖에도 이 회사는 동시기에 자사 창고의 출고 작업 효율화 추진이나 취급 상품 확대, 원클릭 구매 특허 취득

등, 인터넷 쇼핑을 편리하게 하는 세련화와 효율화를 수행하여 고객을 늘려 나갔습니다.

2단계: 중개 비즈니스

아마존은 2002년에 개인 경영 서점이나 개인 이용자가 중고 서적을 판매할 수 있는 **아마존 마켓플레이스**를 시작합니다. 사는 사람과 파는 사람을 이어 주는 이 서비스는, 이후 직판 온라인 서점에 이은 제2의 비즈니스로 성장합니다.

그림 2-6 아마존 서비스별 매출(2018년 1분기~2020년 2분기)

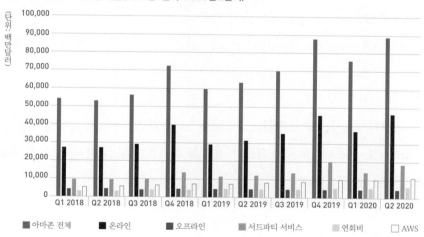

[출처] 아마존 분기별 보고서를 이용하여 필자가 일부 수정한 그래프

2002년 서비스 시작 당시, 마켓플레이스는 제3자가 출품한 상품의 등록과 결제를 대행하는 **매개형 플랫폼**(p.81)에 불과했습니다. 자사가 직접 구매하지 않고 서드파티인 입점 업체에 매장만을 빌려주는 사업은, 인터넷 소매로 구축한 회사의 기반을 효율적으로 사용(심화)하면서 비즈니스 범위를 확대

(탐색)하는 사업에 해당합니다. **아마존은 비즈니스의 복합화를 시작한 것입니다.**

아마존에서 취급하는 상품은 입점 업체가 직접 고객에게 배송했으나, 2008년에는 새롭게 **풀필먼트 사업**(자사가 보유한 창고에 타사가 출품한 상품을 보관·관리하고 배송을 대행하는 사업)도 시작했습니다. 이 신규 사업에서는 '자사 창고의 효율성을 얼마나 높일 수 있는가'가 타사에 대한 경쟁 우위가 됩니다. 이에 아마존은 창고 자동화를 추진하고자 2012년 로봇 제조사인 Kiva Systems(지금의 Amazon Robotics)를 인수합니다. 아마존은 이 인수를 통해 새로운 기술을 확보하고 창고 시스템을 '심화'하여 기존 사업을 강화합니다.

그 밖에도 2005년에는 무료 배송, 배송 기간 단축 혜택이 있는 회원제 '**아마존 프라임**(Amazon Prime)'(심화)을 시작하고, 2014년에는 스마트 스피커 '**아마존 에코**(Amazon Echo)'를, 2015년에는 상품 자동 주문 버튼 '**아마존 대시**(Amazon Dash)'(현재 서비스 종료)를 출시하는 등, 끊임없이 새로운 사업과 서비스를 시작합니다(탐색).

이러한 2단계는 회사가 인터넷 소매 비즈니스와 중개 비즈니스 양쪽, 그리고 이와 관련한 비즈니스를 자사 자원의 '탐색'과 '심화'를 통해 끊임없이 강화·확대한 시기로 볼 수 있습니다.

그림 2-7 아마존의 비즈니스 모델 <2단계> : 마켓플레이스

📖 콘텍스트(자원·구조·가치관에 대한 전제)		📖 콘텍스트(시장에 관한 전제)	
⊙서드파티를 참여시킴으로써 제품의 폭을 넓히고, 시장 경쟁력을 제고 ◎창고 관리와 배송 대행 서비스의 수익화가 충분히 가능		⊙다양한 구색과 가격으로 상품 제공이 가능해짐 ⊙배송이 무료라면 연회비를 낼 가치가 있음 ◎아마존의 고객 기반을 이용한 판매가 가능	

📊 자사 활동	🏷 자사 제품	☝ 자사의 가치 제안	💼 경쟁사 제품 (대체품)	📊 경쟁사(대체품) 의 활동
⊙상품 다양화 ◎서드파티 제품의 자사 창고 관리 ◎배송 대행	◎⊙서드파티 기업의 상품을 대신 판매 ◎창고 관리 ◎배송 대행	◎소비자와 서드파티 기업 간 중개 수행	· 소매상점 · 서드파티 기업의 직접 판매	· 고객이 원하는 상품 구비 · 자사의 창고 및 시설 정비

🏢 자사 자원	✨ 기능·매력	👥 대상 고객/고객 활동	✨ 기능·매력	🏢 경쟁사(대체품)의 자원
자원 · 보관 창고 · 풀필먼트 기술 **협력사** · 원클릭 결제(특허) · 배송업자와 제휴	⊙다양한 제품 ⊙원클릭으로 간편한 구매 · 배송의 번거로움 제거	**고객** · 온라인 쇼핑 이용 고객 · 중개할 서드파티 **활동** · 찾는 상품을 싸게 구매하고 싶음 ◎자사 제품을 구매할 소비자를 찾고 싶음	· 매장 · 상품 결제 시스템	· 매장의 입지 및 규모 · 상품 공급 채널

💰 비용 구조의 특징		💰 수익 모델의 특징	
· 사이트 개발비(원클릭 결제) · 창고유지비, 관리비(구매 비용 없음) · 풀필먼트 기술에 대한 투자		· 판매 수수료 (서드파티 기업이 내는 수수료, 창고 사용료, 배송 대행료 포함)	

⊙ = 일반 고객 대상 비즈니스   ◎ = 서드파티 기업 대상 비즈니스

3단계: IT·하드웨어 기업으로의 변신

2000년대 중반부터 아마존은 IT 서비스와 하드웨어로 사업을 확대합니다. 계기가 된 것은 이 회사가 2006년부터 본격적으로 전개한 AWS(Amazon Web Services)입니다.

AWS는 저장 공간이나 데이터베이스 등을 제공하는 클라우드 서비스(p.91)로, 원래 아마존 사내의 효율화와 문제 해결을 위해 사용하던 IT 인프라스트럭

처(심화)를 외부 기업으로 확장한 것입니다(탐색). 2019년에는 AWS의 장애로 넷플릭스나 대형 인터넷 쇼핑몰 사이트를 한동안 사용할 수 없게 된 적이 있습니다만, 이를 통해 지금은 AWS가 세계적 규모의 같은 업종 회사도 이용하는 서비스로 성장했다는 것을 알 수 있습니다.

그림 2-8 아마존의 비즈니스 모델 <3단계>: AWS

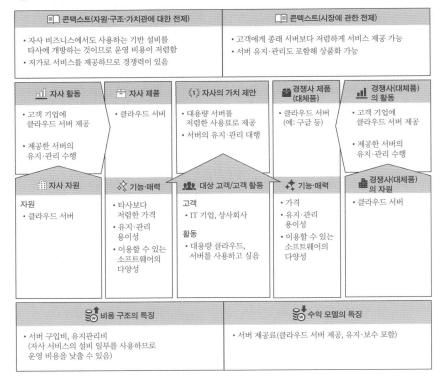

AWS(클라우드 서비스)는 창고나 물류 등에 비용이 드는 소매 사업과는 달리 운영 비용에 규모의 경제가 많이 작용하므로 수익률이 높습니다. 이 덕분에 지금의 AWS는 아마존의 '캐시 카우'로 불리는 존재입니다(그림 2-9 참조). 또한, 클라우드 서비스는 마켓플레이스나 풀필먼트 사업과 마찬가지로 **타사**

의 비즈니스 효율화를 위해 자사 자원을 제공하는 것, 즉 아마존에 있어서는 B2B 비즈니스의 '다양화'(탐색)에 해당된다는 사실에도 주목해야 합니다.

그림 2-9 AWS의 매출·영업 이익과 아마존의 매출 추이(2018~2020년)

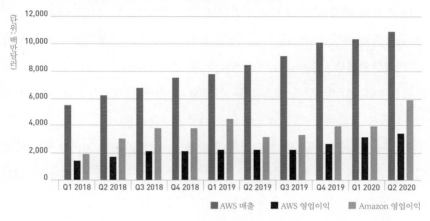

[출처] 아마존 분기별 보고서를 이용하여 필자가 일부 수정한 그래프

3단계에서 아마존이 착수한 또 하나의 신사업이 바로 하드웨어 제조입니다 (탐색). 이 회사는 2007년 전자책 리더기 '아마존 킨들'(Amazon Kindle)', 2010년 동영상도 볼 수 있는 태블릿 '킨들 파이어'(Kindle Fire)'에 이어, 2014년에는 스마트폰 '파이어폰'(Fire Phone)'(후에 철수)과 스마트 스피커 '아마존 에코'(Amazon Echo)'를 계속해서 발표했습니다. 이들 하드웨어를 발표하기에 앞서 플랫폼 사업의 하나로 전자책 서점이나 동영상 서비스도 시작했습니다.

전자책이나 동영상 서비스는 플랫폼 비즈니스에서 취급하는 상품과 질의 확대(심화)이기도 하지만, 이에 발맞춰 하드웨어 사업(탐색)까지 도모함으로써, 여기서부터 총체적인 시스템 구축을 시작했다고 볼 수 있습니다.

4단계: 오프라인 비즈니스 진출

4단계는 플랫폼에서 오프라인 비즈니스로의 진출(탐색)입니다. 2016년에 아마존은 무인 오프라인 매장 '**아마존고**(Amazon Go)' 실험을 시작했으며, 이듬해에는 전국에 매장을 둔 유기농 식품 전문 슈퍼마켓 '홀푸드 마켓(Whole Foods Market)'을 인수했습니다(탐색). 그리고 같은 해인 2017년에 신선식품에 특화한 '**아마존 프레시**(Amazon Fresh)'를 시작하게 됩니다(탐색). 아마존 프레시는 처음에는 배달 서비스만을 제공하는 인터넷 슈퍼마켓으로 출발했지만, 2020년 8월에는 오프라인 매장도 운영을 시작했습니다(심화).

아마존은 창업 때부터 지속적인 성장을 이어왔습니다. 2019년에는 사업 영역을 부동산으로 확장하여, 고객에게 부동산 사무소를 소개하는 '**턴키**(Turn Key)'라는 신사업을 시작한다고 발표했습니다(탐색). 이 비즈니스의 목적 중 하나는 이사한 집에 에코 스피커나 파이어 TV 등을 설치하도록 하여 언제나 아마존과 이어진 고객을 확보하는 것이라 합니다.

이 회사가 계속해서 시작하는 신사업이 너무 많아 어지러운 느낌이 들기도 하지만, 이러한 아마존의 비즈니스 모델 발전 프로세스를 4단계로 분류해보면, **최초에 시작했던 소매업을 기반으로 '탐색'과 '심화'를 조합하여 사업 영역 확대와 전문화를 계속 이어왔다**는 것을 알 수 있습니다. 이처럼 기업 성장을 계속하려면 비즈니스 모델의 '탐색'과 '심화'를 동시에 생각해야만 합니다. 이를 통해 기존 모델의 수정, 비즈니스 모델의 복합화, 서로 다른 복수 모델의 병행 추구가 가능해집니다.

그림 2-10 아마존의 비즈니스 모델 <4단계>: Amazon Go

📖 콘텍스트(자원·구조·가치관에 대한 전제)	📖 콘텍스트(시장에 관한 전제)
• 캐시리스 오프라인 매장 서비스를 충실히 하여 아마존 프라임 회원에게 부가 가치를 제공할 수 있음 • 고객 계정과 연동한 운영의 차별화	• 아마존 프라임 회원이 되면 쇼핑 시간과 수고를 대폭 절약할 수 있음 • 구매 데이터에 기반한 고수요 상품 제공이 가능

📊 자사 활동	📋 자사 제품	💲 자사의 가치 제안	💼 경쟁사 제품 (대체품)	📊 경쟁사(대체품)의 활동
• 매장 공간의 IT화 (카메라, 무게 센서, 압력 센서 등 설치) • 고객 구매 데이터 해석에 의한 매입과 상품 라인업	• 현금 없이 구매 가능한 오프라인 매장	• 아마존 프라임 회원 계정을 사용하여 쇼핑 번거로움을 크게 줄임	• 슈퍼마켓	• 다양한 상품을 준비하여 판매

🏢 자사 자원	✂️ 기능·매력	👥 대상 고객/고객 활동	⚡ 기능·매력	🏭 경쟁사(대체품)의 자원
• 인수한 매장 • 고객 구매 데이터 • 데이터 분석 기술	• 프라임 회원 데이터를 사용한 캐시리스 구매 • 구매 데이터에 기반하여 수요가 많은 상품 준비	고객 • 아마존 프라임 회원 활동 • 오프라인 매장에서 식자재나 생활용품 구매	• 매장의 입지와 규모 • 가격 • 다양한 상품	• 매장 • 상품 공급 채널

💲 비용 구조의 특징	💲 수익 모델의 특징
• 시스템 개발비 • 매장 임대료, 광열비, 통신비	• 아마존 프라임 회원 연회비 • 오프라인 매장 매출(판매량에 비례)

[정리] 비즈니스 모델 재검토와 가치 제안

비즈니스 모델을 디자인하는 데 필요한 프레임워크인 전략 모델 캔버스는 얼핏 보면 세세한 요소를 조합하여 만드는 듯 보입니다. 여기서 주의할 점은 이 세세한 요소 모두를 신경 쓰면 신사업을 시작하는 것도, 기존 사업을 재검토하는 것도 모두 어려워진다는 점입니다.

비즈니스 모델을 디자인할 때는 비즈니스 모델의 모든 요소를 평등하게 바라보는 것이 아니라 항상 자사의 가치 제안을 출발점으로 하는 것이 중요합니다. 캔버스를 모두 채우려 하는 것이 아니라, 가운데에 위치한 '가치 제안은 무엇인가?', '고객은 누구인가?'에 주목하여 '가치 제안', '대상 고객', '상품/서비스'로 이루어진 전략 모델의 단위 모델을 중심으로 사고 실험과 실천을 반복하는 것이 중요합니다. 또한 비즈니스 모델 전체의 전제인 콘텍스트를 명백히 밝히고, 그 성립 여부를 찬찬히 살펴봐야 합니다.

항상 전략 모델의 단위 모델로 되돌아옴으로써 외부 환경의 변화나 기술의 발전 등 다양한 변화를 조망한다면, 자사 사업의 '심화'와 '탐색'을 효율적으로 수행할 수 있을 것입니다.

📖 참고문헌

김위찬, 르네 마보안. (2015). 블루오션 전략 확장판(김현정, 이수경 옮김). 교보문고

알렉산더 오스터왈더, 예스 피그누어. (2010). 비즈니스 모델의 탄생(유효상 옮김). 타임비즈

에릭 리스. (2011). 린 스타트업(이창수, 송우일 옮김), 인사이트

찰스 오라일리, 마이클 투시먼. (2016). 리드 앤 디스럽트. 처음북스

根来龍之.『ビジネス思考実験』(日経BP社, 2015)

根来龍之.『事業創造のロジック』(日経BP社, 2014)

根来龍之(2006).「競争戦略策定の出発点は何であるべきか?〈内外〉融合の戦略論に向かって」『早稲田商学』, (407), 463-482.

根来龍之. 木村誠『ネットビジネスの経営戦略—知識交換とバリューチェーン—』(日科技連出版社, 1999)

井上達彦.『ゼロからつくるビジネスモデル: 新しい価値を生み出す技術』(東洋経済新報社, 2019)

Barney, J. B. (1991). Firm resources and sustained competitive advantage. *Journal of management*, 17(1), 99-120.

March, J. G. (1991). Exploration and exploitation in organizational learning, *Organization Science*, 2(1), 71-87.

Osterwalder, A., Pigneur, Y., Smith, A. and Etiemble, F. (2020). The Invincible Company: How to Constantly Reinvent Your Organization with Inspiration from the World's Best Business Models. Wiley

Wernerfelt, B. (1984). A resource-based view of the firm. *Strategic management journal*, 5(2), 171-180.

PART

2

비즈니스 모델 도감

2부에서는 1부에서 설명한 비즈니스 모델의 기본 사고방식을 활용하여 비즈니스 모델의 패턴을 63가지로 분류하고 사례를 더한 다음, 도감 형식으로 정리했습니다. 비즈니스 모델을 하나하나 개별적으로 확인할 수도 있고, 간단히 여러 개의 비즈니스 모델을 비교할 수도 있습니다. 여기서 소개한 성공 패턴을 자세히 참조한다면 새로운 아이디어를 검토할 때 다양한 힌트를 얻을 수 있을 것입니다.

비즈니스 모델 도감 사용 방법

2부에서는 전략 모델, 운영 모델, 수익 모델, 콘텍스트를 가능한 한 모두 망라하여 도감화하고자 했습니다. 여기서 각각의 정의는 다음과 같습니다.

표 II-0 3가지 모델과 콘텍스트의 정의

종류	설명
전략 모델	어떤 고객(타깃 이용자)에게, 무엇(상품·서비스)을, 어떤 매력을 더해, 자사의 어떤 자원을 활용하여 제공할 것인가를 표현하는 모델
운영 모델	전략 모델을 실현하기 위한 업무 프로세스 구조를 표현하는 모델. 기업이 수행하는 일련의 주된 활동을 정하는 것
수익 모델	사업 활동의 수익 획득 방법과 비용 구조를 표현하는 모델. 수익을 얻으려면 어느 정도의 사업 규모나 단가, 비용을 생각해야 하는가를 정하는 것
콘텍스트	비즈니스 모델의 각 요소를 설정할 때 전체로서 해당 비즈니스가 성립하는가 아닌가를 정하는 전제 또는 가설

※ 각 모델과 콘텍스트에 대한 자세한 설명은 2장을 참고하세요.

2부의 **전략 모델**에는 '개별 기업의 전략 모델 기본 패턴'뿐 아니라, '사업 영역이나 산업에서의 역할 패턴'도 수록되어 있습니다. 다루는 패턴은 모두 추상화한 것입니다. 또한, 각 기업의 전략 모델은 독자성을 가져야 합니다(그렇지 않으면 경쟁력이 없기 때문). 그러므로 자사의 사업을 여기에서 설명하는 패턴 중 하나에 그대로 끼워 맞추는 것은 바람직하지 않습니다. 어디까지나 **자사의 모델을 생각할 때의 힌트 정도로 참고**하시기 바랍니다.

이와 달리 **수익 모델**은 보편성이 있기 때문에, 자사의 제품·서비스 수익을 어떻게 확보할 것인가를 검토할 때 예로 든 모델 중 어느 것을 적용할 수 있을까, 억지로 끼워 맞춰 생각해도 괜찮습니다(강제 연상법).

운영 모델 예시는 전략 모델과 수익 모델의 중간적 성질을 보이며, 보편성이 있다고 할 수는 없으나 전략 모델만큼 독자성을 요구하는 것도 아니므로 **어느 정도 패턴이 있습니다.**

마지막은 **콘텍스트**로, 여기서 예로 든 것은 개별 기업의 '전략 모델 캔버스'의 **콘텍스트 칸에 그대로 쓸 수 있는 내용은 아닙니다.** 그것을 추상화하여 일반적인 성공 원리로 표현한 것이라 생각하면 됩니다.

전략 모델

전략 모델은 어떤 고객(타깃 이용자)에게, 무엇 (상품·서비스)을, 어떤 매력을 더해, 자사의 어떤 자원을 활용하여 제공할 것인가를 표현하는 모델 입니다. 이 장에서는 '개별 기업의 전략 모델 기본 패턴'과 '사업 영역이나 산업에서의 역할 패턴' 모 두를 추상화하여 설명합니다. 자사의 모델을 생 각할 때 하나의 힌트로서 활용하기 바랍니다.

01

공급망을 제어하는
수직통합

Vertical Integration

KEY POINT

● 공급망의 모든 공정을 자사 그룹 안으로 통합
● 전략적인 의사결정을 신속하게 수행
● 기술 혁신이 일어났을 때 대응이 늦어질 위험이 있음

기본 개념

　수직통합이란 제품의 연구개발부터 제조·판매까지 공급망의 모든 공정을 자사 그룹 안에서 수행하는 비즈니스 모델입니다. 또한, 자사에 제품의 제조나 판매 등을 수행하는 공정이 없을 때는 M&A를 통해 타사의 자원을 인수하여 통합할 때도 있습니다.

　수직통합의 예로는 자동차산업과 같은 전통적인 제조업이 대표적입니다만, 2010년 이후에는 **GAFA**(Google, Apple, Facebook, Amazon)나 넷플릭스와 같은 디지털 기업도 수직통합을 이용하여 자사의 시장을 확대하고 있습니다.

　OTT 서비스로 전 세계에 약 1억 7천만 명의 이용자를 보유한 **넷플릭스**는 창업 초기에는 주로 동영상 스트리밍 서비스만을 제공했으나, 2013년 이후부터는 콘텐츠 제작 사업에도 참여하여 현재는 세계적으로 히트한 작품을 여러 편 제작했습니다. 작품 조달과 제공(유통)뿐이었던 종래의 비즈니스 모델에서 전방 통합을 통해 영상물도 함께 제작하는 수직통합 모델로 변신하여 양질의 작품을 독점함으로써 경쟁사와의 차별화에 성공했습니다.

또한, **구글**은 2018년에 자사가 개발한 머신러닝용 집적회로칩 TPU를 타사에도 공급하기 시작했습니다. 이 칩은 IoT 환경에서 디바이스와 서버를 연결하는 에지 컴퓨팅의 핵심 부품으로, 커넥티드 카 등의 분야에서의 활용이 기대됩니다. 이러한 사업 확장은 서버부터 IT 서비스, 클라우드, 디바이스에 이르는 구글의 수직통합 전략이라 할 수 있습니다.

사례 1: 토요타자동차

548개의 자회사를 가진 **토요타자동차**는 자동차 연구개발부터 판매점에 이르기까지 전체를 수직통합 함으로써 세계적인 경쟁력을 지니게 되었습니다. 본사가 자동차 모델을 개발하고 전문 자회사가 부품 제조나 차제 조립을 담당하며 차종에 따른 계열 판매점이 소비자에게 제품을 공급하는 모델을 채택하여,

생산·물류 비용을 줄이고 고품질·저가격으로 제품을 공급할 수 있게 되었습니다.

세계 제조업의 본보기라 할 수 있는 **토요타 생산방식(Toyotism)**은 수직통합 모델에 따른 제조 공정에서 비롯된 생산 관리 방법입니다. 쓸데없는 재고나 운송 등 제품의 부가가치를 높이지 못하는 '7가지 낭비'를 배제하고, 각 제조 공정을 연결하여 과잉 재고 문제를 해소하는 적시 생산방식(JIT)(필요한 수의 부품만 생산하는 방식) 도입은 토요타 그룹의 실적 향상에 크게 공헌했습니다.

2010년대 들어 토요타는 자사의 비즈니스 모델을 MaaS(Mobility as a Service)라 새롭게 정의했습니다. 종래의 자동차 제조뿐 아니라 **운전 데이터를 수집·활용하거나 원하는 자동차로 교체할 수 있는 구독 서비스** 등을 새롭게 사업화하여 서비스 부분의 통합을 이루려 합니다.

그림 3-1 토요타의 수직통합

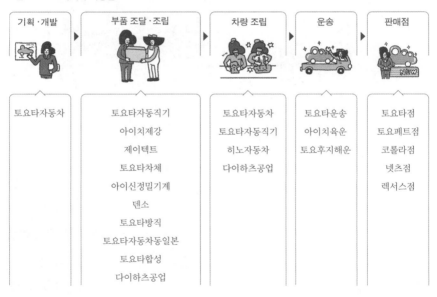

기획·개발	부품 조달·조립	차량 조립	운송	판매점
토요타자동차	토요타자동직기 아이치제강 제이텍트 토요타차체 아이신정밀기계 덴소 토요타방직 토요타자동차동일본 토요타합성 다이하츠공업	토요타자동차 토요타자동직기 히노자동차 다이하츠공업	토요타운송 아이치육운 토요후지해운	토요타점 토요페트점 코롤라점 넷츠점 렉서스점

[출처] 토요타 홈페이지(https://www.toyota.co.jp/)를 참고로 필자가 일부 수정

사례 2: 아마존

서비스에 특화된 수직통합을 통해 수익 규모를 확대한 좋은 예가 **아마존입니**다. 하타카마 히로시(幡鎌博)는 아마존의 사업을 '**클라우드**', '**소매 플랫폼**', '**풀**필먼트(창고 보관과 수주·배송 업무)로 이루어진 수직통합**이라 정의하고, 아마존은 이 3가지 서비스를 통합함으로써 강력한 경쟁 우위를 지니게 되었다고 말했습니다.

또한, 이렇게 수직통합한 클라우드, 플랫폼, 풀필먼트는 외부 수익원이기도 합니다. 클라우드 서비스 AWS(Amazon Web Services)나 창고·물류를 외부로 개방화한 결과, AWS는 넷플릭스 등 많은 외부 플랫폼 기업이 이용하고 있으며, 창고·물류도 여타 온라인 쇼핑 업체가 상품 보관이나 배송을 위해 이용하고 있습니다.

디지털화 이후는 이러한 형태로 수직통합한 자사 자원을 외부에 개방하여 본업 이외에도 다양한 수익원을 확보할 수 있게 되었습니다.

> **MEMO**
>
> 토요타의 모빌리티 서비스 구상도 자사의 수직통합 자원을 효과적으로 활용하는 것에 그치지 않는, 외부로의 개방화 전략 또는 얼라이언스 전략(제휴 전략)이라 볼 수 있습니다.

수직통합의 성립 조건

(1) 충분한 자본력

수직통합을 이루려면 연구개발·제조·판매를 통합하는 데 필요한 자본이 자사에 있어야 합니다.

(2) 공급망의 각 공정에 상응하는 수주 규모

각 공정이 수익 규모를 유지하는 것으로, 기업이나 그룹 전체의 수익도 오릅니다.

(3) 제품 제조에 필요한 공정이 복잡함

수직통합에 따른 비용 절감이나 거래 속도 단축 등의 장점은, 자동차 부품이나 공작 기계처럼 많은 부품이 필요한 제품의 제조에서 더 커집니다.

수직통합의 함정

최근 기술 혁신에 따른 제조 비용 절감이나 물류의 발전에 따라, **자사 조달보다 외부 시장에서 조달하는 비용이 더 저렴한 경우**도 나오고 있습니다. 이럴 때는 공정의 통합이 고비용을 가져올 위험이 생깁니다. 또한, 그룹 규모가 커질수록 거버넌스 통제가 어려워집니다.

적용을 위한 질문

- ☑ 자사의 제품·서비스에 일정 규모 이상의 시장이 있는가?
- ☑ 자사의 제품·서비스에 지속성을 기대할 수 있는가?
- ☑ 외부 기업의 M&A가 필요할 때 투자에 따른 수익 규모를 기대할 수 있는가?
- ☑ 경제 상황이나 새로운 제도 등, 외부 환경에 변화가 생겼을 때 사업을 계속하는 데 지장을 주는 공정을 빠르게 파악할 수 있는가?

 **참고문헌**

幡鎌博. 「アマゾン・コムの戦略：サービスの垂直統合と顧客中心主義」『IT News Letter』8(1), 3-4 (2012)

デイビッド・ベサンコ, マーク・シャンリー, デイビッド・ドラノブ『戦略の経済学』(ダイヤモンド社, 2002)

Besanko, D., Dranove, D., Shanley, M., Schaefer, S. (2017). Economics of Strategy. Wiley

02

강한 분야에 특화하는
레이어 마스터

Layer Master

Case Study

인텔
마이크로소프트
폭스콘(훙하이그룹)
시마노

KEY POINT

- 가치 사슬 안의 특정 레이어에서의 활동에 특화하여 경쟁 우위를 확보하는 방법
- 가치 사슬을 분리하기 쉬운 업무나 산업에서 성립함
- 같은 레이어 안에서는 기술이나 노하우, 규모 등으로 타사와 차별화하는 것이 중요

기본 개념

레이어 마스터란 특정 산업의 가치 사슬(Value Chain) 안에서 '특정 업무나 기능' 관련 활동에 특화하여 이를 통해 경쟁 우위를 구축하는 전략입니다. 이때 '특정 업무나 기능'을 레이어(층)라 부릅니다.

레이어 마스터가 특화한 레이어는 '제조에 특화', '판매에 특화'와 같이, 가치 사슬의 주 업무 중 하나일 때가 흔합니다.

또한, 제조나 판매 등의 '업무'가 아니라 특정 제품의 특정 기능을 담당하는 '부품'에도 레이어 마스터가 있습니다. 예를 들어 컴퓨터 산업에서는 CPU, 메모리, 하드디스크, 운영체제, 컴퓨터 본체(하드웨어), 애플리케이션·소프트웨어 등 컴퓨터에 필요한 기능을 수행하는 부품이 있는데, 이들 부품 중 하나에 특화하여 경쟁 우위를 구축할 수도 있습니다. 주요 레이어 마스터로는 CPU 레이어에 특화한 **인텔**이나 운영체제에 특화한 **마이크로소프트** 등을 들 수 있습니다.

요컨대 레이어 마스터란 '가치 사슬 안의 특정 업무'나 '산업 안의 특정 기능 (부품)'에 특화하여 기술이나 경험을 축적하고 시장에서 지배력을 가지려는 기업을 가리키는 것입니다.

MEMO

'레이어 마스터'라는 비즈니스 모델은 기존의 가치 사슬을 재구축하여 생산성을 높이거나 새로운 가치 제공 구조를 고안하고자 BCG(보스턴 컨설팅 그룹)가 제안한 프레임워크 디컨스트럭션(Deconstruction) 중 하나입니다.

사례 1: 폭스콘(훙하이그룹)

훙하이그룹(이하 폭스콘)은 훙하이정밀공업을 중심으로 하는 대만의 그룹입니다. **폭스콘**의 사업 분야는 전자기기 위탁 생산을 전문으로 하는 EMS (Electronics Manufacturing Service)라 불리는 비즈니스입니다. 이 회사는 세계의 전기·통신기기 제조사를 고객으로 두고, 이들 기업이 취급하는 제품의 제조 업무를 맡습니다.

예를 들어, 애플의 아이폰이나 여러 제조사의 스마트폰, 태블릿 그리고 닌텐도의 닌텐도 스위치나 소니의 플레이스테이션 등의 제조를 담당하고 있습니다. 제조 공장 대부분은 중국에 위치합니다. 폭스콘의 EMS 사업은 **전기·통신기기 제조사의 가치 사슬 중 '제조' 레이어에 특화**한 것이라 할 수 있습니다.

사례 2: 시마노

시마노는 오사카 사카이에 본사를 둔 자전거 부품 및 낚시도구 제조사입니다. 이 회사의 자전거 부품 사업은 '자전거 업계의 인텔'이라 불릴 정도로, 자전거 산업의 레이어 마스터로서의 특징을 여실히 보이고 있습니다. 자전거 부품 사업은 이 회사의 매출 약 80%를 차지하는데, 변속기나 브레이크, 휠, 기어, 레버 등을 일본 국내외에서 제조합니다. 특히 스포츠 자전거용 부품 분야의 세계 시장점유율은 80%가 넘어 경쟁사의 추종을 불허합니다.

그림 3-2 레이어 마스터로서의 시마노

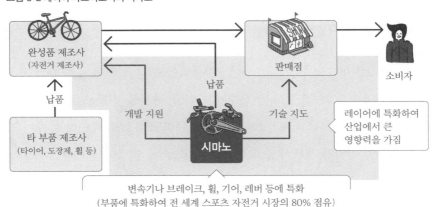

이 회사의 자전거 부품 비즈니스는 자전거 산업의 가치 사슬에서 '부품'(브레이크나 속도 조절 등의 기능) 레이어에 특화한 것이라 할 수 있습니다.

지금은 이 경쟁력을 바탕으로 자전거 제조사나 판매점에 개발 지원이나 기술 지도를 진행할 정도의 영향력을 유지하고 있습니다.

레이어 마스터의 성립 조건

(1) 가치 사슬 내 분리 가능하며 충분한 규모가 있는 레이어 존재

레이어 마스터가 성립하려면 '가치 사슬 안의 레이어를 분리할 수 있는가?'가 중요합니다. 예를 들어 가전제품 제조사가 '제조'라는 레이어를 자사의 가치 사슬에서 분리하여 타사에 위탁하더라도, 그 외 레이어에는 영향이 없으므로 폭스콘과 같은 EMS 사업자가 생길 수 있습니다. 즉, 레이어 마스터는 모듈화가 진행되는 업무나 산업에서 그 존재감을 드러낼 수 있습니다. 또한, 이렇게 분리한 레이어의 규모는 한 기업의 사업으로 성립할 만큼 충분히 커야 합니다.

(2) 레이어 내 경쟁 우위를 유지할 능력

레이어에 특화한 사업을 운영할 뿐 아니라, 같은 레이어에 속한 타사에 대해서도 경쟁 우위를 유지해야 합니다. 예를 들어 **인텔**은 CPU에서, **마이크로소프트**는 운영체제에서, **시마노**는 자전거 부품에서 각각 높은 기술력을 보유하므로 특정 레이어 안에서 경쟁력을 유지할 수 있습니다.

레이어 마스터의 함정

특정 레이어에 특화하며 동시에 높은 기술력이나 노하우가 있다 하더라도 경쟁력을 지속할 수 있는가는 별개 문제입니다. 예를 들어 인텔의 컴퓨터용 CPU 시장 점유율은 한때 90%에 가까웠던 적도 있지만, 지금은 동종 업계 2위인 미국 **AMD**의 매서운 추격을 받고 있습니다. 이러한 사례를 보더라도 레이어 마스터가 되어도 끊임없는 기술 개발이나 시장 개척이 필요하다는 것을 알 수 있습니다.

또한, **특화한 레이어에 다른 레이어에서 활동하던 회사가 수직통합을 통해 진출**할 때도 있습니다. 중국의 세계적 통신기기 회사인 **화웨이**는 독자적으로 운영체제를 개발한다고 알려졌는데, 이는 마이크로소프트가 특화하여 활동하던 컴퓨터용 운영체제라는 레이어에 화웨이가 진입했다는 뜻입니다.

적용을 위한 질문

☑ 자사가 제공하는 상품·서비스는 모듈화가 진행된 업무나 산업인가?

☑ 자사가 특화한 레이어에서 충분한 사업 규모를 유지할 수 있는가?

☑ 자사의 레이어에서 경쟁 우위를 구축·유지할 수 있을 만큼의 기술력이 있는가?

☑ 자사의 레이어에 타사가 진입하지는 않을 것인가?

참고문헌

内田和成. 『デコンストラクション経営革命: ビジネスの興廃を制する』(日本能率協会マネジメントセンター, 1998)

相葉宏二·グロービス経営大学院(編). 『MBA事業戦略』(ダイヤモンド社, 2013)

03

타사의 협력을 얻어 비즈니스를 새로 구성하는

오케스트레이터

Orchestrator

Case Study

델   아스쿨
이케아

PART 2

03 오케스트레이터

전략 모델

KEY POINT

○ 가치 사슬 안의 특정 부분을 담당하되, 그 외는 타사에 맡겨 가치 사슬 전체를 새로 만듦

○ 기존 가치 사슬 안에 숨은 '과제'를 발견하는 것이 중요

○ 외부 협력 기업이 경쟁사가 될 가능성 있음

기본 개념

오케스트레이터란 어떤 제품·서비스의 가치 사슬 안에서 특정 부분을 담당하면서 그 외 부분은 타사에 아웃소싱하여 가치 사슬 전체의 최적화를 꾀하는 전략, 또는 이를 담당하는 참여자를 일컫는 말입니다. 발상 자체는 **레이어 마스터**(p.70)와 비슷합니다. 그러므로 오케스트레이터와 레이어 마스터의 차이를 먼저 알아보겠습니다.

레이어 마스터란 CPU라는 특정 부품에 특화한 인텔이나 제조라는 특정 프로세스에 특화한 폭스콘처럼, 가치 사슬 안의 특정 레이어에 특화한 비즈니스 모델입니다.

한편, 오케스트레이터의 대표 기업으로는 컴퓨터 판매 회사 **델**을 들 수 있습니다. 델은 수주 생산방식(BTO: Build to Order)(p.142)을 채용했는데, 이 회사가 '컴퓨터라는 완성품을 소비자에게 전달한다'라는 일련의 가치 사슬 중에서 주로 담당하는 것은 제품 기획이나 마케팅, 판매, AS 등입니다. 그 밖의 제품 제조·조달이나 제품 조립, 배송 등은 타사에 아웃소싱합니다.

　이처럼 컴퓨터 판매의 가치 사슬 안에서 부가가치 창출 활동을 담당하면서도, 다른 활동은 외부 기업의 협력을 얻어 가치 사슬 전체의 최적화(델의 예로 말하면 수주 생산방식 채용을 통한 컴퓨터 판매 효율화)를 이루려는 전략이나 참여자를 오케스트레이터라 부릅니다.

　여기서 포인트는 오케스트레이터는 특정 부분을 담당하면서도 타사를 참여시켜 가치 사슬 전체의 최적화를 꾀한다는 사실입니다. 결코 자사가 담당하는 특정 부분 이외에 눈을 돌리지 않는 것이 아닙니다.

　다시 델의 사례를 보겠습니다. 컴퓨터 판매란 일반적으로 어느 정도 사양이 정해진 몇 종류의 완성품을 제조사에서 소매점을 통해 소비자까지 전달하는 구조였습니다. 이는 '재고를 쌓아 두고 판매하는 방식'으로, 달리 보면 이 방식은 컴퓨터 제조·판매와 관련된 각 기업이 그만큼의 손실 위험을 떠안는 것이기도 합니다.

델은 이 위험을 없애고자 수주 생산방식의 컴퓨터 판매를 시작하고, 여기에 자사의 비즈니스에 협력하는 **부품 제조사나 조립업자, 배송업자 등을 참여시**킴으로써 마치 '오케스트라의 지휘자'와 같은 위치에서 가치 사슬 전체를 재구축했습니다. 이것이 오케스트레이터의 특징입니다.

> 오케스트레이터는 레이어 마스터와 마찬가지로 BCG(보스턴 컨설팅 그룹)가 제안한 프레임워크 '디컨스트럭션'
> 중 하나입니다.

사례 1: 아스쿨

아스쿨은 문구나 사무용품 등을 판매하는 일본의 인터넷 쇼핑몰 운영 기업입니다(현재 소프트뱅크 그룹 산하 지주회사인 Z홀딩스의 자회사). 아스쿨이 등장하기 전에는 문구가 제조사에서 고객의 손에 전달될 때까지 여러 단계의 도매점이나 소매점을 거쳐야 했으므로, 재고 손실이나 물류 손실 등 사회적 낭비가 생겨나곤 했습니다.

이에 아스쿨은 문구 가치 사슬에서 통신 판매 사업자로서 제품 판매 업무를 담당함과 동시에, 전국에 흩어진 문구 소매점을 자사의 대리점으로 다시 구성하여 가치 사슬을 재구축했습니다.

PART 2
03 | 오케스트레이터

전략 모델

그림 3-3 아스쿨이 진행한 가치 사슬 최적화

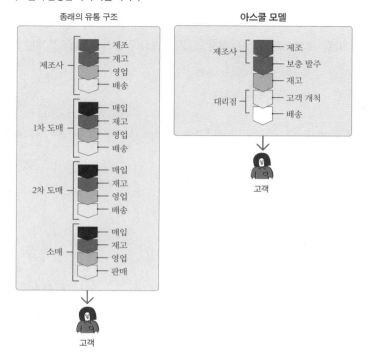

[출처] '아스쿨 모델'(https://www.askul.co.jp/kaisya/business/model.html)을 참고로 필자가 일부 수정

사례 2: 이케아

세계 최대 가구 소매업체인 스웨덴의 **이케아**는 품질을 유지하면서도 싼 가격으로 가구를 제공한다는 것을 사업 콘셉트로 하는 기업입니다.

이케아 비즈니스 모델의 중심을 이루는 것은 플랫 팩(Flat Pack)이라 불리는 제품 판매방식입니다. 이 회사의 매장에서 판매하는 가구 대부분은 부품별로 분해된 상태에서 평평한 판과 같은 형태(플랫 팩)로 포장됩니다. 그러므로 이 회사의 가구를 구매한 소비자는 직접 가구를 가져가서 조립해야 합니다.

이러한 플랫 팩 포장의 가구 판매에서 가구 부품 제조 업무 대부분은 이케아 이외의 가구 제조사가 담당합니다. 또한, 물류(가구 배송) 업무나 조립은 대부분 소비자가 담당합니다.

이케아는 '가구 디자인'이나 '판매 업무'에만 집중함으로써 '조립이 끝난 완성품 가구를 제조 판매한다'라는 가구 판매의 기존 가치 사슬을 혁신했습니다.

오케스트레이터의 성립 조건

(1) 기존 가치 사슬 내 '비효율적인 부분' 존재

아스쿨이나 이케아, 델의 예에서 알 수 있듯이 오케스트레이터가 이뤄 낸 것은 비효율적이고 최적화되어 있지 않은 가치 사슬의 재구축입니다. 예를 들어, 문구 유통에는 재고 손실이나 물류 손실이 있었으며 컴퓨터 판매에도 재고 위험이 있었습니다. 오케스트레이터가 성립하려면 가치 사슬 안에 이러한 비효율적인 부분이 있어야 합니다.

(2) 외부 자원 및 외부 기능 조달 가능

오케스트레이터가 성립하려면 외부 자원이나 외부 기능을 조달할 수 있어야 합니다. 예를 들어, 이케아는 가구 부품의 제조 업무를 외부 가구업자에게 외주로 주어 가치 사슬을 재구축했습니다.

그러나 외부 기업에서 볼 때 새로운 가치 사슬에 참가한다는 것은 기존 거래업자와의 관계를 훼손할 가능성 또한 있는 행동입니다. 그러므로 오케스트레이터는 외부 기업에 충분한 이득을 제시하고 이들 기업이 자사에 경영 자원이나 기능을 제공하도록 해야 합니다.

오케스트레이터의 함정

오케스트레이터가 가치 사슬을 재구축하고자 할 때 **기존 가치 사슬 참여자가 반발할 수 있습니다.** 예를 들어 **아스쿨**은 이 회사가 기존 유통 구조(도매나 소매점)를 건너뛰어 고객에게 직접 판매하는 것처럼 비쳤기에 업계의 강한 반발을 불렀다고 합니다.

그 밖에도 **협력 기업이 직접 오케스트레이터 사업 영역에 참가할 때도 있습니다.** 예를 들어 대만의 컴퓨터 제조사인 **에이수스**(ASUS)는 원래 델에 컴퓨터를 OEM으로 납품하던 회사였지만, 그 후 자사 브랜드를 만들어 컴퓨터 업계에 뛰어들었습니다.

  적용을 위한 질문

- ☑ 기존 가치 사슬에 존재하는 비효율적인 부분을 해결할 수 있는 새로운 가치 사슬을 구상할 수 있는가?
- ☑ 기존 가치 사슬 내 다른 참여자의 반발은 없는가?
- ☑ 자사의 사업에 협력하는 외부 기업에 이득을 제시한 다음 제휴를 맺을 수 있는가?
- ☑ 자사의 사업에 협력하는 외부 기업이 경쟁사로 변하지는 않겠는가?

참고문헌

内田和成. 『デコンストラクション経営革命: ビジネスの興廃を制する』(日本能率協会マネジメントセンター, 1998)

相葉宏二·グロービス経営大学院(編). 『MBA事業戦略』(ダイヤモンド社, 2013)

04

다양한 이용자의 '만남의 장'
매개형 플랫폼
Interaction-type Platform

Case Study

라쿠텐쇼핑몰
라인
록폰기힐즈
신용카드

KEY POINT

- 2종류 이상의 서로 다른 성질의 이용자를 연결하는 비즈니스 모델
- 각 이용자는 매개형 플랫폼을 이용함으로써 직접 거래하는 것보다 높은 가치를 얻을 수 있음
- 각 이용자가 모두 같은 수준의 수익을 올리려고 하지는 않는 경우가 많음

기본 개념

매개형 플랫폼이란 **2종류 이상의 서로 다른 이용자를 연결하는 장소(상호작용 장소)**가 되는 제품이나 서비스를 제공하는 비즈니스 모델입니다. 여기서 말하는 '이용자'란 소비자라는 의미가 아니라 참가자라는 의미입니다.

일반적인 비즈니스에서는 보통 한 종류의 이용자에 대해서만 비즈니스를 행합니다. 예를 들어, 종래의 자동차 제조사는 경차나 스포츠카, 패밀리카 등 고객 세그먼트마다 다양한 상품을 제공합니다만, 이는 모두 **자동차를 구매하는 이용자**라는 의미에서는 한 종류의 이용자에 대해서만 비즈니스를 행하는 것입니다. 이것이 일반적인 비즈니스의 모습입니다.

한편, 매개형 플랫폼에서는 **2종류 이상의 서로 다른 성질을 지닌 이용자**에 대해 비즈니스를 행합니다. 예를 들어, 라쿠텐이 운영하는 쇼핑몰에는 '**구매 고객**'과 '**입점 업체**'라는, 적어도 2종류의 서로 다른 성질을 가진 이용자가 있습니다.

이러한 2종류의 이용자를 연결하는 매개형 플랫폼을 투 사이드 플랫폼 (Two-Sided Platform)이라 부르며, 3종류 이상의 이용자를 연결할 때는 멀티 사이드 플랫폼(Multi-Sided Platform)이라 합니다.

이뿐만 아니라 최근 거대 인터넷 기업으로 주목받는 **GAFA**(Google, Apple, Facebook, Amazon)는 모두 매개형 플랫폼으로서의 측면도 있는 비즈니스 모델을 운영합니다. 예를 들어 구글은 이용자와 광고주를, 페이스북은 이용자, 광고주, 온라인 게임 제공업체 등을, 아마존은 이용자(구매 고객)와 마켓플레이스 입점업체, 영화나 음악 등의 제공업자를 각각 매개합니다.

매개형 플랫폼의 수익원

매개형 플랫폼의 비즈니스 모델은 **2종류 이상의 서로 다른 성질을 지닌 이용자로부터 똑같은 수준의 수익을 올리려고는 하지 않는 경우가 많습니다.**

예를 들어, **라쿠텐**에서 구매 고객은 라쿠텐쇼핑몰에 직접 쇼핑몰 이용료나 상품대금을 지불하지는 않습니다. 반면에 라쿠텐쇼핑몰에 입점한 업체는 라쿠텐쇼핑몰에 직접 입점료나 매출 수수료를 지불합니다. 이처럼 특정 이용자에게만 과금하고 나머지 이용자로부터는 직접 수익을 얻지 않는(우대하는) 구조가 매개형 플랫폼의 특징입니다.

사례 1: 라인(LINE)

라인은 메시지 기능이나 무료 통화 기능 등 이용자 간의 커뮤니케이션 인프라로서의 측면이 강한 서비스입니다. 또한 LINE GAME에서 게임 서비스를 제공하고, LINE MUSIC에서 음악 콘텐츠를 제공하는 등 다른 서비스도 제공합니다.

한편으로 이 회사는 이와 같은 개인뿐 아니라 **소비자를 모으고자 하는 기업이나 점포도 비즈니스 대상에 포함합니다.** 예를 들어 기업이나 점포를 대상으로 한 판촉·고객 모집 서비스인 **라인 공식 계정**을 제공하여 소비자와 기업·점포를 연결합니다.

즉, 라인의 비즈니스 모델은 **매개형 플랫폼(멀티 사이드 플랫폼)**입니다. 구체적으로 라인은 일반 소비자(이용자)와 기업·점포(소비자에게 광고홍보를 수행하는 기업뿐 아니라 게임이나 음악을 제공하는 기업도 포함)를 연결하여 수익을 얻습니다.

그림 3-4 라인의 매개형 플랫폼 모델

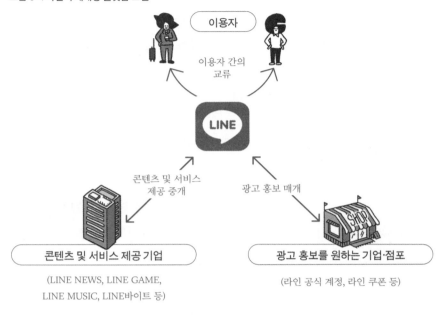

사례 2: 롯폰기힐즈

매개형 플랫폼은 인터넷에 한정된 이야기는 아닙니다. 예를 들어 도쿄의 복합상업시설·사무실 빌딩인 **롯폰기힐즈** 또한 매개형 플랫폼(멀티 사이드 플랫폼)이라 할 수 있습니다.

롯폰기힐즈에는 크게 다음과 같은 3종류 이용자가 있습니다.

- 롯폰기힐즈에 쇼핑이나 관광을 목적으로 방문하는 '소비자'
- 롯폰기힐즈에 '입점한 기업'
- 롯폰기힐즈에 '사무실을 마련한 기업'

이들이 롯폰기힐즈라는 플랫폼의 참여자라 할 수 있습니다. 롯폰기힐즈는 이러한 서로 다른 여러 이용자를 연결하고 점포와 사무실에서 내는 임대료로 주된 수익을 올립니다.

> **MEMO**
>
> 신용카드는 매개형 플랫폼의 고전적인 사례라 할 수 있습니다. 신용카드는 결제하는 이용자와 결제 수단을 제공하고자 하는 기업·점포를 연결하여 결제 행동이나 고객 정보 관리의 효율화를 꾀합니다.

매개형 플랫폼의 성립 조건

(1) 성질이 서로 다른 이용자 연결

첫 번째 성립 조건으로 매개형 플랫폼이 성립하려면 2종류 이상의 성질이 서로 다른 이용자를 연결해야 합니다. 3종류 이상의 이용자를 연결할 때도 있습니다.

예를 들어, 인터넷 경매는 출품자(개인·기업)와 낙찰자를 연결하며 구직 사이트는 고용주와 구직자를 연결합니다. 또한, 교통 IC카드는 이용자와 가맹점, 카드 사업자를 연결합니다.

(2) 직접 거래보다 높은 가치 제공

매개형 플랫폼은 이용자끼리의 직접 거래보다 높은 가치를 제공해야 합니다. 예를 들어 라쿠텐쇼핑몰은 거래 형식이나 결제, 상품 배송 등을 정비하여 제공합니다. 이에 따라 구매자와 입점자 모두 직접 거래보다 라쿠텐쇼핑몰을 거쳐 거래하는 편이 더 높은 가치나 편리성을 실현할 수 있습니다.

매개형 플랫폼의 함정

매개형 플랫폼의 활성화는 여기에 참가하는 이용자의 수가 늘어나는 것과 관련이 있습니다. 예를 들어, 신용카드 가맹점이 늘면 늘수록 신용카드를 가지고자 하는 사람은 늘어날 것이고 그 반대도 마찬가지입니다. 그러나 이러한 이용자의 증가가 미래에도 계속된다는 보장은 없습니다.

또한, 매개형 플랫폼의 시장 지위가 높아짐과 함께 참가 이용자에 대한 대우가 악화되는 등의 이유로 이용자 이탈이 발생할 수도 있습니다. 예를 들어 입점료나 이용료를 올리거나 무료로 사용했던 서비스를 유료로 전환하는 행위가 이에 해당합니다.

적용을 위한 질문

- ☑ 2종류 이상의 서로 다른 성질의 이용자를 비즈니스 대상으로 할 수 있는가?
- ☑ 이용자끼리 해왔던 기존 거래보다도 편리성이 높은 서비스를 제공할 수 있는가?
- ☑ 어떤 종류의 이용자에게 과금할 것인가?
- ☑ 이용자를 매개형 플랫폼에 참가하도록 하기 위한 유인책은 무엇인가?

참고문헌

根来龍之. 『プラットフォームの教科書:超速成長ネットワーク効果の基本と応用』(日経BP, 2017)

Eisenmann, T. R., G. Parker, and M. van Alstyne. Strategies for Two-Sided Markets. *Harvard Business Review* 84, no. 10 (2006).

서비스의 중요 지점을 확보하는
기반형 플랫폼
Layer-type Platform

Case Study
게임 비즈니스
컴퓨터 운영체제
클라우드 서비스

KEY POINT

- 보완 제품이 있다는 것을 전제로 제품·서비스의 기반 부분을 담당하는 비즈니스 모델
- 보안 제품을 통제하는 기술력이나 관련된 참여자를 매개하는 것이 필요
- 보완 제품을 플랫폼에 참여시키기 위한 유인책과 인터페이스 설계 필요

기본 개념

기반형 플랫폼이란 게임기와 게임 소프트웨어의 관계처럼, **보완 제품(예: 게임 소프트웨어)을 전제로 하는 제품·서비스에서 기반 부분(예: 게임기)을 담당하는 비즈니스 모델**입니다. 여기서는 이러한 기반을 담당하는 제품·서비스를 플랫폼 제품이라 부릅니다. 이 비즈니스 모델에는 다음과 같은 두 가지 특징이 있습니다.

- 제품의 기능은 보완 제품과 플랫폼 제품을 함께 이용해야 발휘된다.
- 고객은 플랫폼 제품과 보완 제품을 서로 다른 사업자에게서 구매할 수 있다.

더 구체적으로 말하면, 기반형 플랫폼이란 **각종 보완 제품과 합쳐져 고객이 원하는 기능을 실현하는 기반 제품**이라 할 수 있습니다. 예를 들어 **게임기**는 게임 소프트웨어가 합쳐져야만 비로소 고객의 니즈를 만족시킵니다.

또한, 기반형 플랫폼의 보완 제품이 꼭 하나일 필요는 없습니다. 예를 들어 Windows나 macOS와 같은 **컴퓨터 운영체제도** 기반형 플랫폼으로서, PDF 뷰어나 백신 프로그램과 같은 애플리케이션, 컴퓨터 본체(하드웨어), USB 메모리와 같은 다양한 주변 기기와 합쳐져야 비로소 고객의 니즈를 충족할 수 있습니다.

어느 것이든 비즈니스 모델 구조상 특정 제품의 고객 니즈를 실현하는 데 '가장 중요한 기반'을 확보하는 것이 중요합니다.

참고로 '면도기 본체'와 '교체용 면도날'의 관계는 얼핏 보면 기반형 플랫폼과 보완 제품처럼 보입니다만, 둘 다 '같은 기업'이 제공하고 기본적으로 고객에게 선택권이 없으므로 기반형 플랫폼이라 할 수 없습니다.

기반형 플랫폼을 올바르게 이해하려면 많은 기반형 플랫폼 제품이 매개형 플랫폼(p.81)으로서의 기능도 동시에 지닌다는 점에 주목해야 합니다. 앞서 설명한 대로 게임기는 게임 소프트웨어를 보완 제품으로 하는 기반형 플랫폼입니다만, 온라인 대전 게임과 같이 이용자 사이의 커뮤니케이션을 중개한다는 매개 기능도 있습니다. 이러한 매개 기능을 제공함으로써 기반형 플랫폼으로서의 가치도 향상시킬 수 있다는 점이 중요한 포인트입니다.

사례 1: 게임 비즈니스

닌텐도나 **소니 인터랙티브 엔터테인먼트**가 운영하는 게임 비즈니스는 기반형 플랫폼 비즈니스 모델을 채용하고 있습니다.

닌텐도나 소니는 게임 비즈니스에 플랫폼 제품인 하드웨어(게임기)를 제공합니다. 한편, 보완 제품인 게임 소프트웨어는 **캡콤**이나 **코나미** 등의 게임 소프트웨어 개발사가 제공합니다. 보완 제품으로는 게임 액세서리도 있습니다.

또한, 게임기 제조사의 수익에서는 게임기 판매뿐 아니라 게임 소프트웨어 개발사로부터 얻는 라이선스료 역시 큰 부분을 차지합니다. 실제로 게임기의 가격은 게임 소프트웨어 개발사로부터 얻을 라이선스 수입을 고려하여 정해집니다. 그러므로 게임기 판매 첫해에는 시장 확대를 우선하여 하드웨어 가격은 가능한 한 싸게 설정해 원가 수준에서 판매하는 경우도 많습니다.

그림 3-5 게임 비즈니스의 수익 모델

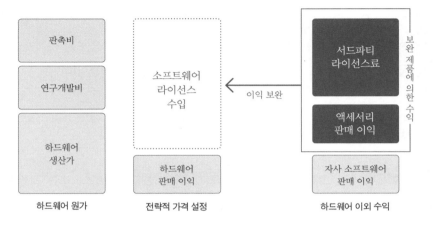

하드웨어는 원가를 밑도는 전략적 가격으로 점유율을 획득하고
고마진 소프트웨어를 조합한 토털 비즈니스가 수익을 내는
매우 고위험인 사업

판촉비		서드파티 라이선스료
연구개발비	소프트웨어 라이선스 수입 ←이익 보완	
하드웨어 생산가		액세서리 판매 이익
	하드웨어 판매 이익	자사 소프트웨어 판매 이익
하드웨어 원가	전략적 가격 설정	하드웨어 이외 수익

보완 제품에 의한 수익

[출처] 根来龍之·浜屋敏(編著), 早稲田大学ビジネススクール根来研究室『IoT 時代の競争分析フレームワーク』
(中央経済社, 2016)의 도표 3-15(p.102)를 참고해 필자가 일부 수정

게임 비즈니스의 네트워크 외부성

게임 비즈니스에는 네트워크 외부성(p.360)이 강하게 작용합니다.

먼저 기반형 플랫폼인 특정 게임기(예: 닌텐도 스위치)가 일정 규모 이상 보급되면, 늘어난 판매 기회를 기대하고 게임 소프트웨어 개발사가 참여하게 됩니다. 그러면 이용자에게는 증대된 게임 소프트웨어 선택권이 매력이 되므로, 이미 보급된 게임기를 더 선택하는 선순환이 일어납니다.

그림 3-6 게임 비즈니스에서의 네트워크 외부성

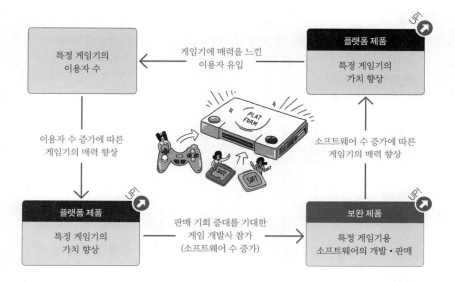

사례 2: 클라우드 서비스

클라우드 서비스란 인터넷을 통해 하드웨어나 소프트웨어 등의 컴퓨터 자원을 제공하는 서비스를 말합니다. 구체적으로는 다음과 같은 3종류가 있습니다.

- 컴퓨터 하드웨어를 클라우드로 제공하는 **IaaS**(Infrastructure as a Service)
- 미들웨어와 운영체제를 제공하는 **PaaS**(Platform as a Service)
- 소프트웨어나 애플리케이션을 제공하는 **SaaS**(Software as s Service)

예를 들어, 아마존의 클라우드 서비스 AWS(Amazon Web Services)에서는 **아마존 EC2**(서버)를 IaaS로, **Elastic Beanstalk**(웹 애플리케이션의 실행이나 관리를 수행하는 서비스)를 PaaS로, **S3**(데이터를 저장하는 스토리지 서비스)를 SaaS로 이용자에게 각각 제공합니다.

기반형 플랫폼의 성립 조건

(1) 보완 제품의 존재

앞서 이야기한 대로 기반형 플랫폼에는 보완 제품이 있어야 합니다. 특정 제품 하나만으로 기능을 발휘할 수 있는 것은 기반형 플랫폼이 아닙니다.

예를 들어 종이책은 단독으로 독서라는 기능을 발휘하므로 기반형 플랫폼이 아닙니다만, 전자책은 전자책 판매 서비스를 플랫폼 제품으로 하고, 통신 네트워크나 하드웨어, 전자책(콘텐츠)을 보완 제품으로 하는 기반형 플랫폼이 됩니다.

(2) 보완 제품의 기능을 통제할 수 있는 기술력

기반형 플랫폼에는 제품 전체의 기능이나 보완 제품의 기능을 통제할 수 있는 기술력이 필요합니다. 예를 들어, 컴퓨터에서 Windows와 같은 운영체제 보완 제품에 대해 발휘하는 통제력이 낮다면 기반형 플랫폼이 될 수 없습니다.

(3) 보완 제품을 참여시킬 유인책 보유

보완 제품을 기반형 플랫폼에 끌어들이는 유인책이 필요합니다. 예를 들어, 게임기 제조사가 게임 소프트웨어 개발사에 요구하는 라이선스료가 지나치게 비쌀 경우, 게임 소프트웨어 개발사가 해당 플랫폼에 참가할 유인책은 그만큼 줄어듭니다.

마찬가지로 보완 제품이 **기반형 플랫폼에 참가하기 쉽게 만드는 것도 중요합니다.** 구체적인 예로는 자사의 소프트웨어 프로그램이나 데이터 등을 일부 공개하여 다른 소프트웨어와 공유할 수 있도록 하는 **API**(Application Programming Interface) **공개** 등을 들 수 있습니다.

기반형 플랫폼의 함정

기반형 플랫폼은 보완 제품과 함께 이용되어야만 비로소 의미가 있습니다. 그러므로 앞서 이야기했듯이 보완 제품에 제공하는 **유인책이나 플랫폼 참가 인터페이스를 잘못 설계하면 기반형 플랫폼에서 보완 제품이 떨어져 나가기도 합니다.**

또한, 기반형 플랫폼 자체도 제품 자체의 기능에 대한 기술력이나 앞서 말한 게임기의 온라인 대전처럼 관련 참여자 간을 매개하는 기능을 강화하여 플랫폼으로서의 가치를 높이지 않으면, 다른 기반형 플랫폼에 보완 제품을 빼앗길 위험이 있습니다.

☑ 자사 비즈니스는 보완 제품이 필요한 비즈니스인가?

☑ 보완 제품에 대해 어떤 통제력을 발휘할 수 있는가?

☑ 보완 제품을 참여시킬 유인책이나 인터페이스를 설계할 수 있는가?

☑ 기술력이나 참여자 매개 기능 등으로 다른 플랫폼과 차별화할 수 있는가?

 참고문헌

根来龍之.『プラットフォームの教科書:超速成長ネットワーク効果の基本と応用』(日経BP, 2017)

根来龍之・浜屋敏(編著). 早稲田大学ビジネススクール根来研究室『IoT時代の競争分析フレームワーク』(中央経済社, 2016)

06 비즈니스 생태계 에코시스템

Ecosystem

Case Study

아이폰
안드로이드
라인
텐센트

KEY POINT

- 플랫폼 사업자와 보완 사업자로 구성되는 생태계
- 보완 사업자를 에코시스템으로 끌어들이기 위한 유인책 설계 필요
- 설계 잘못이나 경쟁에 따라 에코시스템이 쇠퇴하기도 함

기본 개념

에코시스템이란 **플랫폼 사업자와 보완 사업자로 구성된 그룹**을 의미하는 용어입니다. 예를 들어, 아이폰이라는 제품은 기본 소프트웨어(iOS)와 단말기(아이폰)를 보유한 애플이라는 플랫폼 사업자와 앱이나 액세서리, 통신회선 등을 제공하는 보완 사업자로 구성됩니다.

최근 플랫폼형 비즈니스 모델(매개형: p.81, 기반형: p.87)이 주목받고 있습니다만, 에코시스템이라는 용어는 이 플랫폼을 담당하는 사업자(플랫폼 사업자)와 그 사업자에 대한 보완 사업자를 하나의 생태계(에코시스템)에 비유하여 **생태계 그 자체(그룹 전체)의 강점이나 부가가치를 생각할 때 이용하는 사고방식**입니다.

예를 들어, '스마트폰 비즈니스에서 아이폰과 안드로이드의 차이는 무엇인가?', '어느 쪽이 더 전략적인가?'를 고찰할 때 에코시스템이라는 단위로 분석을 수행합니다.

일반적으로 에코시스템에 많은 보완 사업자가 모임에 따라, 에코시스템의 규모가 커지고 제품의 기능이나 가치가 향상됩니다. 예를 들어, 플랫폼 사업자인 **카카오톡**이 만든 에코시스템은 창작자가 제공하는 이모티콘뿐 아니라, 뉴스나 음악 콘텐츠, 쇼핑 등의 보완 사업자가 모임으로써 그 가치가 날로 높아지는 것입니다.

에코시스템의 가치가 높아지면 더 많은 최종 이용자가 모이고, 이것이 유인책으로 작용해 더 많은 보완 사업자가 에코시스템에 매료되게 됩니다. 에코시스템을 형성하는 플랫폼 사업자가 성공을 거두기 위해서는, 이러한 선순환 구조를 만드는 것이 중요합니다.

사례 1: 안드로이드

안드로이드는 구글이 제공하는 스마트폰 운영체제이자, 구글이 스마트폰 산업에서 형성한 하나의 에코시스템 플랫폼입니다.

스마트폰의 에코시스템은 (1) 콘텐츠, (2) 콘텐츠 스토어, (3) 운영체제, (4) 하드웨어, (5) 네트워크로 이루어집니다. 이 중 플랫폼 사업자인 구글이 중심이 되어 전개하는 것이 운영체제인 **안드로이드**와 콘텐츠 스토어인 **구글 플레이(Google Play)**입니다.

이 에코시스템에서 구글의 전략은 애플(아이폰/iOS)의 전략과는 다릅니다. 예를 들어, 아이폰의 경우 아이튠즈에서만 앱을 구매할 수 있지만, 안드로이드는 구글 플레이 외에서도 앱을 구매할 수 있습니다. 즉, 네트워크를 제공하는 통신사 등이 자사의 앱 스토어를 운영할 수 있는 선택지가 생기는 것입니다.

그 밖에도 애플은 아이폰의 제조를 자사에서 독점합니다만, 안드로이드는 개방화 전략을 채택하므로 타사에서도 안드로이드를 탑재한 스마트폰을 만들 수 있습니다. 이러한 **각 에코시스템 전략의 차이는, 보완 사업자의 경영 행동에 큰 영향을 줍니다.**

그림 3-7 안드로이드의 에코시스템

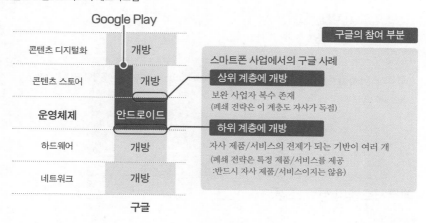

[출처] 根来龍之·浜屋敏(編著). 早稲田大学ビジネススクール根来研究室. 『IoT 時代の競争分析フレームワーク』(中央経済社, 2016) 그림 1-9를 참고해 필자가 일부 수정

사례 2: 텐센트

세계 최대의 게임 회사인 중국 **텐센트**는 자사의 플랫폼상에서 다양한 서비스를 전개하는 것이 특징입니다.

예를 들어, 중국 국내 최대 규모의 메신저 앱 WeChat과 QQ, 모바일 결제 서비스인 WeChat Pay, SNS인 Qzone, 온라인 게임, 뉴스, 동영상·음악 콘텐츠, 브라우저 등이 있습니다.

또한, 이 회사는 중국 국내나 미국의 게임 기업을 매수하거나 그 밖에 유력 게임 기업인 **슈퍼셀**이나 **액티비전 블리자드**의 주식을 사들이는 등, **보완 사업자**를 자신의 플랫폼으로 모으고 있습니다.

더불어 결제 서비스 **WeChat Pay**는 POS 설비가 필요 없는 QR코드 결제를 채용하여 보완 사업자인 도입 점포를 늘립니다. 그 밖에도 공유 자전거 서비스인 **Mobike**에 출자하여 서비스 이용 시 WeChat Pay를 이용하게 하는 등, 텐센트가 제공하는 서비스와 시너지를 일으키는 보완 사업자를 한곳에 모아 에코시스템의 가치를 제고합니다.

> **MEMO**
>
> 텐센트는 GAFA(Google, Apple, Facebook, Amazon)와 함께 주목받는 중국의 거대 IT 기업군 BAT(Baidu, Alibaba, Tencent) 중 하나입니다.

에코시스템의 성립 조건

에코시스템이 성립하려면 무엇보다도 '얼마나 많은 보완 사업자를 에코시스템에 끌어들일 수 있는가?'가 중요합니다. 보완 사업자 참여 없이는 에코시스템 구축이 불가능합니다. 이를 전제로 여기서는 플랫폼 사업자가 보완 사업자를 관리할 때 중요한 점을 몇 가지 정리합니다.

(1) 개방화와 보완 사업자 매니지먼트의 수준 결정

플랫폼 사업자로서, 에코시스템 안에서 필요한 제품을 어디까지 보완 사업자에게 의존할 것인가, 또는 자사는 무엇에 집중할 것인가에 대한 의사결정이 필요합니다.

예를 들어, 아이폰의 에코시스템에서는 보완 제품인 스마트폰 제조나 앱 스토어의 운영을 개방하지 않고 애플이 직접 담당하나, 안드로이드는 타사(보완 사업자)에 개방하고 있습니다.

(2) 보완 사업자를 끌어들일 유인책 보유

보완 사업자를 에코시스템에 끌어들이려면 유인책이 필요합니다. 가장 알기 쉬운 것은 금전적인 인센티브입니다. 예를 들어, 공유 자전거 서비스를 제공하는 Mobike는 텐센트 진영에 참가함으로써 텐센트 이용자의 유입이나 WeChat Pay를 이용한 결제 간편화를 통해 수익 확대를 기대합니다.

물론 금전적인 유인책뿐 아니라 이용자의 참가 의욕을 자극하거나 보완 사업자에게 해당 에코시스템 자체의 사회적인 의의를 알리는 것도 필요합니다. 예를 들어, 앱을 개발하는 기술자에게 구글 플레이스토어를 통해 자신이 개발한 앱이 전 세계로 퍼진다는 보람을 느끼게 하거나, 텐센트의 에코시스템에 참가하는 인터넷 쇼핑 사이트에 중국 시장의 발전 미래상을 제시하는 등의 활동이 이에 해당합니다.

에코시스템의 함정

앞서 설명한 대로 **에코시스템의 발전 여부는 보완 사업자를 에코시스템으로 계속 끌어들일 수 있는가에 달렸습니다.** 그러므로 플랫폼 사업자가 보완 사업자에 대한 유인책 설계를 그르치면, 에코시스템의 발전은 정체됩니다.

예를 들어 2018년에 일본의 패션 관련 인터넷 쇼핑 사이트 **ZOZOTOWN**(플랫폼 사업자)에서 유료 회원을 위한 할인 서비스 'ZOZO ARIGATO'를 실시하는 바람에, 브랜드 가치 하락을 걱정한 출점 브랜드(보완 사업자)가 철수하거나 출하를 일시 보류하는 등의 사태가 발생한 바 있습니다.

또한, 경쟁 에코시스템의 발전에 따른 **최종 이용자나 보완 사업자의 감소나 정체도 문제입니다.** 예를 들어, 레시피 제공 서비스인 쿡패드(플랫폼 사업자)는 경쟁자인 델리시 키친(통신회사 KDDI가 출자한 동영상 레시피 사이트)의 약진으로 말미암아 이용자가 감소하고 있습니다.

 적용을 위한 질문

- ☑ 자사의 에코시스템에 어느 정도의 보완 사업자를 모을 수 있는가?
- ☑ 보완 사업자에게 어느 정도 의존할 것인가?
- ☑ 보완 사업자에게 어떤 유인책을 제시할 것인가?
- ☑ 보완 사업자나 최종 이용자가 감소·정체하는 계기가 되는 경쟁자는 누구인가?

 참고문헌

Adner, R. (2012). *The Wide Lens: A New Strategy for Innovation.* Portfolio

Iansiti, M., Levien, R. (2004). *The Keystone Advantage: What the New Dynamics of Business Ecosystems Mean for Strategy, Innovation, and Sustainability.* Harvard Business School Press

07

개인 간 물건이나 사람을 공유하는
셰어링
Sharing Business

Case Study

카 셰어링
에어비앤비
우버
리프트
아키파

KEY POINT

● 사용하지 않는 자산이나 개인의 능력을 수요자에게 개별 매칭해 제공
● 자산이나 노동력의 수급 균형이 무너진 분야에서 성장
● 이용자·제공자 쌍방의 신뢰·신용을 담보할 기술과 구조가 중요

기본 개념

셰어링이란 **사용하지 않는 물건이나 노동력을 일시적으로 시장을 통해 공유하는 서비스**입니다. 이때 '셰어(공유)'에는 2가지 의미가 있습니다.

첫 번째 의미는 '**개인 간에 물건을 공유한다**'입니다. 자동차 공유나 의류 공유 서비스 등은 이런 의미에 포함되는 서비스입니다.

두 번째 의미는 '**노동력을 공유한다**'입니다. 많은 기업이 이용하기 시작한 크라우드소싱(p.110)은 특정 업무를 발주하고 싶은 기업과 수주하고 싶은 개인을 연결해 주는 것인데, 이때 개인은 여러 기업에서 일할 수 있으므로 기업 쪽에서 보면 "노동력을 공유한다"고 말할 수 있습니다.

물건이나 노동력 공유 중개

셰어링의 대표적인 예로는 민박(숙박 시설을 개인끼리 빌리고 빌려주는 것) 시장을 개척한 미국의 **에어비앤비**를 들 수 있습니다. 에어비앤비는 '방을 빌려주고자 하는 개인'과 '방을 빌리고자 하는 개인'을 잇는 중개 서비스를 제공합니다. 그 밖에도 라이드 셰어링(일반인 운전자가 남는 시간을 이용하여 자가용으로 승객을 실어 나르는 서비스)를 중개하는 **우버**나 **리프트**도 셰어링의 대표적인 예입니다.

이들 비즈니스에는 모두 앞서 설명한 '개인 간의 물건 공유'나 '노동력 공유'라는 측면이 있습니다. 예를 들어, 민박에서는 **빈방이나 부동산이라는 '물건'**을 공유하고, 라이드 셰어링에서는 **자가용이라는 '물건'**을 공유합니다. 또한, 우버나 리프트 등의 라이드 셰어링에서는 추가로 **운전사의 노동력**도 공유한다고 할 수 있습니다.

이처럼 공유는 사용하지 않는 자산이나 개인의 능력을 일시적으로 시장을 통해 개인끼리 연결(중개)하는 서비스라는 측면이 있으므로, 매개형 플랫폼(p.81)의 한 종류라고 할 수 있습니다.

공유 서비스의 보급 배경

공유 서비스는 2008~2009년쯤 시작되었다고 합니다. 이 시기는 SNS(Social Networking Service) 이용이 어느 정도 보편화된 시기로, 인터넷에도 실명주의가 보급되었습니다. 또한, 본인 확인 기술의 향상과 위치 정보 서비스의 발전, 고속 통신 기술의 보급 등과 함께 **언제 어디서든 개인 간 필요한 것을 공유할 수 있는 환경이 마련되었습니다.**

이와 함께 **클라우드 서비스(p.91)** 보급에 따라 공유 비즈니스를 시작하려는 **벤처 기업의 시스템 확장**이 용이해졌습니다. 이러한 배경이 있었기에 현재 공유 서비스는 우리 생활에 뿌리내리게 된 것입니다.

> **MEMO**
>
> 공유 서비스의 근간에는 1990년에 생겨난 '인터넷 옥션'이나 2000년대에 널리 퍼진 '크라우드소싱(crowd sourcing)'이 있습니다.

사례 1: 에어비앤비

에어비앤비는 숙박용 빈방(공실)의 단기 임대를 중개하는 기업입니다. 2008년 샌프란시스코에서 설립된 이 회사의 웹사이트에는 2020년 8월 기준으로 전 세계 약 190개국 약 600만 건의 숙박시설이 등록되었습니다. 등록 숙박시설 수로는 세계 제일의 숙박 서비스라 할 수 있습니다. 숙박객이 지불한 숙박비는 에어비앤비로 입금되고, 에어비앤비는 15% 정도의 수수료를 제한 금액을 숙박비로 호스트에게 지급합니다.

에어비앤비의 원래 콘셉트는 홈 셰어링이었으므로 처음에는 호스트(개인)가 개인 집의 빈방을 게스트에게 제공하는 개인 간 거래 중개 서비스로 시작했지만, 지금은 호스트가 살지 않는 집이나 숙박용으로 구매한 건물도 등록할 수 있습니다.

에어비앤비가 시장에서 자리 잡을 수 있었던 배경으로는 **호스트와 게스트가 서로 믿을 수 있는 시스템**을 만들었다는 것을 들 수 있습니다. 게스트는 '방이 사전 정보대로였는지', '호스트의 응대는 어땠는지' 등을 평가합니다. 한편, 호스트는 '게스트의 방 이용과 관련한 행동이나 태도'를 평가합니다.

이 과정을 거쳐 종합 평가나 취소율 등 **복수 조건을 만족한 호스트를 슈퍼호스트로 인정하여 신뢰성을 알기 쉽게 표현**하고자 노력했습니다. 그 결과 게스트는 장소나 설비, 가격 이외에도 리뷰(호스트에 대한 평가)를 보고 방을 예약하게 되었습니다. 한편, 호스트도 마찬가지로 평가가 낮은 게스트의 숙박을 거부할 수 있습니다.

아울러 에어비앤비는 이용자에게 실명과 주소 또는 공적 기관이 발행한 신분증(운전면허증, 여권 등)에 의한 본인 확인을 요구하기도 하는데, 이 역시 호스트와 게스트 쌍방의 신뢰를 높이는 시스템으로서 큰 역할을 했습니다.

그림 3-8 에어비앤비의 공유 모델

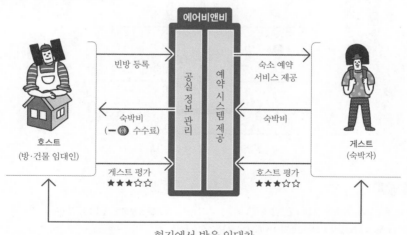

사례 2: 아키파(akippa)

일본에도 셰어링 비즈니스 기업이 생겼습니다. 2009년 오사카에서 창업한 **아키파**는 월 단위 계약 주차장의 남는 공간이나 개인 주택의 빈 주차장 등을 1일 단위(장소에 따라서는 15분 단위)로 이용할 수 있는 서비스를 제공합니다. 일본의 도시 지역에서는 노상주차 단속이 심하고 주차장을 찾기도 어렵습니다. 장소에 따라 코인 주차장 대비 3분의 1이라는 싼 가격으로 이용할 수 있으므로, 아키파의 시장 점유율은 점점 오르는 중입니다.

아키파도 에어비앤비와 마찬가지로 이용 시 신용카드 결제나 모바일 결제(휴대전화 요금에 합산 청구)가 필요하며, 예약할 때는 차종이나 번호 등을 등록해야 합니다.

그림 3-9 아키파의 공유 모델

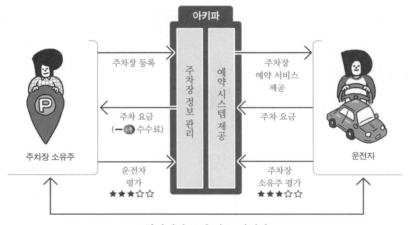

현지에서 주차 장소 임대차

MEMO

돈을 빌리고자 하는 사람과 돈을 빌려주고 이자를 얻고자 하는 사람을 중개하는 'P2P금융(Peer to Peer finance)'이라는 서비스도 이러한 셰어링 비즈니스의 일종입니다.

셰어링의 성립 조건

(1) 자산이나 노동력의 수급 불균형 존재

앞서 이야기한 대로 셰어링이란 사용하지 않는 자산이나 개인의 능력을 개인 간에 매칭(중개)하는 서비스입니다. 이때 '매칭하기 쉬운' 것은 시장에서 수급 불균형이 있는 자산이나 노동력입니다.

예를 들어 인기 관광지의 호텔은 예약이 힘들고, 보통의 예약 사이트로는 개인의 취향에 맞는 개성적인 숙박 시설을 찾기가 어렵습니다. 또 도시 지역에는 주차장 확보가 어렵다는 문제가 있습니다. 이런 이유로 에어비앤비나 아키파와 같은 비즈니스가 성립합니다.

한편 우버나 리프트 등의 경우 도시 지역에서는 '타고 싶어도 택시를 잡을 수 없다'라는 문제가 있으므로 비로소 라이드 셰어링이라는 서비스가 성립하는 것입니다.

이때 단순히 이용자 쪽이 '원하는' 자산이나 노동력을 취급하기만 하면 서비스가 성립하는 것이 아니라 그 자산이나 노동력을 제공하는 사람도 시장에 있어야 한다는 것은 말할 필요도 없습니다.

(2) 중개에 필요한 기술과 장치 보유

셰어링 비즈니스 대부분은 스마트폰 앱을 통해 이루어지는 서비스입니다. 적절한 때 개인 간의 공유를 실현하려면 위치 정보 기술이나 본인 확인·인증 기술, 보안 기술 등이 필요합니다.

실제로 아키파나 우버, 리프트는 위치 정보 기술을 활용합니다. 또한, 에어비앤비에서는 신분 증명 서류를 제출하라고 요구하기도 하며, 아키파에는 차종이나 차량 번호 정보를 등록해야 합니다.

(3) 신뢰·신용을 담보할 수 있는 장치 마련

셰어링에서 본인 확인을 중시한다는 것은 앞서도 이야기했지만, 이는 신뢰성·신용성 담보라는 관점에서 셰어링 비즈니스의 중요 성립 조건 중 하나입니다.

신뢰성이란 공급자·이용자의 능력을 사전에 보증할 수 있는가라는 문제입니다. 예를 들어, 에어비앤비에서는 숙박한 방의 상태나 호스트의 응대 등을 이용자가 평가할 수 있습니다. 거꾸로 호스트도 게스트의 태도를 평가할 수 있습니다.

또한, 신용성이란 악의적인 사람이 서비스를 이용할 가능성에 관련한 문제입니다. 예를 들어 처음부터 범죄를 목적으로 방을 빌리는 사람이 있을지도 모릅니다. 또 주차장을 이용할 사람 중에는 주차장을 험하게 사용할 사람이 있을지도 모르고, 차량을 무기한 방치하거나 1대의 주차 공간만을 빌리고선 부당하게 여러 대의 차량을 주차하는 사람이 있을지도 모릅니다.

셰어링 비즈니스에서는 이러한 신뢰성이나 신용성을 담보하고자 평가 제도를 활용하거나 본인 확인과 등록 시 사전 심사 등을 엄격하게 진행해야 합니다.

셰어링의 함정

셰어링의 함정 중 하나는 앞서 말한 신뢰성과 신용성 문제에서 기인한 기업의 브랜드 가치 하락입니다. 또한, 가령 민박에서는 이용자에 의한 소음이나 쓰레기를 제대로 처리하지 않아 생기는 주거 환경 악화가 문제로 지적되고 있습니다.

시장 메커니즘으로는 저절로 해결할 수 없는 이런 경제 외 문제가 셰어링에서는 일어나기 쉽습니다. 무언가 큰 문제가 생겼을 때 적절히 대응하지 못하면 한순간에 서비스에 대한 신용을 잃을 염려가 있습니다.

또 한 가지 함정은 수급 균형의 안정화입니다. 호텔, 주차장, 택시처럼 지금은 자산이나 노동력의 수급 균형이 무너져 있는 분야라도 환경 변화, 사업자의 노력, 정책에 따라 수급 균형이 안정되면 셰어링 비즈니스 자체가 성립하지 않게 될 수 있습니다.

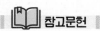

적용을 위한 질문

☑ 시장에서 수급 균형이 무너진 분야는 무엇인가?

☑ 위치 정보 기술처럼 '중개에 필요한 방법'을 활용할 수 있는가?

☑ 신뢰성이나 신용성을 담보하는 데 필요한 기술이나 장치를 구상할 수 있는가?

☑ 문제가 생겼을 때 대응책을 사전에 준비할 수 있는가?

참고문헌

根来龍之. 『プラットフォームの教科書 超速成長ネットワーク効果の基本と応用』(日経BP, 2017)

宮崎康二. 『シェアリング・エコノミー: Uber, Airbnbが変えた世界』(日本経済新聞出版社, 2015)

一般社団法人シェアリングエコノミー協会(監修). 『はじめようシェアリングビジネス』(日本経済新聞出版社, 2017)

Sundararajan, A. (2016). *The Sharing Economy: The End of Employment and the Rise of Crowd-Based Capitalism*. The MIT Press

08

군중의 지혜를 비즈니스에 활용하는

크라우드소싱

Crowdsourcing

Case Study

랜서스   Viibar

겐고

KEY POINT

- '크라우드(군중)'와 '소싱(조달)'을 합친 조어
- '경쟁형', '프로젝트형', '태스크형'의 3가지 유형이 있음
- 기업과 개인 간에 수주·발주를 진행할 때 편리성이나 신뢰성 구축이 중요

기본 개념

크라우드소싱이란 비즈니스에 필요한 물품이나 서비스를 조달하고자 하는 기업과 그 일을 맡고자 하는 개인을 중개하는 서비스입니다. 크라우드소싱이라는 명칭은 '**크라우드(crowd: 군중)**'와 '**소싱(sourcing: 조달)**'에서 비롯된 조어입니다.

지금까지 기업이 사내 업무를 외부에 위탁하는 수단으로는 타사에 위탁하는 '아웃소싱(outsourcing)'이 있었습니다만, 이와는 달리 **크라우드소싱에서 위탁 대상은 개인입니다.** 이전에는 기업이 위탁할 개인을 찾는 데 큰 비용이 들었지만, 인터넷을 통한 크라우드소싱 플랫폼이 생긴 다음부터는 기업이 개인에게 업무를 위탁하는 경우가 크게 늘었습니다.

크라우드소싱에는 '경쟁형', '프로젝트형', '태스크형'의 3가지가 있습니다.

경쟁형이란 발주금액을 미리 제시하고 응모자가 완성품을 제안하는 방식입니다. 예를 들어, 100만 원으로 기업 로고 디자인을 공모하고, 여기에 개인이 완성한 디자인을 응모하면 기업이 원하는 작품을 선택하는 형태입니다.

　프로젝트형이란 여러 명의 개인이 견적서나 제안서를 제출하고 과거 실적 등을 확인한 다음 특정 개인에게 업무를 의뢰하는 방식입니다. 홈페이지 제작이나 컨설팅 등 전문성이 필요한 일을 발주할 때 자주 선택하는 형태입니다.

　태스크형이란 하나의 업무를 여러 명에게 분할하여 발주하는 방식입니다. 예를 들어, 대량의 데이터 입력을 여러 명에게 분할하여 발주하는 일이 이에 해당합니다.

MEMO

크라우드소싱의 자금 조달 버전이라 할 수 있는 것이 크라우드펀딩(p.115)입니다.

사례 1: 랜서스

랜서스는 '시간과 장소에 구애받지 않는 새로운 근무 방법을 만든다'를 모토로 하는 일본 최초의 크라우드소싱 서비스로, 2008년 12월 서비스를 시작했습니다.

랜서스에서는 홈페이지 제작이나 앱 개발, 데이터 수집, 기사 작성 등 **250종류 이상의 업무를, 등록 수 50만이 넘는 개인들에게 의뢰**할 수 있습니다. 지금까지의 의뢰 총액은 2,000억 엔을 넘었습니다.

또한, 랜서스는 자사 서비스를 프리랜서 종합 지원 플랫폼으로 규정하고, IT 프리랜서 소개 서비스(TechAgent)와 법인을 대상으로 한 발주 업무 대행 서비스(Enterprise) 등을 제공합니다.

그림 3-10 랜서스의 크라우드소싱 모델

사례 2: Viibar

Viibar는 동영상 제작을 전문으로 하는 크라우드소싱 서비스입니다. 상품이나 서비스를 소개하는 고화질 동영상 제작이 이 회사의 강점입니다.

동영상을 제작할 때는 음악이나 영상, 애니메이션, 촬영, 편집 등 다양한 소재나 기능이 필요한데, Viibar는 이런 각각의 분야에서 전문 기술을 가진 개인과 동영상 제작을 의뢰하는 기업을 중개하는 역할을 담당합니다. 대기업뿐 아니라 인터넷 쇼핑몰에 납품하는 중소기업의 저예산 동영상 수요 등도 함께 흡수하여 성장을 계속합니다.

보통 후발 기업이 랜서스와 같은 대형 종합 플랫폼 기업과 경쟁하려면 무언가 차별화가 필요합니다. 이런 점에서 Viibar와 같은 분야 특화는 매우 유효한 전략입니다. 분야 특화형 크라우드소싱 서비스는 이외에도 번역에 특화한 **겐고**(Gengo) 등이 있습니다.

크라우드소싱의 성립 조건

(1) 발주하는 기업과 수주하는 개인 공존

크라우드소싱은 플랫폼형(매개형: p.81) 비즈니스 모델입니다. 그러므로 크라우드소싱이 성립하려면 무엇보다도 업무를 발주하는 기업과 업무를 수주하는 개인 양쪽이 필요합니다. 동시에 양자가 직접 거래하는 것보다 크라우드소싱을 이용하는 편이 편리성이나 신뢰성(예: 수주와 발주의 간단함이나 거래의 투명성 등)을 확보하는 데 유리해야 합니다.

(2) 개인이 가진 기술의 다양성과 품질

크라우드소싱에서는 수주자인 개인이 가진 기술의 다양성과 그 수가 중요합니다. 또한, 발주자가 원하는 것은 '결과물의 품질'입니다. 그러므로 크라우드소싱 사이트에서는 발주자가 수주자의 업무를 평가하는 장치를 도입하는 경우가 대부분입니다. 이와 함께 등록자의 기술이나 능력을 평가하는 테스트도 빼놓지 않습니다.

크라우드소싱의 함정

많은 플랫폼이 난립하면 가격 경쟁이 심해져 서비스의 질을 유지할 수 없게 될 가능성이 있습니다. 그러므로 소프트웨어 테스트에 특화한 **테스테라**(TESTERA)나 캐릭터 디자인에 힘을 쏟는 **무겐업**(MUGENUP)처럼 **분야를 좁혀 차별화**(특정 분야에 특화)하는 것이 일반적인데, 차별화 정도가 어중간하다면 대형 종합 크라우드소싱 서비스에 인수되거나 추월당할 염려가 있습니다.

또한, 발주 기업과 개인 사이에 신뢰 관계가 형성되면 크라우드소싱 서비스를 거치지 않고 직접 거래하는 '중간이 없는' 상태가 될 가능성도 배제할 수 없습니다.

적용을 위한 질문

☑ 현존하는 각종 서비스와 비교할 때 차별화(특화)할 수 있는 분야가 있는가?

☑ 참여를 검토 중인 분야에 충분한 수탁자(개인)가 있는가?

☑ 발주할 업무의 품질을 어떻게 담보할 것인가?

☑ 수탁자(개인)와의 신뢰 관계를 어떻게 쌓을 것인가?

 참고문헌

比嘉邦彦・井川甲作. 『クラウドソーシングの衝撃』(インプレス R&D, 2013)

根来龍之(監修), 富士通総研＋早稲田大学ビジネススクール根来研究室(編著). 『プラットフォームビジネス最前線: 26の分野を図解とデータで徹底解剖』(翔泳社, 2013)

09

개인으로부터 자금을 조달하는

크라우드펀딩

Crowdfunding

KEY POINT

- '크라우드(군중)'와 '펀딩(자금 조달)'을 합친 조어
- 구입형, 투자형, 융자형, 기부형의 4종류가 있음
- 수수료가 수익이므로 실현 가능한 프로젝트인지를 알아볼 수 있어야 함

기본 개념

크라우드펀딩이란, '**크라우드(crowd: 군중)**'와 '**펀딩(funding: 자금 조달)**'에서 비롯된 조어입니다. 자금이 필요한 사람(사업을 일으키고자 하는 기업가나 예술 작품을 만들고자 하는 크리에이터 등)과 자금을 제공하는 사람(지원자)을 인터넷을 통해 매칭하는 비즈니스 모델입니다. 은행이나 벤처 캐피털의 융자와 비교하면 소액이지만, 금융기관에서 융자를 받을 수 없는 모험적인 첨단 프로젝트라도 자금을 모을 수 있습니다.

크라우드펀딩은 지원자에게 제공하는 **사례의 종류**에 따라 다음과 같이 4 종류로 분류할 수 있습니다.

표 3-1 크라우드펀딩의 종류

종류	지원자에게 제공하는 사례
구입형	크라우드펀딩을 이용하여 개발한 제품이나 콘텐츠
투자형	창업한 기업의 주식

융자형	지원액에 대한 이자 배당
기부형	특별한 사례가 필요 없음

예를 들어, 세계 최대의 구입형 크라우드펀딩 사이트 **Kickstarter**에서는 신제품 아이디어를 가진 사람이 그 내용과 필요한 자금의 목표액을 공개함으로써 지원자로부터 자금을 모으며, 목표액을 돌파하면 실제로 제품을 개발하여 이를 지원자에게 제공합니다. 실제로 이 사이트에서는 지금까지 에어컨 제어 장치인 'Nature Remo'나 전자 종이를 이용한 스마트워치 'Pebble' 등, 혁신적인 제품을 만들어 왔습니다.

사례 1: Readyfor

Readyfor는 '누구든지 하고 싶은 것을 실현할 수 있는 세상 만들기'를 비전으로 하는 일본 최대 규모의 크라우드펀딩 서비스입니다. 이 사이트는 기술이나 예술, 물건 제작 등의 범주와 함께 마을 만들기나 국제 협력, 어린이 교육, 동물 등, 총 18개의 범주를 다룹니다.

지금까지 이 사이트에서는 11,000건이 넘는 프로젝트를 달성해 92억 엔 가량의 지원금을 모았습니다. 참고로 지원 달성율은 75%에 달한다고 합니다. 사이트에서 자금을 모으려면 이용자는 12~17%의 수수료를 내야 하는데, 그것이 이 회사의 수익원이 됩니다.

사례 2: maneo

maneo는 개인과 조직 간의 자금 융자를 매칭하는 P2P금융 분야에 특화한 융자형 크라우드펀딩 서비스입니다(GMO 클릭증권이 제공하는 서비스 중 하나). maneo에서는 개인으로부터 모은 자금을 중소기업의 사업 자금, 특히 부동산 취득 자금, 분양 주택 건설 비용, 식당 프랜차이즈 개발 자금 등의 사업성 자금으로 융자해 주고 있습니다.

융자 대상이 되는 프로젝트가 되려면 maneo의 심사가 필요하며, 투자가(개인)는 maneo가 운용하는 론 펀드를 빌린 기업이 내는 변제금을 이자라는 형태로 받습니다.

maneo에서는 지금까지 5,000건 이상의 안건을 모집했으며, 실제 투자액 1,000억 엔 이상을 달성했습니다. 이율은 연 5.0~8.0% 정도입니다.

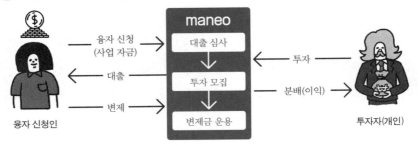

그림 3-11 maneo의 크라우드펀딩 모델

융자 신청인

융자 신청
(사업 자금)

대출

변제

maneo

대출 심사

투자 모집

변제금 운용

투자

분배(이익)

투자자(개인)

크라우드펀딩의 성립 조건

(1) 공감과 실현 가능성

크라우드펀딩 성립에서 가장 중요한 것은 그 중심인 프로젝트의 품질입니다. 많은 사람에게 공감을 일으켜 '지원하고 싶다'는 생각이 들게 하는 한편, 실현 가능(실행 가능)한 프로젝트임을 크라우드펀딩 운영 측이 알아볼 수 있어야 합니다. 왜냐하면 크라우드펀딩 사업자는 실제로 프로젝트를 성공으로 이끌고 그 결과로 수수료를 얻어야 하기 때문입니다.

(2) 프로젝트 상황의 가시화

크라우드펀딩의 각 프로젝트를 활성화하려면 지원(자금 조달) 상황을 지원자가 알 수 있도록 하는 장치를 마련해야 합니다. 조금만 더 모으면 달성할 수 있는 프로젝트를 지원하려는 사람도 있을 것이고, 이제 막 시작한 프로젝트를 지원하고 싶은 사람도 있을 것입니다.

또한, 프로젝트의 상황(자금을 모으는 사람이 어떤 활동을 하고 있는지나 어느 단계의 시제품이 있는지 등)을 고지하는 것도 중요합니다.

> **MEMO**
>
> 크라우드펀딩은 크라우드소싱(p.110)의 자금 조달판이라 할 수 있는 비즈니스 모델입니다.

크라우드펀딩의 함정

Readyfor나 CAMPFIRE, 마쿠아케 등 대형 크라우드펀딩 서비스가 시장을 지배하게 되면, 이들 사이트만으로도 다양한 주제를 찾을 수 있으므로 후발 주자는 자금 조달 희망자나 자금 제공자를 모으기 어렵게 됩니다.

이럴 때는 크라우드소싱(p.110)과 마찬가지로 **주제 차별화나 지원자에 대한 사례 방식의 차별화 등을 고민해야** 합니다. 가령 지역 공헌에 특화한 **FAAVO**나 중소기업 제품에 특화한 **젠모노**(zenmono), 일본 최초 주식 투자형 크라우드펀딩 서비스인 **FUNDINNO** 등은 차별화에 성공한 예입니다.

또한, 크라우드펀딩에는 **법률규제** 문제가 따릅니다. 예를 들어, 투자형 크라우드펀딩은 투자 관련 법률을 지켜야 하고, 융자형이라면 대금업 관련 법률을 준수해야 합니다. 서비스 대부분을 차지하는 구입형에 관해서는 지금은 법률규제가 없지만, 이후 크라우드펀딩 플랫폼이 난립하여 프로젝트가 성립했음에도 사례를 지급하지 않는 등의 문제가 증가한다면 법률규제로 사업 내용을 통제할지도 모릅니다.

☑ 기존의 다양한 크라우드펀딩과 비교하여 차별화나 특화가 가능한가?

☑ 구입형, 투자형, 융자형, 기부형 중 어떤 서비스를 제공할 것인가?

☑ 실현 가능한 프로젝트를 모집할 수 있는가?

☑ 법률규제를 준수할 수 있는가?

 참고문헌

根来龍之(監修), 富士通総研＋早稲田大学ビジネススクール根来研究室(編著). 『プラットフォームビジネス最前線: 26の分野を図解とデータで徹底解剖』(翔泳社, 2013)

『その選択に, 成功を。: すべての人に「やってよかった」を届けるクラウドファンディング』(https://readyfor.jp/proposals/intro)

10

개인을 연결하여 수익을 창출하는

개인 간 거래

Consumer to Consumer

Case Study

Napstar　메르카리
코코나라

KEY POINT

- 개인 판매자와 구매자를 중개하는 플랫폼 비즈니스
- 이용자 수가 늘수록 고객 니즈는 충족됨
- 지급 체납이나 배송 지연 등의 신뢰성 위험 해결 여부가 서비스 성공을 좌우함

기본 개념

개인 간 거래란, 개인끼리 제품을 사고 팔거나 정보를 공유하는 것을 중개하는 비즈니스 모델입니다. 앞서 설명한 **매개형 플랫폼**(p.81)의 일종입니다.

인터넷이나 모바일 기기의 보급에 따라 개인 간 거래를 중개하는 플랫폼 사업자나 서비스가 급증했습니다만, 실은 개인 간 거래는 이전부터 있었던 비즈니스 모델입니다. 주말에 곧잘 열리는 **벼룩시장**이나 **차고 세일**도 개인 간 거래입니다. 최근 특히 주목받고 있는 것은 인터넷을 통해 개인과 개인을 중개하는 플랫폼입니다.

인터넷 초창기에 탄생한 서비스 중 잘 알려진 것은 음악 파일 교환 사이트인 **Napstar**입니다. Napstar는 '음악 파일을 업로드할 수 있는 서버'와 '곡 검색 기능'을 제공하는 플랫폼입니다. 이 사이트를 이용하면 개인 간에 음악 파일을 교환할 수 있습니다. 개인 간 거래를 뜻하는 Peer to Peer는 원래, 이 같은 '데이터를 공유하는 컴퓨터 연결'을 일컫는 컴퓨터 용어였습니다.

Napstar는 음악의 불법 복제본을 제공한다는 이유로 미국 음반산업협회 (RIAA) 등에 제소당하면서 2000년에 서비스를 종료했습니다만, 인터넷을 통한 비즈니스 모델에는 큰 영향을 끼쳤습니다.

개인 간 거래 비즈니스 모델의 특징은 다음과 같습니다.

- 개인 간 거래를 안전하게 수행하는 '시스템'을 서비스로서 제공
- 자사에서 결제 시스템을 개발·운용한다면 재구매나 결제 수수료 수입 등의 부가 가치가 생김

개인 간 거래에서 지속적인 수익을 얻으려면 **플랫폼 사업자가 이용자에게 더 편리한 거래 수단과 함께 안전성, 신뢰성을 끊임없이 제공하는 것이 중요합니**다. 특히 상대의 얼굴을 모르는 인터넷상에서는 위법성을 배제하고 거래의 신뢰성을 계속 담보할 수 있는 시스템 구축이 필요합니다.

사례 1: 메르카리

메르카리는 2013년 7월 일본에서 **스마트폰에 특화한 벼룩시장(개인 간 거래) 플랫폼** 서비스를 시작했습니다. '야후 옥션'이나 '모바일 옥션' 등의 개인 간 경매 서비스가 치열하게 경쟁하던 시장에 후발 주자로 참여했음에도 스마트폰에 특화한 독자적인 서비스 덕분에 매상을 확대했으며, 2018년에는 신생 기업 주식시장인 마더즈에 상장되기도 했습니다. 메르카리의 수익원은 이용자끼리의 개인 간 거래를 통해 발생한 판매 대금의 10%에 해당하는 수수료입니다.

메르카리의 가장 큰 특징은 **스마트폰만으로도 출품하고 구매할 수 있다는 것**입니다. 출품할 때 필요한 과정은 (1) 스마트폰 카메라로 팔고자 하는 상품 촬영, (2) 앱의 지시에 따른 상품 정보나 간단한 설명 입력의 2단계뿐입니다. 이러한 **조작성 개선**이나 **간편함을 실현**함으로써 종래의 경매 사이트에는 **출품하지 않았던 젊은 여성이나 주부 등의 새로운 이용자층 개척에 성공**했고, 이에 따라 이용자가 빠르게 늘었습니다.

그 밖에도 편의점 체인 3사와 제휴하여 '판매자가 직접 포장하고 배송해야 한다'는 개인 간 거래에서 생기는 번거로움을 대폭 줄이거나, 전자화폐 서비스 **'merpay'**를 도입함으로써 메르카리에서 받은 판매 수익을 메르카리 이외의 오프라인 점포에서도 이용할 수 있도록 하는 등, 타사와의 차별화와 고객 만족도 향상을 도모했습니다.

그 결과 메르카리의 월간 이용자 수(MAU)는 1,657만 명까지 증가했으며, 총거래액은 약 1,641억 엔(2020년 6월 시점)에 달하게 되었습니다.

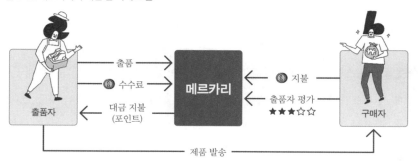
그림 3-12 메르카리의 개인 간 거래 모델

출품 →

수수료 →

메르카리

← 지불

출품자 평가
★★★☆☆

대금 지불
(포인트) ←

출품자

구매자

제품 발송

사례 2: 코코나라

코코나라는 일러스트나 웹 디자인, 번역, 점성술 등의 '개인 기술'을 판매하는 벼룩시장 사이트입니다. 회원 수는 130만 명이며, 등록된 서비스 범주는 200종류가 넘습니다.

코코나라의 독자성은 원래 B2B나 B2C 거래가 주류였던 서비스를 개인 간에 가능하도록 했다는 데 있습니다. 구체적으로는 **판매 측에는 수주 기회 증대라는 가치를 제공하고, 고객 측에는 비용 절감이라는 가치를 제공합니다.** 예를 들어 상업적으로 이용할 수 있는 캐릭터 일러스트는 3천~1만 엔, 영어 자료 작성은 4천 엔 선부터 주문할 수 있습니다. 발주 내용과 예산을 설정하여 수주자를 찾을 수 있는 공개 의뢰 기능도 마련되어 있습니다.

판매자·구매자 양쪽 모두 익명으로 이용할 수 있기에 서비스를 이용할 때는 '**토크룸**'이라 부르는 비공개 게시판에서 메시지를 주고받게 되며, 거래가 성립하면 코코나라가 결제를 대행하고 거래 후 판매자와 고객 쌍방의 평가를 공개합니다. 코코나라는 **개인 간 거래에서 문제가 될 수 있는 이용자의 프라이버시 보호와 안전한 거래 제공 모두에 성공한 것입니다.**

코코나라의 수익원은 판매자의 총판매액에 따른 수수료입니다. 이는 금액에 따라 단계적으로 설정됩니다.

표 3-2 코코나라의 수수료

총판매액	수수료(세전)
1만 엔~5만 엔 이하	25%
5만 엔 ~10만 엔 이하	20%
10만 엔 ~50만 엔 이하	15%
500만 엔 초과	10%

[출처] 코코나라 홈페이지(https://coconala-support.zendesk.com/hc/ja/articles/230180287)의
지급 방법과 수수료 참고(2020년 10월 시점)

개인 간 거래의 성립 조건

(1) 일정 규모의 시장과 고객 존재

개인 간 거래가 성립하기 위해서는, 제품이나 정보를 팔고자 하는 판매자와 이 제품이나 정보를 사고자 하는 구매자 양쪽 모두가 **일정 규모 이상으로 존재해야** 합니다.

(2) 이용자의 번거로움을 덜고 안전성을 담보하는 장치 마련

개인 간 거래에서 생기는 **상대방을 찾는 번거로움을 줄이고 안전성을 확보하는 장치**가 필요합니다. 예를 들어 앞서 소개한 메르카리는 '상품 배송'과 '결제'라는 개인 간 상품을 사고팔 때 생기는 2가지 번거로움을 줄이고자 경쟁사에는 없는 다양한 장치를 도입했습니다.

(3) 다양한 범주의 제공 상품

네트워크 효과(p.360)에 따라 규모를 확장하려면 **다양한 고객의 니즈를 만족시키는 서비스**여야 합니다. 벼룩시장이나 개인 기술 중개는 제공 상품의 범주가 다양하기 때문에 성공한 예라 할 수 있습니다.

개인 간 거래의 함정

거래 대상인 상품이나 서비스를 개인에게 의존하므로, 위법한 상품이나 이용자 사이의 문제가 사건으로 발전한다면 비즈니스 자체가 소멸할 위험이 있습니다. 실제로 벼룩시장 사이트에서는 도난품이나 현금을 출품하는 경우가 끊이지 않습니다. 감시 시스템을 운영체제 안에 어떻게 짜 넣느냐가 중요합니다. 또한, 개인 간 거래 중개 플랫폼은 모방 곤란성이 낮으므로 얼마나 빨리 경쟁자보다 이용자 규모를 확대하느냐가 성패를 좌우합니다.

적용을 위한 질문

☑ 판매자와 구매자 모두의 번거로움을 줄이는 서비스를 실현할 수 있는가?

☑ 단기간에 이용자 규모를 확대하는 데 필요한 마케팅 투자가 가능한가?

☑ 불법행위가 생겼을 때 재빨리 해결할 수 있는 전문인력과 조직이 있는가?

11

'물건이 아닌 것'으로 돈을 버는

서비스화

Servitization

KEY POINT

● 제품의 제조나 판매에 서비스를 덧붙여 수익을 얻는 비즈니스 모델
● 고객이 제품을 사용할 때 생기는 과제를 해결하기 위해 제공됨
● 서비스화를 실시하려면 비즈니스 모델을 전환해야 하므로 경영 자원이
나 조직 변혁이 필요

기본 개념

서비스화란 자사 제품의 제조나 판매뿐 아니라 **고객에게 제품을 제공하는
과정이나 제공 후의 사후 관리 단계에서 무언가의 서비스(부가가치)를 제공함으로
써 수익이나 고객 만족을 얻고자 하는 것**입니다. 여기서 말하는 서비스란 기존 제
품에 부가가치를 제공하는 서비스입니다. 자사의 기존 제품과는 관계없는 새로
운 서비스가 필요한 것이 아니라는 점에 주의하세요.

일례로 미국 **GE**(General Electric)는 자사가 제공하는 항공기의 엔진에 부착
한 센서로 수집한 데이터를 분석하여 항공기의 운항 상황이나 비행 계획을
최적화하는 서비스를 제공하고 있습니다.

서비스화의 흐름은 최근 제조업에서 자주 볼 수 있습니다. 그 이유의 하
나로 **제품의 범용화**(commoditization)를 들 수 있습니다. 신흥국 기업의 대두나
정보기술의 발전에 따라 제조의 장벽이 낮아져 왔으며, 그 결과 타사와의 차
별화나 자사 제품의 부가가치화가 곤란하게 되었습니다(제품의 범용화). 이에

제조업 각사가 타사와의 차별화를 이루고 고객을 확보하는 방법의 하나로 서비스화를 실시하고 있습니다.

서비스화는 크게 2종류로 분류할 수 있습니다(니시오카·미나미 2017).

- 자사가 제공하는 제품 그 자체를 지원하는 서비스
- 자사 고객의 제품 이용 활동을 지원하는 서비스

전자의 예로는 제품 사용에 관한 문의 응대나 핫라인, 제품 수리나 예비 부품 공급, 유지보수 서비스 등을 들 수 있습니다. 또한, 후자에는 제품을 활용한 컨설팅 서비스나 제품 이용에 관한 금융·리스 서비스 등이 해당됩니다.

일반적으로 후자의 '자사 고객의 제품 이용 활동을 지원하는 서비스' 쪽이 수익이 높습니다만, 이 서비스를 제공하려면 근본적인 비즈니스 모델 전환과 이를 가능하게 하는 경영 자원이 필요합니다. 그러므로 우선은 전자의 '자사가 제공하는 제품 그 자체를 지원하는 서비스'부터 시작하는 것이 바람직합니다.

사례 1: 코마츠제작소

건설·광산기계 제조사인 **코마츠제작소**는 2001년부터 건설기계에 IT를 더한 KOMTRAX라는 서비스를 제공하고 있습니다. KOMTRAX란 **기계 안에 설치된 GPS나 통신 시스템을 이용하여 기계의 가동 상황을 원격 감시하는 시스템**입니다. 이를 통해 축적한 데이터를 이용하여 코마츠는 고객에게 적절한 수리 시기를 알리거나 고장 예고 등의 유지관리를 시행합니다. 또한, 차량의 가동 상황 관리, 차량 단위 확인 등의 지원도 제공합니다.

이와 함께 2015년에는 **스마트 컨스트럭션**이란 이름의 건설과 관련한 토털 솔루션 서비스를 시작했습니다. 이 서비스에서는 예를 들어 인력으로 1개월씩 걸리던 측량을 드론을 이용해 15~30분 정도로 단축하거나, 그 데이터를 건설 기계로 보내는 등, 현장의 조사·측량부터 시공 후 점검에 이르기까지 전 공정을 지원하고 있습니다.

그림 3-13 코마츠의 서비스화

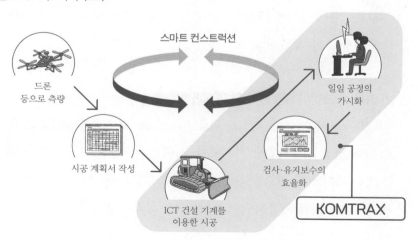

[출처]《코마츠 보고서 2016》(https://home.komatsu/CompanyInfo/ir/annual/html/2016/innovation/)을
바탕으로 필자가 일부 수정

사례 2: 시스멕스

의료 기기 제조사인 **시스멕스**는 1999년부터 SNCS(Sysmex Network Communication Systems)라는 지원 서비스를 도입했습니다.

SNCS는 고객과 시스멕스의 고객 지원센터를 연결하여 병원 등의 검사 장치 정확도 관리를 보증하는 서비스입니다. 구체적으로는 시스멕스의 기계에서 검출한 장치의 검사 결과와 외부 시설에서 시행한 검사 결과가 어긋나지 않는지 실시간으로 확인하여 검사 결과의 정확도를 보증하는 형식입니다. 2011년부터는 SNCS의 네트워크를 활용하여 장치에 고장 예측 기능을 추가하여 장치의 유지보수를 미리 수행할 수도 있게 되었습니다.

서비스화의 성립 조건

(1) 일정한 품질과 부가가치를 가진 기존 제품

애당초 제품 자체에 경쟁력이 없다면 서비스를 덧붙여 제공하더라도 고객을 끌 수 없습니다.

(2) 이용 시 고객이 해결해야 할 과제가 발생함

대부분의 서비스화는 제품을 이용할 때 생기는 과제(예를 들어 가동 관리나 데이터 활용)를 해결합니다. 또한, 서비스를 실현하려면 '고객의 제품 이용 데이터'가 필요합니다. 그러므로 고객에 제공한 제품의 성질이나 이와 관련된 축적 데이터가 있는가가 성공의 열쇠입니다.

(3) 서비스에 이용할 IT나 사업 기획에 관한 경영 자원 보유

대부분의 서비스화는 IT를 활용합니다. 그러므로 IT 기술자나 IT를 이용한 사업 기획 노하우 등이 필요합니다.

서비스화의 함정

서비스화의 대상인 유지보수 서비스 등의 계약형 서비스는 무상으로 제공되기도 합니다. 그러므로 유상화하려면 고객이 그 부가가치를 이해할 수 있도록 해야 합니다. 이와 함께 서비스화를 실시하려면 **단순 제조·판매에서 더 나아가, 비즈니스 모델 자체를 전환**해야 합니다. 그러려면 조직 구조 변경이나 조직 안의 의식 개혁이 필요할 수도 있습니다.

적용을 위한 질문

☑ 자사의 기존 제품은 서비스화에 적당한가?

☑ 서비스화를 진행할 때 필요한 IT 활용을 위한 경영 자원을 보유하고 있는가?

☑ 지금의 조직이 비즈니스 모델의 전환을 실행할 수 있는가?

 참고문헌

西岡健一, 南知惠子. 『「製造業のサービス化」戦略』(中央経済社, 2017)

Lusch, R. F., Vargo, S. L. (2014). *Service-Dominant Logic: Premises, Perspectives, Possibilities*. Cambridge University Press

12

'물건 판매'에서 '서비스 판매'로
애즈 어 서비스
As a Service

Case Study

세일즈포스
토요타자동차
다이킨공업

KEY POINT

- 제품을 판매하는 것이 아니라 제품 이용을 '서비스'로서 제공
- 고객의 당면 과제를 서비스로 해결
- 타사와의 협업이나 IT 시스템 구축, 꾸준한 고객 관리가 필요

기본 개념

애즈 어 서비스(as a Service)란 종래와 같이 물건(제품)을 파는 것이 아니라, **물건의 이용과 이에 관련한 사항을 '서비스'로 제공하는 비즈니스 모델**입니다. 이 비즈니스 모델은 원래 IT 업계에서 흔히 볼 수 있었습니다. 예를 들어 이전에는 상자에 넣어 패키지로 판매했던 소프트웨어를 인터넷 서비스로 제공하는 SaaS(Software as s Service: p.91) 등이 대표적입니다. SaaS를 제공하는 기업으로는 고객 관리 시스템이나 영업 지원 시스템을 클라우드로 기업에 제공하는 **세일즈포스**가 있습니다. 이 회사는 이런 시스템을 소프트웨어로 판매하지 않고, 인터넷을 경유해 서비스로서 제공합니다.

최근 고객의 소비사이클이 짧아지고 공유 비즈니스(p.101)가 대두됨에 따라 '물건의 소유'에 집착하지 않는 사람이 증가하고 있기도 하여, 애즈 어 서비스를 비즈니스에 도입하려는 움직임이 많은 업계에서 확인되고 있습니다. 예를 들어 어떤 대형 자동차 제조사는 **자동차를 판매할 뿐 아니라 라이드 셰어**

나 렌터카를 제공하며, 이와 더불어 철도나 버스 등 다른 교통수단도 함께 활용하여 '소비자의 이동 최적화'를 서비스로서 제공하고자 합니다.

또한, 공구 제조사인 **힐티**는 단순한 공구 판매에서 플릿 매니지먼트(fleet management)라 불리는 비즈니스 모델로 이행했습니다. 이 비즈니스 모델에서는 공구 사용료와 함께 수리나 보증 비용, 대체 공구 대여 등을 포함한 종합 서비스를 정액 요금제로 제공합니다.

> **MEMO**
>
> 이러한 움직임은 서비스화(p.127)와 유사합니다만, 서비스화에서는 '제품 판매 대금+서비스 요금'으로 수익을 올리는 데 비해, 애즈 어 서비스에서는 '서비스 요금'만으로 수익을 올린다는 점이 다릅니다.

사례 1: 토요타자동차

토요타자동차는 애즈 어 서비스의 일종인 MaaS(Mobility as a Service)에 힘을 기울이고 있습니다. MaaS란 **이동 수단을 서비스로서 제공하는 것을** 의미하는 용어입니다. 예를 들어 이 회사는 현재 자동차 구독(p.292) 서비스 킨토를 제공합니다. 킨토 월정액 요금을 내면, **지정한 차 중에서 원하는 차를 골라 3년간 타거나 6개월마다 새 렉서스 차로 갈아탈 수 있습니다.** 선금은 없으며 등록 비용이나 자동차세, 정기 정비, 보험 등도 모두 월정액에 포함됩니다.

그 밖에도 토요타자동차는 **자동차 이외의 이동 수단도 포함한 MaaS 구축도 진행**하고자 합니다. 예를 들어 서일본철도 등과 함께 실험 중인 my route는, 공공교통기관이나 렌터카, 공유자전거, 자가용 등 다양한 이동 수단을 조합하여 목적지까지의 경로를 제안하는 앱입니다.

그림 3-14 MaaS란?

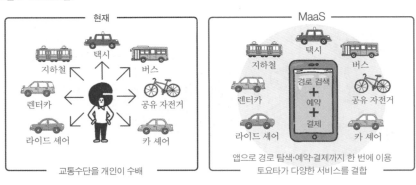

[출처] 〈'사람의 이동'에 변혁을 가져올 'MaaS(마스)'란? 교통수단의 미래를 설명합니다〉
(https://time-space.kddi.com/ict-keywords/20191025/2762)를 참고로 필자가 일부 수정

사례 2: 다이킨공업

공기 조절 설비를 제조·판매하는 **다이킨공업**은 미츠이물산과 함께 2018년 법인용 공기 조절 설비 구독 서비스인 에어애즈어서비스 주식회사(Air as a

Service: 이하 AaaS)를 설립했습니다.

본래 빌딩이나 상업 시설 등의 공기 조절 설비는 시설주가 구매하는 것이 일반적으로, 유지보수 비용도 소유자가 부담하는 것이 대부분이기 때문에, 공기 조절 설비를 자주 교체하지 못해 입주자는 오래된 기계를 이용할 수밖에 없었습니다.

이와는 달리 **AaaS**에서는 공기 조절 설비를 시설주 대신 설치·보유하며, 건물 환경이나 공기 조절 장치 사용 상황에 따라 유지관리를 수행하는 등, 월정액 요금으로 쾌적한 공기 조절 서비스를 제공합니다.

애즈 어 서비스의 성립 조건

(1) 이용자 부담 확인 가능

이용자가 제품을 구매(소유)할 때 생기는 단점을 분석해야 합니다. 앞의 사례에서는 자동차나 공기 조절 설비를 소유하면 이용자에게 불편한 상태(금전적 부담이나 유지보수의 번거로움)가 발생하기 때문에 서비스 제공 기회가 있는 것입니다.

(2) 서비스 내용의 검토

애즈 어 서비스는 단순한 대여나 리스와는 다릅니다. 자사의 제품을 고객이 이용하거나 소비할 때의 편의성을 더 높여야 합니다. 그러므로 토요타자동차나 다이킨공업처럼, 타사와의 협력을 통해 서비스를 설계할 필요가 있습니다.

(3) 이용 데이터의 수집과 분석

이용자가 최적으로 이용할 수 있도록, IT나 인터넷을 이용하여 이용자의 이용 상황을 정확히 파악해야 합니다.

애즈 어 서비스의 함정

애즈 어 서비스에서는 자사가 제품을 소유하게 되므로 **제품 고장이나 문제 발생 시 대응에 대한 부담을 자사가 져야 합니다.** 고객과는 서비스를 통해 이어지므로 **세심한 케어와 관계 구축도 필요할 것입니다.**

또한, 이용자의 이용 상황이나 행동 데이터가 중요한 역할을 하는 비즈니스이기도 하므로, 이러한 **데이터를 제공하는 데 거부감을 느끼는 고객에게는 적합하지 않을 수도 있습니다.**

 적용을 위한 질문

☑ 고객이 제품을 구매하고 소유하는 데 어떤 부담이 있는지를 분석할 수 있는가?

☑ 타사와의 협업을 포함하여 단순 '대여 이상'의 서비스 내용을 설계할 수 있는가?

☑ 고객의 이용 상황을 파악하고 분석할 수 있는 수단이 있는가?

☑ 면밀한 고객 관리가 가능한가?

📖 참고문헌

日高洋祐, 牧村和彦, 井上岳一, 井上佳三. 『MaaS:モビリティ革命の先にある全産業のゲームチェンジ』(日経BP, 2018)

13

오래도록 함께하는
가용성 보장 모델

Availability Guarantee

KEY POINT

- 제품뿐 아니라 유지보수나 수리를 함께 제공하여 장기간 수익을 얻음
- 기술 혁신이나 외부 환경 변화가 빠른 제품이라면 고정 고객으로 이어짐
- 이용자의 기기에서 얻은 데이터를 활용한 제안 능력이 부가가치를 만드는 열쇠가 됨

기본 개념

가용성 보장 모델이란 기기나 부품, 이에 따른 부가 서비스를 고객이 사용하는 목적에 따라 제공하고 유지보수나 수리까지 패키지로 묶어 수익을 얻는 비즈니스 모델입니다. 가용성 보장 모델의 대표적인 사례로는 컴퓨터 하드웨어 판매에서 솔루션 비즈니스로 비즈니스를 전환한 **IBM**이 있습니다. IBM은 고객 기업이 컴퓨터를 구매한 뒤에도 유지보수·점검 서비스나 사무용 소프트웨어 커스터마이징을 제공하여 높은 수익률을 달성하고 있습니다.

이 비즈니스 모델은 기업과 고객 간의 '제품·서비스의 장기 이용 계약'이 전제입니다. 성공하면 오랫동안 고객을 확보할 수 있는 것입니다.

이 비즈니스 모델의 특징은 다음과 같습니다.

- 제품 판매와 유지보수나 커스터마이징을 포괄하여 고객에게 부가가치를 제공
- 기술 혁신 주기가 빠른 제품인 경우, 빨리 자사 서비스를 이에 적응시키는 것이 필요

더욱이 최근 IT 보급에 따라 판매한 기기를 통해 **고객 기업의 데이터**를 수집하고, 이 데이터를 활용하여 유지보수·점검은 물론, **비용 효율이 우수한 이용 방법이나 기기 교환 시기 등을 제안**할 수 있게 되었습니다. 그 결과 지금은 제조업의 서비스화(p.127)에서 빠질 수 없는 비즈니스 모델로 자리매김했습니다.

사례 1: 롤스로이스 'Power by the Hour'

롤스로이스는 30종 이상의 대형 민간 항공기나 비즈니스 제트기의 엔진을 제조·판매하는 기업입니다. 전 세계 약 1만 3천 기 이상의 민간 항공기에 이 회사의 제품이 탑재되어 있습니다.

Power By the Hour라 명명된 롤스로이스의 비즈니스 모델에서는 **각 항공기의 엔진 출력과 사용 시간에 따라 이용 요금이 결정**됩니다. 이용 요금에는 엔진의 유지보수·정비 서비스도 포함되어 있어, 취득한 엔진 사용 데이터에 기반한 소모품이나 교환 부품 파악, 교환에 따른 정비사 수배나 작업 일체를 롤스로이스가 제공합니다. 게다가 **수집한 데이터를 바탕으로 한 효율적인 운항 계획을 항공사에 제안**하는 부가 서비스도 제공하고 있습니다.

이 회사의 주 고객인 LCC(저가 항공사)는 엔진의 가용성 보장 모델 덕분에 점검이나 보수에 필요한 공장이나 인원에 비용을 들이지 않아도 되므로, 보다 저렴하게 항공 서비스를 제공할 수 있습니다. 이와 함께 정비 불량에 따른 운항 지연이나 취소 위험도 줄일 수 있습니다.

그림 3-15 롤스로이스의 가용성 보장 모델

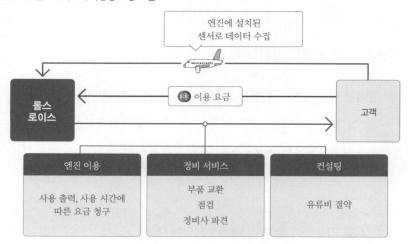

사례 2: 테슬라 모터스

2008년 전기 자동차 '로드 스타' 판매를 시작한 **테슬라 모터스**도 가용성 보장 모델의 한 예입니다. 이 회사가 고객에게 처음으로 제공하는 것은 '자동차'라는 하드웨어 제품입니다만, 테슬라 모터스의 제품은 탑재한 배터리 용량이나 소프트웨어를 정기적으로 업데이트하여 주행 능력을 향상하는 방식을 채용하고 있습니다.

예를 들어 '모델 S'라는 차종에는 출하 시 75kwh의 배터리가 장착됩니다만, 표준 사양은 60kwh로 설정되어 있습니다. 소유자가 구매 후 용량을 늘리고 싶을 때는 약 1,200만 원의 비용을 지불하고 업데이트할 수 있습니다.[*]

그런가 하면 자동 운전 소프트웨어 업데이트는 약 700만 원입니다.[**] 그 밖에 업데이트 가능한 소프트웨어는 지도 데이터, 옆 차량과의 거리 측정 기능, 게임, 음악 콘텐츠 등으로, 운전의 부가가치를 높이는 것부터 엔터테인먼트까지 폭넓은 서비스를 제공합니다.

가용성 보장 모델의 성립 조건

(1) 판매한 제품·부품에 수반하는 부가 서비스 개발 능력

가용성 보장 모델을 실현하려면 자사가 판매한 제품이나 부품을 고객이 장기적으로 사용하는 데 필요한 소프트웨어 개발 능력이나 전문 인력 확보를 자사 내부에서 수행할 수 있는 조직 구축이 필요합니다.

(2) 새로운 기술이나 환경 변화에의 신속한 대응

서드파티가 새로운 소프트웨어나 제품을 제공하기 전에 자사에서

● '테슬라 모델 S의 유지비는 얼마인가?' (https://car-me.jp/articles/7614)

●● '테슬라 자동 운전 옵션 8월부터 최대 약 1,200만 원 가격 인하' (https://jp.techcrunch.com/2019/07/17/2019-07-16-elon-musk-is-raising-the-price-of-teslas-full-self-driving-feature-by-another-1000/)

서비스 개발이나 제품 개발을 수행하는 것이 전제 조건이 됩니다.

(3) 제품과 서비스를 포괄하여 고객의 비용 절감

고객이 직접 사후 관리나 필요한 커스터마이징을 하는 것이 비싼 제품 범주라면, 필요한 서비스를 제공함으로써 오랫동안 고객을 확보할 수 있습니다.

가용성 보장 모델의 함정

가용성 보장 모델은 제공하는 서비스가 제품에서 비롯되기에 같은 제품을 제조하는 경쟁 기업과의 차별화가 어려운 측면이 있습니다. 차별화가 곤란해지면 경쟁사와 함께 가격 경쟁에 빠지기 쉬우므로 제공 중인 제품의 수익 회수 역시 여의치 않게 될 위험이 있습니다.

 적용을 위한 질문

☑ 포괄 서비스 제공의 핵심이 되는 제품은 무엇인가?

☑ 고객 기업의 비용 절감에 도움이 되는 서비스를 제공할 수 있는가?

☑ 서비스 제공에 필요한 데이터를 수집하고 활용할 수 있는가?

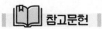 참고문헌

山田篤伸『IoTが製造業に迫るサービス化の波 ものづくりからことづくりへ』(インプレス, 2016)

14

주문 제작 '대량 생산'

매스 커스터마이제이션

Mass Customization

KEY POINT

- IT를 활용하여 '대량 생산'과 '개별 고객의 니즈 충족'을 동시에 이루는 제조·판매 방식
- 고객의 니즈에 부응할 수 있도록 많은 패턴을 준비하는 것이 중요
- 커스텀화를 지나치게 추구하면 비용을 줄일 수 없음

기본 개념

매스 커스터마이제이션이란 대규모 생산과 판매의 이점을 살리면서(대량 생산), 개별 고객의 요구에 따른 제품·서비스를 판매하는 것(커스텀화)입니다.

예를 들어 컴퓨터를 판매하는 **델**은 컴퓨터 부품(CPU나 하드디스크 등)마다 몇 가지 패턴을 준비하고, 직판 모델에 의한 **수주 생산방식(BTO: Build to Order)**을 통해 고객의 니즈에 맞는 맞춤 주문 제품을 판매합니다(p.195).

또한, 독일의 **BMW**는 자동차 'MINI'의 내외장 부품 디자인을 구매자가 직접 웹사이트에서 변경할 수 있는 **MINI Yours Customized** 서비스를 제공합니다. 커스터마이징한 부품은 BMW 공장에서 3D 프린터나 레이저 가공기를 이용하여 제조합니다.

기업 마케팅에서는 오랫동안 '매스 마케팅'을 이용했으나, 최근에는 개별 고객의 니즈를 만족시키고자 하는 **원 투 원 마케팅**이 부상하고 있습니다. 매스 커스터마이제이션은 이러한 기업의 개별 고객 대응을 효율적으로 수행하고자 하는 것이라 할 수 있습니다.

대량 생산의 장점과 커스텀화의 장점

매스 커스터마이제이션은 대량 생산(매스 프로덕션)의 장점과 커스텀화의 장점을 어느 정도 양립할 수 있는 비즈니스 모델입니다.

앞선 델이나 BMW의 사례에서 알 수 있듯이, 매스 커스터마이제이션에서는 조합할 부품의 '패턴'을 여러 가지로 준비함으로써 패턴 단위의 생산 규모를 확보합니다. 그 결과, 대량 구매·대량 생산에 따라 제품 원가나 생산 비용을 낮출 수 있습니다. 또한, 조립에 소요되는 시간을 줄여 출하까지의 리드 타임을 단축할 수 있습니다. 이는 매스 프로덕션(대량 생산)의 장점이라 할 수 있습니다.

동시에 매스 커스터마이제이션에서는 고객의 니즈에 따라 사양을 변경할 수 있으며, 다양한 부품을 취급할 때에 비해 재고 발생 위험을 억제할 수 있습니다. 고객이 손에 넣는 제품에는 획일화된 제품에는 없는 부가가치도 있을 것입니다. 이는 커스텀화의 장점이라 할 수 있습니다.

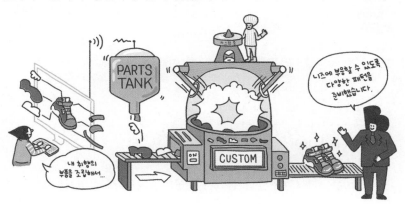

사례 1: 아디다스

　스포츠용품 제조사인 **아디다스**는 매스 커스터마이제이션을 이용한 제품 판매에 힘을 쏟는 기업입니다. 그 강력한 무기가 되고 있는 것이, 독일 아디다스의 전자동 공장 스피드 팩토리입니다.

　스피드 팩토리에서는 컴퓨터를 활용한 직조기나 로봇 등을 활용하여 신발 제조 공정 대부분을 자동화합니다. 또한, 이 공장에서는 **신발 소재나 발의 형태 등의 정보를 이용하여 개별 고객에게 적절한 신발을 디자인할 수 있는 3차원 모델 기술을 이용**합니다. 이를 통해 고객의 니즈에 맞는 신발을 저렴한 비용으로 제조할 수 있게 되었습니다. 애초 스피드 팩토리는 독일과 미국에만 있었습니다만, 향후 효율성을 제고하기 위해 아시아로 이관할 예정입니다.

그림 3-16 아디다스의 매스 커스터마이제이션

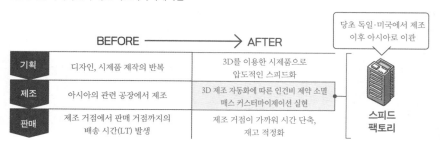

[출처] 〈'선형'에서 '네트워크형'으로 ―디지털 시대 공급망 개혁의 시점⑴〉
(https://www.dhbr.net/articles/-/5133?page=3)의 그림 4를 참고로 필자가 일부 수정

사례 2: Fukuru

　Fukuru는 일본 섬유산업 집결지인 군마현 키류시에 위치한 의류 제조·판매 기업입니다. 이 회사는 **자동화한 생산 시스템을 통해 가격을 낮춘 주문 제작**

원피스와 여성 정장을 제공하고 있습니다.

Fukuru에서는 고객이 원단이나 사이즈를 샘플에서 선택하여 주문하면, 이후는 CAD를 이용하여 자동으로 본을 만들고, 제조에 이용할 원단이나 단추 등의 부품도 자동으로 준비하는 구조를 구축했습니다.

또한, 원단은 키류시 원단 공장의 남은 천을 활용한다든가, 봉제 공정에서는 창업자 가족이 경영하는 봉제 공장이나 그 밖의 중소 공장, 기술자와 협력함으로써 제조 비용을 통제하고 있습니다.

매스 커스터마이제이션의 성립 조건

(1) 고객 니즈가 다양하며, 적절한 단위로 분리되는 제품

매스 커스터마이제이션에 적절한 제품은 전술한 컴퓨터나 자동차, 신발이나 의류와 같이 **고객의 니즈가 다양**할 것이 전제 조건입니다. 예를 들어 컴퓨터라면 원하는 사양이 제각각이고, 의류라면 저마다 신체 사이즈나 선호하는 디자인이 다른 식으로, 고객의 니즈가 다양합니다. 이런 니즈를 따르는 한편, 대량 생산의 장점도 놓치지 않도록 **제품·서비스를 구성하는 부품을 적절한 단위로 분리할 수 있는 제품**이 매스 커스터마이제이션에 적합합니다.

(2) 생산·판매에서의 IT 활용

매스 커스터마이제이션에서는 고객의 기호를 명확하게 이해하고 나서 **제품이나 서비스를 커스터마이징할 수 있는 구조가 필요**합니다. 또한, 비용을 절감하고 제품 판매까지의 리드 타임을 단축하는 생산 시스템도 필요합니다. 예를 들어, 아디다스나 BMW, Furuku처럼 전자동 공장이나 생산 현장에서 **3D 프린터, CAD** 등을 활용하는 것이 필수적입니다.

매스 커스터마이제이션의 함정

매스 커스터마이제이션을 지나치게 추진하면 순수한 커스텀화, 즉 특별 주문품(메이크 투 오더)에 가까워집니다. 고객의 니즈에 부응한다는 의미에서는 얼핏 좋은 듯 보이나, **과도한 커스텀화는 '대량 생산에 따른 비용 절감'이라는 매스 커스터마이제이션의 또 하나의 큰 장점**을 훼손하게 되므로 주의가 필요합니다. 또한, 매스 커스터마이제이션으로 이행하려면 기업의 기존 생산 시스템이나 판매 시스템을 재검토해야 합니다. 이때 재검토에 따른 기존 체제로부터의 저항도 상정해야 합니다.

적용을 위한 질문

☑ 자사가 제공하는 제품은 다양한 고객의 니즈가 있는 제품인가?
☑ 자사가 제공하는 제품의 부품을 적절한 단위로 분해할 수 있는가?
☑ 주문과 생산에서 IT를 활용한 시스템을 구축할 수 있는가?

참고문헌

Pine, J. (1999). *Mass Customization: The New Frontier in Business Competition*. Harvard Business School

디지털의 힘으로 주문 생산

퍼스널라이제이션

Personalization

Case Study

유튜브　시세이도

KEY POINT

- 고객 한 사람 한 사람의 속성이나 구매 행동에 대응하여 최적의 정보나 제품을 제공
- IT 발전에 따라 구매 데이터, 생활 데이터, 생체 데이터 수집이 가능해졌기에 다양한 업계에서 퍼스널라이제이션을 실현 중

기본 개념

퍼스널라이제이션이란 **고객 한 사람 한 사람에게 가치 있는 제품이나 정보를 제공하는 비즈니스 모델**입니다. 일반적인 제품으로 큰 시장에 진출하는 것과는 반대되는 비즈니스 모델이라고 할 수 있습니다. 이 개념은 마케팅 컨설턴트인 돈 페퍼스(Don Peppers)와 마사 로저스(Martha Rogers)가 공저 《일대일 미래(The One to One Future)》에서 소개했는데, **제품 자체가 아닌 고객에게 제공하는 방법이나 서비스 등의 체험에 따라 차별화를 시도**하는 것입니다.

퍼스널라이제이션의 주요 특징은 다음과 같습니다.

- 고객 한 사람 한 사람에게 가치가 있는 제품과 서비스를 제공
- 과거의 행동이나 검색 이력 데이터에 기반을 두므로 효율적으로 구매를 촉구

IT의 발전 덕분에 상당히 정확하게 퍼스널라이제이션을 제공할 수 있게 되었습니다. 대표적인 사례는 웹 검색 엔진입니다. **네이버**나 **구글** 등의 검색 엔진

은 이용자의 검색 이력이나 열람 이력 데이터를 축적·분석하고 최적의 검색 결과를 상위에 표시합니다. 네이버나 구글은 이 기술을 응용하여 이용자의 열람 이력에 기반을 둔 최적화 광고를 웹에 표시하고 이를 통해 광고 수입을 얻습니다. 검색 엔진이나 인터넷 광고, 앱을 이용한 마케팅 데이터 수집, 센서를 통한 생체 데이터 수집 등에 의해, 퍼스널라이제이션의 종류는 다양해지고 있습니다.

사례 1: 유튜브

2005년 말에 서비스를 시작한 동영상 공유 사이트 **유튜브**(youtube.com)는 매월 20억 명이 넘는 로그인 이용자가 이용하는 대규모 플랫폼입니다.[•]

● 유튜브 보도 자료(https://www.youtube.com/intl/ko/about/press/) 참조.

유튜브의 수익원은 **동영상 재생 시 표시되는 광고**로(p.334), 광고를 표시할 때 **이용자의 시청 이력이나 웹 이용 이력 등을 이용하여 퍼스널라이제이션을 실시하고 있습니다.** 즉, 시청자마다 최적의 광고를 표시하는 시스템을 구축하고 있는 것입니다. 이 퍼스널라이제이션의 정밀도는 매우 높아서, 많은 광고주가 유튜브에 광고를 송출하여 잠재 고객을 발굴할 수 있습니다. 이는 광고주에게 무척 큰 매력 중 하나가 됩니다.

한편, 유튜브의 퍼스널라이제이션 기능은 이용자 쪽에도 장점이 있습니다. 이용자의 시청 이력을 활용해 제안되는 추천 동영상은, 엄청난 양의 콘텐츠 중 좋아할 만한 동영상을 직접 찾는 수고를 덜어줍니다.

그러므로 **유튜브는 B2B와 B2C 양쪽에 '퍼스널라이제이션'이라는 가치를 제공하여 큰 수익을 얻는 비즈니스 모델**이라 할 수 있습니다.

그림 3-17 유튜브의 퍼스널라이제이션과 수익 모델

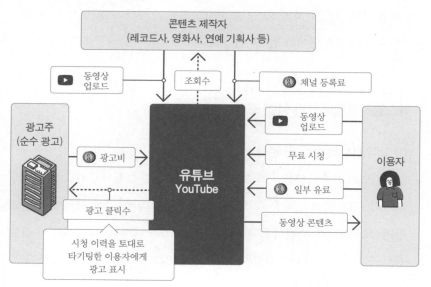

사례 2: 시세이도 'Optune'

화장품 브랜드 **시세이도**의 Optune은 **고객 한 사람 한 사람의 피부 상태를 스마트폰 앱과 연결된 클라우드로 분석하고, 그 데이터를 고객이 소유한 미용액 탱크에 전송하여 각자에게 맞는 최적의 미용 성분을 조합하는 구조입니다.** 이때 탱크에 설치된 5개의 스킨 케어 카트리지를 사용하여 8만 가지 패턴 중 배합을 결정합니다. 퍼스널라이제이션의 기반이 되는 것은, 고객이 직접 촬영한 피부 사진에서 얻은 개인 데이터와 시세이도가 오랫동안 연구개발로 축적한 다양한 데이터(계절이나 기온, 대기 성분 등)의 조합입니다.

Optune의 퍼스널라이제이션은 수익 측면에서도 장점이 있습니다. 퍼스널라이제이션 서비스는 오랫동안 사용해야만 효과를 발휘하므로, **고객은 미용액의 원료가 되는 미용 성분이 든 카트리지를 정액제로 구매합니다.** 퍼스널라이제이션을 통해 지금까지 단품 구매였던 화장품을 구독 모델(p.292)로 바꾼 복합적인 비즈니스 모델이라 할 수 있습니다.

퍼스널라이제이션의 성립 조건

(1) 고객 정보의 수집 및 분석

퍼스널라이제이션을 수행하려면 고객의 속성(성별·연령·기호 등)이나 과거의 구매 이력과 같은 고객 정보가 필요합니다. 따라서 자사에서 얼마만큼의 정보를 수집하고 분석할 수 있는가가 중요합니다. 이때 수집 경로와 기술을 정비할 수 있어야 하고, 개인화를 위한 알고리즘을 구축할 수 있어야 합니다.

(2) 개인화에 따른 가치 상승 가능

자사의 사업이 유튜브의 타기팅 광고나 시세이도의 Optune처럼, 고객의 속성에 세세하게 맞출 때 그 가치가 오르는 제품이나 서비스여야 합니다.

퍼스널라이제이션의 함정

퍼스널라이제이션에서는 많은 고객 데이터를 수집·분석합니다. 그러므로 데이터 보안을 게을리하면 데이터 유출 등으로 말미암아 사업 존속이 어려워질 위험이 있습니다.

 적용을 위한 질문

☑ 다양한 고객 데이터를 수집·축적할 수 있는가?

☑ 개인 이용에 특화하여 자사 제품·서비스의 가치를 향상시킬 수 있는가?

☑ 적절한 퍼스널라이제이션을 실현할 알고리즘을 구축할 수 있는가?

 참고문헌

Pepers, D., Rogers, M. (1993) *The One to One Future*. Currency

16

티끌 모아 태산
롱테일

Long Tail

Case Study

아마존
동영상 스트리밍 서비스
도큐핸즈

KEY POINT

- 틈새 상품이라도 수를 늘리면 히트 상품 못지않은 매출을 올림
- 디지털 시대의 유통 플랫폼이 등장함에 따라 급증
- 재고 관리 비용과 수익의 균형을 생각해야 함

기본 개념

롱테일이란 폭넓은 상품을 갖추고 다양한 고객 니즈에 부응함으로써 수익 규모를 확대하는 비즈니스 모델입니다. '롱테일'이라는 용어는 미국 잡지 〈WIRED〉의 전 편집장 크리스 앤더슨(Chris Anderson)이 디지털 시대의 새로운 경제 법칙으로서 이름 붙인 것으로, 히트 상품이나 새로운 상품을 중심으로 하는 판매 전략과는 달리 세세한 니즈에 부응하는 상품에서 얻을 수 있는 이익을 거듭 축적하여 종합적으로 큰 이익을 얻는 것을 뜻합니다.

롱테일의 대표 사례는 1995년에 창업한 **아마존**입니다. 오프라인 서점에서는 매장 공간이 한정되므로 보유할 수 있는 서적의 수나 종류에 한계가 있지만, 온라인 서점 아마존은 공간의 제약을 받지 않습니다. 이 점을 살려 이 회사는 베스트셀러 서적은 물론, 실용서나 연구서, 틈새 상품이라 할 수 있는 서적까지 가능한 한 폭넓은 장르를 갖추어 다양한 고객의 니즈에 부응하여 수익을 늘렸습니다.

롱테일 비즈니스를 실현하는 데는 **인터넷 기술**을 빼놓을 수 없습니다. 아마존뿐 아니라 경매 사이트나 콘텐츠 제공 사이트도 마찬가지로, 틈새 상품까지 충실히 갖추려면 인터넷을 이용한 플랫폼이 필요합니다.

롱테일의 주요 특징은 다음과 같습니다.

- 다양한 상품을 구비하고 고객 스스로 검색 가능한 서비스를 부가가치로 제공하여 수익 창출
- 소매라면 충실한 재고 관리 시스템과 배송 시스템을 갖추어야 함

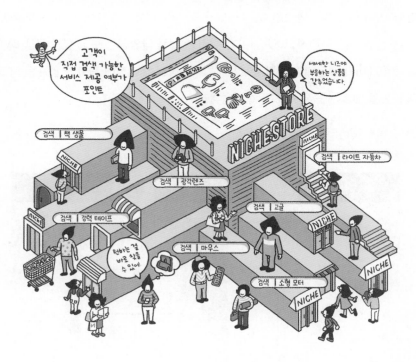

사례 1: 동영상 스트리밍 서비스

롱테일 비즈니스 모델은 동영상이나 음악과 같이, 다음의 특징이 있는 콘

텐츠 산업에 적절하다고 합니다.

- 다양한 취향을 가진 고객
- 디지털 데이터로 상품 제공(물리적인 재고 불필요)

2019년에 전 세계 회원수가 1억 3천만 명을 넘은 동영상 스트리밍 서비스 업체 **넷플릭스**는 롱테일 모델을 확립한 대표 기업입니다. 그 밖에도 일본 시장에서 높은 점유율을 차지하는 dTV와 U-NEXT가 약 12만 편, 아마존 프라임 비디오가 약 7만 2천 편, Hulu가 약 5만 편 등, 각각의 서비스 모두 방대한 콘텐츠를 구비하고 있습니다. 이러한 **상품 다양성은 보고 싶은 작품 DVD나 블루레이가 절판되어 구할 수 없거나, 이용하는 대여점에 재고가 없는 등의 고객 불편을 해소하는 일에도 직결됩니다.**

그림 3-18 동영상 스트리밍 서비스의 추천 모델

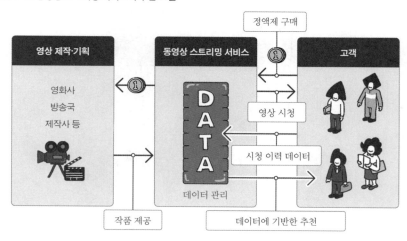

MEMO

동영상 스트리밍 서비스에서는 검색 시스템이나 시청 이력을 이용한 추천 기능이 필수입니다. 이 기능을 이용하여 고객이 스스로 자신의 니즈를 충족하는 것이 롱테일의 큰 부가가치가 됩니다.

사례 2: 도큐핸즈

대도시를 중심으로 일본 전국에 매장을 운영하는 **도큐핸즈**는 오프라인 롱테일 모델입니다. 생활잡화나 DIY 제품에 특화한 상품 구성으로, 상품의 다양성을 독자성으로 내세웁니다. 1984년에 개점한 도쿄 이케부쿠로점은 당시 30만 개 품목, 300만 점의 상품을 갖추었습니다.

물론 나사나 목재, 금속 부품 등의 상품은 교외에서나 볼 수 있는 대형 홈센터가 취급하는 상품과 큰 차이가 없습니다만, 도큐핸즈에서는 '나사 10개 1세트', '너트 10개 1세트'처럼 **한 번에 사용할 수 있는 양으로 소포장하여 판**매하는 것이 특징입니다. 이 소포장 판매 덕분에 **판매 공간의 점유율을 낮추면서 다양한 상품을 구비**할 수 있었습니다.

오프라인 롱테일에서는, 방대한 상품 중에서 **고객이 '직접 찾는' 기쁨**을 쇼핑의 부가가치로 고객에게 제공하는 것이 성공 요인으로 작용하기도 합니다.

롱테일의 성립 조건

(1) 재고 관리·판매 비용 이상의 매출

소량의 제품을 보유하여 판매할 때는 재고 관리·판매 비용이 매출액을 넘지 않아야 합니다.

(2) 고객 니즈에 부응하는 시스템 구축

수많은 상품 중에서 고객이 원하는 것을 정확히 찾을 수 있도록 시스템을 구축해야 합니다. 또한, 찾아내는 즐거움을 제공하는 것도 중요합니다.

(3) 틈새 시장에서도 고객 수요 예측 가능

오래된 물건이거나 인지도가 낮은 상품이라도 이에 대한 고객 수요를 어느 정도 예측할 수 있어야 합니다. 동영상이나 음악과 같은 콘텐츠가 대표적인 예입니다.

롱테일의 함정

롱테일의 매력은 틈새 상품까지 포함한 상품 구색이지만, 아마존에서도 매상 대부분을 차지하는 것은 신제품이나 베스트셀러 상품이라 합니다. 따라서 무작정 상품 구색을 확대한다고 해서 성공하는 것이 아니라, **단기 수익을 올릴 수 있는 상품과 장기 수익을 올릴 수 있는 상품으로 구분**하여 재고 균형을 관리하는 것이 중요합니다.

  적용을 위한 질문

- ☑ 다양한 상품을 취급하는 협력 업체와 관계를 구축할 수 있는가?
- ☑ 검색 시스템이나 추천 기능 등을 제공할 수 있는가?
- ☑ 틈새 상품의 재고 관리 비용과 수익의 균형을 올바르게 계산할 수 있는가?

📖 참고문헌

크리스 앤더슨. (2006). 롱테일의 경제학. 랜덤하우스코리아

森田秀一. インプレス総合研究所.『動画配信ビジネス調査報告書2018』(インプレス, 2018)

17

특정 시장을 독점하는
슈퍼 니치

Super Niche

Case Study
YKK
마부치 모터
YS테크

KEY POINT

● 특정 용도의 제품에 특화하여 경쟁사가 진입하지 못하는 시장을 구축
● 타사의 참여를 저지하고 전 세계에서 점유율을 높여 수익성 증대
● 기술 혁신에 따라 자사의 점유율이 갑자기 떨어질 위험이 있음

기본 개념

슈퍼 니치란 모든 자사 자원을 '특정 용도에 특화한 상품'에 집중하여 경쟁력을 높이고 특화한 시장에서 높은 점유율을 차지하는 비즈니스 모델입니다. 특정 제품 운영에 집중하기 때문에 경험 효과에 따라 압도적인 효율화를 꾀할 수 있으며 고품질에 낮은 가격을 실현할 수 있습니다.

슈퍼 니치의 대표적인 성공 사례는 지퍼 점유율 세계 1위인 YKK입니다 (p.342). YKK의 독자성은 지퍼를 만드는 기계나 재료도 직접 개발·제조하는 일관 제조에 있습니다. 전 세계 거점 곳곳에서 같은 기계를 사용함으로써 균일한 고품질을 유지하고 물류비용을 절감하여 가격을 낮춥니다.

또한, 지퍼 제조 공정에 필요한 많은 특허를 취득하여 신규 기업의 진입 장벽을 높입니다. 지퍼를 사용하는 제품은 매년 증가하고 있으며 이에 따라 제휴 기업도 다양해져 YKK의 수익 곡선은 계속 상승 중입니다.

슈퍼 니치의 주요 특징은 다음 2가지입니다.

157

- 타사가 진입하지 못하는 제품을 만들어 특정 시장을 독점(특허 확보 포함)
- 강력한 개발 능력을 보유한 경우 세계 시장 진출이 가능해져 글로벌 니치에 이를 수 있음

사례 1: 마부치 모터

1954년 창업 이래 **소형 직류 모터 제조에 특화**해 온 **마부치 모터**는 현재 자동차 전자 장치, 가전, 정밀 기계, 완구 등 폭넓은 제품 제조사와 제휴하여 소형 직류 모터 세계 시장의 약 50%를 점유하고 있습니다.

마부치 모터가 슈퍼 니치로 성공한 배경에는 연구개발이나 제조 기술의

발전과 더불어 **표준화 전략**이 있습니다. 자동차 제조사나 가전 제조사 등 다양한 거래처에서 요구하는 사양에 대해 따로따로 부품을 개발하는 것이 아니라, **니즈의 최대공약수를 뽑아 '표준 모델'을 독자적으로 개발하고 제조했던 것**입니다. 이로써 공장 설비와 생산 프로세스의 평준화를 꾀했으며, 비용 절감이나 납기 단축, 제품 품질 균일화를 실현했습니다. 그 결과 제휴 기업과 자사의 윈-윈 관계를 구축하는 데 성공했습니다.

더불어 표준화 전략을 실현하려면 다양한 제휴사의 니즈를 표준화하는 연구개발 능력이나 표준화한 부품을 제휴사가 이용하도록 하는 교섭력이 중요합니다.

그림 3-19 마부치 모터의 슈퍼 니치

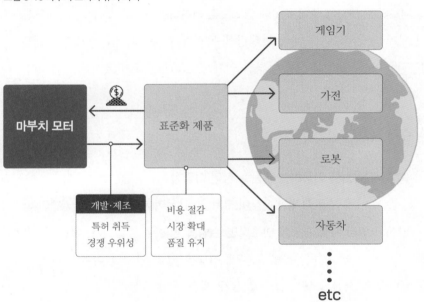

[출처] 마부치 모터 주식회사 홈페이지(https://www.mabuchi-motor.com)를 참고로 필자가 일부 수정

사례 2: YS테크 '내열 바코드 라벨'

제철소에서 고온 가공한 철강이나 알루미늄, 전자 부품이나 금형 등 열을 가하는 부품 제조 공정 관리용으로 1,200도의 열을 견디는 **내열 바코드 라벨**을 제조하는 것이 오사카 스이타시에 자리 잡은 **YS테크**입니다.

YS테크가 개발한 것은 **초고온에서도 녹지 않는 잉크, 태그, 접착제입니다.** 고객인 제조사는 열전사를 할 수 있는 프린터에 YS테크의 잉크 리본과 태그를 넣기만 하면 ID 관리 태그나 바코드 태그를 자사 공장에서 원하는 대로 만들 수 있습니다.

용도가 한정된 제품을 요구하는 시장의 규모는 크지 않지만, **고열로 부품을 제조하는 산업은 세계 곳곳에 있으므로 비즈니스가 성립합니다.** YS테크는 현재 세계 시장 점유율 100%로 시장을 독점하며, 이 회사의 바코드 라벨은 철강, 알루미늄 제조사, 자동차 부품 업체 등 240개사에서 쓰이고 있습니다.

슈퍼 니치의 성립 조건

(1) 자사 제품을 이용하는 제품 시장이 다양함

슈퍼 니치 제품 자체의 시장이 크지 않아도, 이 제품을 판매할 기업이 다양하고 일정 시장 규모를 이룬다면 수익을 얻을 수 있습니다. 예를 들어, YS테크가 취급하는 라벨은 자체 시장은 크지 않지만 이를 구매하는 제조업의 시장 규모는 크므로 틈새 제품이 됩니다.

(2) 제조 기기나 부품을 직접 개발·제작할 능력 보유

YKK나 마부치 모터처럼 슈퍼 니치로 성공한 기업 다수는 제휴사가 자사 제품을 표준 모델로 도입하도록 설득하는 데 성공했습니다. 이러한 성공을 거두려면 높은 연구개발 능력, 즉 제조 기계부터 시작해 모든 것을 자사가 직접 개발할 수 있는 능력이 필요합니다.

(3) 제품이나 서비스 공정에 필요한 특허 확보

제품 제작 프로세스에 필요한 특허를 취득해 두면 모방품을 방지할 수 있습니다. 시장을 독점하려면 **얼마나 진입 장벽을 높일 수 있는가**가 중요합니다.

슈퍼 니치의 함정

슈퍼 니치는 한정된 규모의 시장에 특화하므로 **연구개발, 특수한 제조 설비에의 투자가 필요**합니다. 실제로 제품을 출시할 때 이러한 초기 투자금을 회수할 수 없다면 위험이 커지므로 시장의 수요를 사전에 충분히 조사해야 합니다. 또한, 기술 혁신에 의해 고객사의 제조 프로세스가 한순간에 변하면 자사 제품이 도태되어 뒤처질 위험도 있습니다.

적용을 위한 질문

☑ 자사 제품에 일정 이상의 시장 규모가 있는가?

☑ 그 시장이 지속되리라 예측할 수 있는가?

☑ 자사 제품이나 제조 프로세스에 필요한 특허를 확보할 수 있는가?

참고문헌

藤本武士, 大竹敏次. 『グローバル・ニッチトップ企業の国際比較』(晃洋書房, 2019)

18

이노베이션 역수입
리버스 이노베이션

Reverse Innovation

Case Study

GE헬스케어

P&G　　　릭실

KEY POINT

- 신흥국이나 개발도상국에서 비롯된 '역류형 이노베이션'
- 기능 생략·염가판이 아닌 현지의 니즈나 문제를 해결할 수 있는 제품
- 현지 담당자에게 권한을 위임하여 추진

기본 개념

리버스 이노베이션이란 다국적 기업이 자사의 제품·서비스를, 선진국이 아니라 '신흥국·개발도상국의 니즈'에 기반을 두고 개발·판매하는 것입니다.

이전에는 다국적 기업이 신흥국이나 개발도상국에 진출할 때, 종전 선진국에서 개발하고 판매했던 '그 제품과 똑같은 것' 혹은 '기능을 줄인 염가판'을 판매하는 것이 대부분이었습니다. 이런 맥락에서 **상품 개발 흐름이 종래 방법과는 정반대**라는 의미로 **역류**(Reverse, 리버스)라는 이름이 붙여진 것입니다. 리버스 이노베이션의 개념은 미국 다트머스대학 턱 비즈니스 스쿨 교수 비제이 고빈다라잔(Vijay Govindarajan)이 저술한 책《리버스 이노베이션(Reverse Innovation: Create Far From Home, Win Everywhere)》을 통해 보급되었습니다.

예를 들어, **GE헬스케어**가 당시 신흥국이었던 중국 시장의 의료 현장 니즈에 따라 개발한 초저가 초음파 진단장치(1만 5천달러, 종래 저가격대 상품의 약 15%)는 그 후 선진국에서도 판매하게 되었습니다. 저비용 장치가 필요한 고객은 신흥국·개발도상국뿐만 아니라 선진국에도 있었던 것입니다. 이처럼 선진국이 아닌 신흥국·개발도상국 현지에서 이노베이션이 일어나는 것을 리버스 이노베이션이라 합니다.

다만, GE헬스케어가 처음부터 리버스 이노베이션 구조를 적용했던 것은 아닙니다. 실제로 본래는 자사의 선진국 대상 주력 상품인 고급 초음파 진단 장치를 중국에 유통하려 했습니다. 그러나 이는 잘되지 않았고, 중국 현지 (게다가 도시가 아닌 지방 마을)의 니즈를 깊이 이해한 끝에 비로소 지방의 의료 활동에서도 부담 없이 사용할 수 있는 '선진국 제품과는 전혀 다른 제품'을 '현지 이용자가 구매할 수 있는 초저가'로 만들어 내는 데 성공한 것입니다.

오늘날은 선진국과 신흥국·개발도상국과의 니즈 차이에 걸맞은 신제품 개발의 필요성이 높아짐과 함께 리버스 이노베이션이 주목받고 있습니다. 또한, 리버스 이노베이션은 '선진국의 니즈'라는 다국적 기업에는 상식이었던 틀에서 벗어나 혁신적인 제품 콘셉트와 기능을 창조하기 위해서도 관심의 대상이 되고 있습니다.

> **MEMO**
>
> '글로벌리제이션(globalization)'과 '로컬리제이션(localization)'(지역에 따른 커스터마이징)을 합친 말로 글로컬리제이션(glocalization)이 있습니다. 리버스 이노베이션과 글로컬리제이션을 혼동할 때가 있는데, 리버스 이노베이션은 신흥국·개발도상국에서 시작한다는 점에서 글로컬리제이션과는 다른 개념입니다.

사례 1: P&G

소비재 제조사인 **P&G**가 취급하는 질레트 면도기는 유럽과 미국 시장에서 높은 시장 점유율을 차지하는 고품질 상품입니다. 이 회사는 처음 인도에 진출하면서 '마하3'와 같은 중저가 제품을 포장만 바꿔 판매했지만, 인도인 남성의 관심을 받지 못하는 바람에 점유율이 늘지 못했습니다.

이에 P&G는 그 이유를 알아내고자 현지에서 꼼꼼한 시장 조사를 실시하여 '인도 남성은 유럽이나 미국 남성과는 다른 방법으로 면도한다는 사실'을 밝혀냈습니다. 인도 남성은 바닥에 앉아 물을 길어서 어두운 가운데 손거울을 보며 면도칼로 면도를 하고 있었습니다. 그리고 이 방법으로는 면도 후 상처가 남는 것이 일상이라는 것도 알게 됩니다.

이 조사 결과를 보고 P&G는 현지 상황에 따라 다음과 같은 제품을 개발합니다.

- 중간 정도의 성능
- 세면대 청소 필요 없음

- 면도 시 상처가 잘 나지 않는 구조

- 저렴한 가격

그리고는 현지에서 생산한 15루피(약 0.3달러)의 면도기와 5루피(약 0.1달러)의 교체 날을 판매하기 시작했습니다. 이 가격은 선진국 가격의 3% 이하 수준입니다.

또한, 현지의 개인 경영 매장을 유통 채널로 이용하거나 인도 영화 스타를 광고에 기용하는 등 현지에 맞는 유통·마케팅 정책을 구성했습니다. 그 결과, 질레트의 인도 면도기 점유율은 50%를 넘어서게 되었습니다.

그림 3-20 인도 P&G '질레트'의 리버스 이노베이션

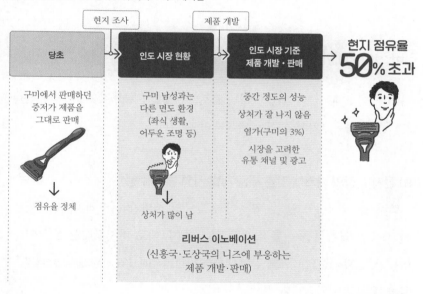

사례 2: 릭실

릭실은 주택이나 빌딩의 배수 설비나 건설 자재를 주로 취급하는 기업입

니다. 이 회사는 현재, **자사 제품 제공을 통한 세계 공중위생 문제 해결에 도전**하고 있습니다.

예를 들어, SaTo(Safe Toilet)는 케냐 등 농촌 지역의 현실을 참고하여 개발한 간이 화장실입니다.● SaTo는 저비용, 저수량으로 도입·운용할 수 있어, 릭실은 신흥국·개발도상국에 이를 보급하는 것을 목표로 하고 있습니다.

그러기 위해 사내에 SaTo 사업 전개를 위한 전담 조직도 만들었습니다. 또한, 물 없이도 배설물을 자원으로 순환하는 **녹색 화장실 시스템의 보급**도 목표로 합니다.

이러한 제품은 신흥국·개발도상국뿐 아니라 선진국의 재해 지역이나 물 부족 지역 등에서의 이용도 기대할 수 있습니다.

리버스 이노베이션의 성립 조건

리버스 이노베이션이 성립하려면 글로벌 사업을 전개하는 기업이라는 전제 조건과 함께, 다음 2가지 조건을 만족해야 합니다.

(1) 현지 시장의 니즈에 맞춘 제품 개발·사업 활동 수행

앞서 본 예에서도 알 수 있듯이 선진국의 소비자 니즈에 따라 개발한 제품의 염가판을 신흥국·개발도상국에 그대로 가져간다는 발상이 아니라, 현지 시장의 니즈를 깊이 이해하고 선진국에서의 사업 활동 상식의 틀을 깰 필요가 있습니다.

예를 들어 P&G는 인도에서 면도기를 개발할 때 현지에서 에스노

● 원래 SaTo는 릭실의 자회사인 아메리카 스탠다드라는 미국 제조사가 개발한 제품입니다.

그라피(문화인류학의 조사 방법)에 기초한 정성적인 시장 조사를 수행하고, 현지 소비자의 니즈를 처음부터 다시 정의했습니다. 또한, 유통·마케팅 정책에서도 선진국과는 다른 방법을 적용했습니다.

(2) 사업 활동의 권한을 현지 조직이나 전문 조직에 위임

리버스 이노베이션을 수행하려면 기존 사업과는 다른 제품 개발·사업 활동이 요구됩니다. 때로는 자사의 기존 사업 제품과의 자기 잠식 효과가 일어날 수도 있습니다. 예를 들어, GE헬스케어가 이후 선진국에 판매한 초저가 제품은 같은 시장에서 자사의 중고가 제품과 경쟁하게 됩니다.

여기서 필요한 것은 **신흥국·개발도상국에서의 사업 활동을 기존 사업과 분리하고, 현지 조직이나 전문 조직에 권한을 위임하는 것입니다.** 예를 들어 릭실에서는 SaTo 사업 전담 부서를 설치했습니다. P&G가 고용한 시장 조사 인력도 기존 사업과는 다른 관점에서 볼 수 있는 전문 인력이었습니다. 또한, GE헬스케어의 경우에도 중국에서의 제품 개발·사업 전개에 있어서는 경험이 풍부한 프로젝트 관리자에게 충분한 권한을 부여했다고 합니다.

리버스 이노베이션의 함정

리버스 이노베이션에서 오해하지 말아야 할 것은 저가격이나 기능 생략 측면만 봐서는 안 된다는 점입니다. 현지에서의 이노베이션을 가능하게 하는 데 저가격이나 기능 생략은 필수 조건이 아닙니다. **중요한 것은 현지 니즈나 문제 해결에 알맞은 제품 개발을 수행하는 것입니다.**

예를 들어 2009년에 약 200만 원이라는 초저가로 판매한 인도 **타타모터스**의 초소형 자동차 '**나노**'는, 인도 시장 보급을 목표로 한 자동차가 유럽·미국 시장도 석권할 것인가라는 측면에서 많은 주목을 받았습니다. 그러나 2020년 현재도 보급이 잘 진척되지 않고 생산 중지도 예상되는 상황입니다(p.421). 이런 사실을 볼 때 기능 생략·염가판이 리버스 이노베이션의 성공 법칙은 아님을 확인할 수 있습니다.

또한, 제품 개발에만 눈이 가기 쉽다는 것도 함정입니다. 현지에서 리버스 이노베이션을 실행하려면 실제로는 **유통업자나 공급자 등 사업 관계자와의 협력이 필요**합니다. 제품 개발뿐 아니라 비즈니스 모델 전체 설계라는 발상의 전환 또한 필요합니다.

이와 함께 신흥국·개발도상국에서 이노베이션을 일으킨 제품을 선진국에서 판매할 때는 **기존 제품과의 자기 잠식 효과**(cannibalization) 발생이나, 선진국에서의 니즈와 불일치할 위험도 지적할 수 있습니다.

적용을 위한 질문

☑ 현지 시장의 니즈를 이해하고, 그 니즈를 충족할 수 있는가?

☑ 현지에 제품 개발·사업 활동을 담당하는 전문 부서나 인력이 있는가?

☑ 현지에 제품 개발·사업 활동 파트너가 있는가?

☑ 선진국에 거꾸로 적용할 방법이나 선진국 시장 제품과의 자기 잠식 효과 등을 고려했는가?

참고문헌

비제이 고빈다라잔, 크리스 트림블. (2012). 리버스 이노베이션(이은경 옮김). 정혜

19

'그쪽'이 아니라 '이쪽'에서 버는
소모품 모델
Razor and Blades Model

Case Study

질레트   캐논
네슬레

KEY POINT

- 본체는 싸게 팔고 세트로 사용할 소모품 매출로 장기적인 수익을 얻음
- 소모품은 모방 위험이 있으므로 자사 기술을 얼마나 지킬 수 있는지가 관건이 됨
- 소모품에는 광고홍보비가 거의 필요 없음

기본 개념

소모품 모델이란 고객에게 가치를 제공하는 '핵심 제품'을 싸게 판 뒤, 핵심 제품과 세트로 사용하는 '소모품'을 계속해서 판매하여 장기적인 수익을 올리는 비즈니스 모델입니다.

이 비즈니스 모델의 예로 가장 잘 알려진 것이, 안전면도기로 특허를 취득한 **질레트**입니다. 질레트는 안전하게 수염을 면도하기 위한 기능을 면도기 본체(핵심 제품)와 교체 날(소모품) 2가지로 분할하고 자주 교환하게 되는 교체 날을 판매하여 장기 고객을 확보합니다.

이뿐 아니라 소모품 모델은 핵심 제품을 하나 판매하면 소모품의 지속적인 구매로 이어지는 구조이므로, 장기간 이익을 예상할 수 있습니다. 게다가 **소모품은 광고홍보비가 거의 없기 때문에 수익 효율이 높은 모델입니다.**

사례 1: 캐논 '잉크젯 프린터'

카메라 제조사인 **캐논**은 1985년 세계 최초의 잉크젯 프린터를 개발한 것으로 유명합니다. 이 회사의 잉크젯 프린터 본체는 약 8만 원~15만 원대로 비교적 저렴하지만, 소모품인 교체용 잉크 카트리지는 약 3만 원~5만 원으로 비교적 고가입니다. 이는 **정기적인 교체가 필요한 소모품(교체용 잉크) 쪽이 장기적으로는 기업의 수익원이 되기 때문입니다.** 그러므로 장기간에 걸쳐 더 많은 소모품을 판매하고자 본체 가격을 일부러 저렴하게 설정하여 시장 점유율 확보를 중시하는 것입니다.

또한, 이 비즈니스 모델에는 서드파티가 소모품을 낮은 가격으로 제공할 위험이 있으므로 염가판을 제조하지 못하도록 하는 구조를 어떻게 만들지가 중요합니다. 이를 위해 캐논은 잉크 탱크의 형태나 프린터 헤드와 잉크의 조합 방식, 잉크 분사 방법 등과 관련된 많은 특허를 보유하고 있습니다.

그림 3-21 캐논 '잉크젯 프린터'의 소모품 모델

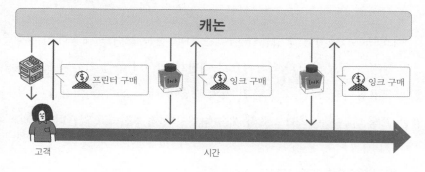

MEMO

잉크 이외에도 전용 광택지나 사진 용지 등 고객의 니즈에 맞춘 다양한 소모품을 자사에서 개발·제조할 수 있다는 것도 캐논의 큰 강점 중 하나입니다.

사례 2: 네슬레

사무실이나 집에서 마시는 커피에 새로운 가치를 제공하여 소모품 모델로 성공한 것이, **네슬레**의 '네스프레소'와 '네스프레소 프로페셔널'입니다.

네스프레소는 네슬레가 개발한 **'커피 원두의 풍미를 지키고자 밀폐한 알루미늄 캡슐'(소모품)**과 '전용 커피 머신'(핵심 제품)을 세트로 판매하는 서비스입니다. 네슬레는 네스프레소를 통해 지금까지 존재하지 않았던 커피의 소모품 모델에 성공했습니다.

이 네스프레소를 더욱 발전시킨 것이 네스프레소 프로페셔널*입니다. 네스프레소 프로페셔널은 **커피 머신을 사무실이나 법인에 무상으로 대여하고 캡슐을 계속 구매하도록 하는 구조**입니다. 이 서비스를 통해 일반적으로 광고만으로는 한순간에 도입을 확대하기 어려웠던 법인 고객에 대한 보급도 가능해졌습니다.

네스프레소에서는 오랫동안 이어온 커피 전문 브랜드 네슬레의 강점을 살린 양질의 원료 조달과 독자적으로 개발한 머신의 추출 기술이 모방 장벽으로 작용합니다. 또한, 소모품인 커피 캡슐만 해도 20종류 이상을 갖춰 다양한 고객 니즈를 충족함으로써 계속적인 구매를 촉진하고 있습니다.

소모품 모델의 성립 조건

(1) 핵심 제품의 보완 제품이 소모품임

소모품 모델이 성립하려면 **제공할 소모품이 핵심 제품의 기능을 보완해야 한다는 것이 전제**입니다. 질레트의 면도기는 교체 날을 사지 않으면 '면도'라는 고객의 목적을 달성할 수 없으며, 프린터가 있어도 잉크가 없다면 아무것도 인쇄할 수 없습니다.

이처럼 소모품 모델에서는 핵심 제품과 소모품 양쪽 모두를 갖추어야 비로소 목적을 달성할 수 있는 독자적인 구조를 만드는 것이 중요합니다.

● 원서에서는 '네스프레소 앰배서더'라는 네슬레재팬의 고유 명칭을 사용했으나, 글로벌 브랜드인 네슬레가 각국 지사에서 보다 보편적으로 사용하고 있는 '네스프레소 프로페셔널'로 표기했습니다. 네슬레코리아도 이 명칭을 사용하고 있습니다.
　-편집주

(2) 소모품을 자사에서 제조할 능력 보유

소모품을 직접 제조할 능력이 있거나 기밀을 유지할 협력 기업과 관계를 구축할 수 있는가가 이 비즈니스 모델의 성립 조건입니다.

(3) 초기 마케팅 비용과 홍보 채널의 충분한 확보

이 모델에서는 핵심 제품의 시장 규모에 따라 소모품의 수익성이 정해지므로, **핵심 제품의 판매를 위해 많은 광고비를 쓰는 경향이** 있습니다. 초기 투자로 마케팅 비용을 지출할 수 있는 자기 자본과 홍보 채널이 있어야 합니다.

소모품 모델의 함정

소모품을 싼 가격에 파는 서드파티가 등장하면 자사 제품이 가격 경쟁에 휘말리게 되어 안정적으로 수익을 유지할 수 없게 됩니다. 지금까지 순정 제조사는 고품질의 제품을 공급하고, '**정품을 사용하지 않으면 본체에 대해 보증하지 않는다**'라는 정책을 취했습니다만, 서드파티의 기술이 발전하여 비순정품의 품질을 고객조차 인정하게 되면 이는 위험이 됩니다(후지와라, 2013).

또한 소모품 모델의 특징으로, 가능한 한 핵심 제품이 많이 팔려야 이후 소모품도 팔린다는 **규모의 법칙**이 있습니다. 그러므로 핵심 제품을 팔고자 기업이 막대한 마케팅 비용을 투입하여 홍보하는 경향이 계속됩니다. 이 **고가 마케팅 비용이 수익의 족쇄**가 되어 비즈니스 모델을 유지할 수 없을 때도 있으므로 주의해야 합니다.

적용을 위한 질문

☑ 자사에 소모품을 제조할 능력이 있거나 타사와 제휴할 수 있는가?

☑ 서드파티에 대한 모방 장벽을 높게 유지할 수 있는가?

☑ 타사와 제휴할 때 제조 기밀 유지가 가능한가?

☑ 핵심 제품을 대규모로 판매하는 데 필요한 광고홍보비 투자가 가능한가?

 참고문헌

藤原雅俊.「消耗品収益モデルの陥穽:ビジネスモデルの社会的作用に関する探索的事例研究」『組織科学』46(4), 56-66 (2013)

비용 없이 좋은 것만 줍는
체리 피킹
Cherry Picking

Case Study
사우스웨스트항공
라쿠텐 모바일
마루와 운수

KEY POINT

- 넓은 범위의 서비스 중 일부만을 담당하여 효율적인 수익을 얻고자 함
- 교통, 운수, 통신 등의 산업에서 성공하기 쉬움
- 기존 기업이 가격을 인하하면 우위성을 잃을 위험이 있음

기본 개념

체리 피킹이란 항공이나 운수, 통신, 민영화 후의 전력 서비스처럼 넓은 범위를 망라하는 기존 기업의 비즈니스와 달리 특정 수요에만 집중하는 비즈니스 모델입니다. 이 모델 명칭은 수확한 체리 더미에서 잘 익은 것만 선별하는 일에서 유래한 것으로, 특정 시장이나 고객만을 대상으로 한 비즈니스라는 뜻입니다.

이 모델이 유명해진 계기는 미국 **사우스웨스트항공**이 시작한 국내 저가 노선 운항입니다. 미국에서는 1930년대부터 '빅4'라 불리던 유나이티드항공, 아메리칸항공, 델타항공, 이스턴항공이 전미를 아우르는 '허브 앤드 스포크' 시스템을 만들었습니다. 반면 후발 주자인 사우스웨스트항공은 텍사스주 샌안토니오, 휴스턴, 댈러스 간을 연결하는 노선에만 집중하여 1일 18 왕복, 대형 항공사의 절반 운임이라는 조건으로 1971년 취항, 저렴하게 이동하고자 하는 고객층의 지지를 얻으며 성장했습니다.

체리 피킹의 주요 특징은 다음과 같습니다.

- 기존 비즈니스의 고객 중 특정층을 타깃으로 하여 사업체 설립이나 홍보 등에 투자 비용을 들이지 않고 일정 수준의 수익을 얻음
- 기존 사업자가 구축한 인프라나 시스템 일부를 사용하여 비즈니스를 운영하는 경우, 상대방의 시장을 축소시키지 않고서는 수익을 확대하기가 어려움

또한, 이 비즈니스 모델은 특정 고객만을 대상으로 하기에 시장은 기존 기업보다 작아지기 마련입니다. 그러므로 **철저한 경비 삭감을 통해 수익률을 끌어올려야 합니다.** 사우스웨스트항공은 다음과 같은 방법을 통해 경비를 절감하고 수익률 향상을 유지했습니다.

(1) 항공권 예약은 전화나 인터넷

(2) 공항 체크인 없음

(3) 승무원의 복수 업무 겸업 등

체리 피킹은 이미 고객이 있는 사업에 참가하므로 비즈니스로서의 타당성이 있습니다. 효율적으로 비용을 절감하고 저가격을 실현하는 운영이 가능하다 면, 경쟁이 심하다 하더라도 가격 매력 때문에 자사를 선택하는 고객이 있으 리라 예상할 수 있습니다.

사례 1: 라쿠텐 모바일

인터넷 쇼핑몰을 운영하던 라쿠텐이 2014년에 시작한 것이 저가 이동 통신 서비스입니다. **라쿠텐 모바일**은 NTT 도코모나 au의 회선을 빌려 싼 가격의 SIM을 고객에게 판매하여 통신 서비스를 제공하는 MVNO(Mobile Virtual Network Operator, 가상 이동망 통신 사업자)입니다. 데이터 통신에 제한이 없는 가장 기본적인 요 금제는 월 2,980엔으로, 라쿠텐 회원이라면 할인을 통해 1,480엔에 이용할 수 있습니다(상위 등급인 다이아몬드 회원은 980엔).

NTT 도코모의 데이터 무제한 기본요금이 월 3,980엔(기가호 플랜), au가 5,980엔(au 데이터 MAX 플랜 Pro)이므로, 같은 회선을 사용함에도 큰 차이가 있음을 알 수 있습니다(요금은 모두 2020년 8월 기준). 자사가 통신 회선을 보유 한 기업은 기지국 정비·보수나 매장 운영 등 큰 투자와 유지비가 필요하지만, MVNO는 필요한 통신 시스템 정비와 고객 지원만 있으면 사업을 운영할 수 있으므로 가격을 인하할 수 있습니다.

MVNO는 대형 통신 기업과 비교하면 '통화 요금이 비싸다', '통신량이 많은 시간대에는 속도가 느리다' 등의 단점이 있었지만, **월 기본요금이 저렴하다는 데 매력을 느낀 고객**은 어느 정도 있었습니다. 라쿠텐 모바일은 이 고객층에 특화한 것이 특징으로, 서비스 개시 이후 계속 성장을 거듭하여 이 책 집필 시점에 약 2,200만 명의 이용자를 확보했습니다.

그림 3-22 라쿠텐 모바일의 체리 피킹

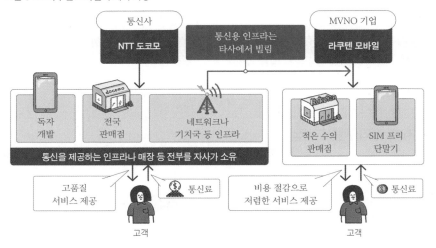

사례 2: 마루와 운수

급속한 전자상거래 성장을 배경으로 2000년대 들어 수요가 급증한 것이 운송 업계입니다. 일본 아마존 이용자는 2019년 상반기에 4,771만 명(전년 대비 3.5% 증가)에 이르렀습니다. 이런 상황에서 사업 대상을 일부 지역에 특화하여 급성장한 것이 **마루와 운수**입니다. 마루와 운수는 도쿄 도심에 한해 아마존과 당일 배송 서비스 파트너십을 체결했습니다.

아마존이 마루와 운수와 제휴하게 된 배경에는 사가와 택배 철수(2013년)나 야마토 운수의 배송료 인상(2017년) 등이 있습니다. 최근 쇼핑 1회당 판매 단가는 감소하는 한편 배송량은 증가하는 것이 아마존의 제공 가치 중 하나인 '싸고 빠른 배송'을 지속하기 위해 해결해야 할 과제가 되었습니다.

마루와 운수는 제휴와 함께 **개인사업주 운전사를 조직하여 소형 화물차 1만 대를 준비**한다고 발표했습니다. 이를 통해 사원 운전사의 인건비를 절감할 수 있습니다. 또한 배송 지역을 '도쿄 도심부'라는, 일정 규모의 수요가 있는 좁은 범위로 한정함으로써 대형 물류 기업이 소유한 거대 물류 센터나 대형 트럭 등의 대규모 초기 투자나 고정비도 대폭 삭감했습니다. 이는 사업 범위가 축소되어도 경비 절감으로 이익을 창출하는, 전형적인 체리 피킹 모델입니다.

체리 피킹의 성립 조건

(1) 시장 전체를 망라하는 인프라 및 서비스

체리 피킹을 수행하려면 자사가 사업을 시작하기 전에 선발 주자인 대기업에 의해 시장 전체를 망라하는 인프라와 서비스가 미리 정비된 상태여야 합니다.

(2) 일정한 수요 존재

평균적인 규격으로는 만족하지 못하는 수요를 가진 고객 그룹이 존재하고, 그들로 이루어진 일정한 규모의 시장을 예측할 수 있어야 합니다.

(3) 기존 기업과 공존 가능

기존 기업의 시장을 훼손하지 않고 비즈니스를 지속할 수 있는 범위와 수익성을 확인할 수 있어야 합니다.

체리 피킹의 함정

체리 피킹의 특징은 사업 범위와 고객층을 제한하여 비용을 줄임으로써 고객에게 저렴한 가격을 어필할 수 있다는 데 있으나, **기존 기업이 마찬가지로 가격을 인하하는 경우 경쟁 우위를 잃을 위험이 있습니다.**

또한, **협력하던 기존 기업의 시장과 좋은 관계를 유지하지 못하면 비즈니스 그 자체가 소멸할 위험도 있습니다.** 2019년 라쿠텐 모바일은 MVNO와 병행하여 직접 회선을 보유할 것이라는 계획을 발표했습니다. 그러자 라쿠텐이 저가 이동 통신 사업을 계속하는 것에 NTT 도코모가 유감을 표명한 것이 그 일례입니다.

적용을 위한 질문

☑ 대기업이 대규모로 제공하던 서비스에서 특정 수요를 가진 일정 규모의 세그먼트를 발견할 수 있는가?

☑ 한정된 작은 시장만으로 수익을 올릴 수 있는가?

☑ 서비스 측면에서 비용을 절감하고도 고객이 만족할 만한 가치를 제공할 수 있는가?

참고문헌

ニールセンデジタル株式会社「Digital Trend 2019上半期」『各ECサービス利用デバイス別利用者推移』(https://www.netratings.co.jp/news_release/2019/11/Newsrelease20191121.html)

「アマゾンの荷物, 一般人が運ぶ時代」『日経新聞電子版』(https://www.nikkei.com/article/DGXLASDZ22H3H_22062017000000/)

21 채널을 늘려 성장하는 네트워크 비즈니스

Case Study

암웨이
뉴스킨

Multilevel Marketing System

KEY POINT

- 직접 판매 모델의 하나로, 물건을 파는 것이 '개인'이라는 것이 특징
- 새로운 판매원을 모집하여 채널 수를 늘릴수록 상위 판매원의 마진이 오름
- 판매원의 목표액이 과하면 위법이 될 위험이 큼

기본 개념

네트워크 비즈니스란 자사 제품을 파는 판매원을 회사 밖에서 모집하고, 이들을 계층화하여 상위가 하위 매출의 마진을 얻는 비즈니스 모델입니다. 상위 판매원이 자신의 고객 중에서 신규 판매원을 모집하고, 네트워크 형태로 판매 채널이나 고객을 늘려 나가는 방식입니다.

네트워크 비즈니스의 주요 특징은 다음과 같습니다.

- 하위 계층에 우수한 판매원이 늘어날수록 상위 판매원이 이득을 봄
- 고객이었던 사람이 판매원이 되므로 판매 시 경험담 등에 의한 설득력이 높음

네트워크 비즈니스에서는 판매 채널을 외부의 개인에 위탁하므로 본사는 **영업사원 고용을 최소한으로 유지**할 수 있습니다. 또한, 매장 없이도 **전국 규모나 세계 규모의 판매 활동이 가능**하므로 고정비도 절감할 수 있습니다. 그 밖에도 판매원에게 지급하는 인센티브가 동기 제고에 기여하면, 자기증식처럼 판매

채널을 확대할 수 있다는 장점이 있습니다.

한편, '새로운 판매원을 모집하면 자신이 얻을 인센티브가 증가'한다는 네트워크 비즈니스의 단순한 구조를 악용하는 경우가 끊이지 않습니다. 일본에서는 SNS 광고 자리를 판매하는 기업의 문제로 소비자센터에 상담이 들어온 사례가 있습니다. 이는 SNS상의 광고 자리를 사면 구매액에 따라 포인트를 지급하고, 이 포인트로 온라인 쇼핑 사이트에서 상품을 구매할 수 있다고 하는 사업이었는데, 새로운 구매자를 소개하면 포인트가 늘어난다면서 회원에게 구매자를 소개할 것을 독촉하고 있었습니다. 여기서는 "반드시 돈을 벌 수 있다"고 광고하는 것이 허위라 판단되어 위법이 되었습니다.

이처럼 위법성이 높은 사업인 경우, 개인 간의 권유를 통해 피해자가 늘어날 수 있다는 점에 주의해야 합니다. 네트워크 비즈니스를 운영할 때는 수익 획득의 건전성과 투명성이 중요합니다.

네트워크 비즈니스는 판매원을 계층화하므로 멀티 레벨 마케팅이라 불리기도 합니다.

사례 1: 암웨이

네트워크 비즈니스의 대표 사례로 잘 알려진 것이 1959년 미국에서 시작한 **암웨이**입니다. 암웨이는 **건강이나 환경을 고려한 세제와 가정용품을 제조**하며, **디스트리뷰터**라 부르는 개인 사업주 판매원과 계약하여 독점적인 판매권을 부여합니다. 판매원은 본사로부터 상품을 조달하고 주위의 지인 등에게 이를 판매하여 판매 이윤을 얻습니다.

판매원은 새로운 판매원을 자신의 고객 중에서 모집할 수도 있습니다. 판매원이 된 독립 사업자는 자신보다 상위의 판매원에게 매출 이윤의 일부를 납부합니다. 판매원 계층이 누적될수록 상위 판매원이 많은 수익을 얻는 구조입니다.

일본의 등록 디스트리뷰터는 2016년 기준으로 69만 개 조에 이르렀고, 매출은 1,004억 엔에 달했다고 합니다. 한편 디스트리뷰터는 2년 차부터 될 수 있으며, 연간 3,670엔의 회비가 필요하고 미성년자와 학생은 등록할 수 없습니다.

암웨이는 디스트리뷰터의 제품 판매와 연회비 양쪽에서 수익을 얻습니다.

그림 3-23 암웨이의 네트워크 비즈니스

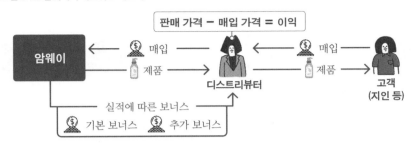

[출처] 일본 암웨이 합동회사 홈페이지(https://www.amway.co.jp/business/payout/index.html)를 참고로 필자가 일부 수정

사례 2: 뉴스킨

1984년에 미국 유타주에서 창업한 **뉴스킨**은 현재 세계 50여 개 이상의 국가에서 영업하는 화장품 제조사입니다. 브랜드 멤버라 부르는 회원으로 가입하면 판매원이 될 수 있습니다.

뉴스킨은 **판매한 상품의 이윤뿐 아니라, 정해진 기간 내의 판매 수에 따라 '보너스'를 산정**합니다. 보너스에는 각 판매원을 대상으로 한 것과 판매원으로 결성된 팀 매출에 대한 것이 있습니다. 상위 판매원이 하위 판매원을 지원하여 집단으로 매출을 올리는 구조로, 교육 시스템과 연동되어 있습니다.

네트워크 비즈니스는 판매원이 연쇄적으로 늘어나는 한편, 모든 판매원이 순조롭게 매출을 올린다고는 할 수 없습니다. 뉴스킨의 '보너스' 시스템은 이러한 사태를 피하고자 **상위 판매원이 하위 판매원을 떠받침으로써 판매 활동을 유지시키고 있다**고 할 수 있습니다.

네트워크 비즈니스의 성립 조건

(1) 충분히 매력적인 제품 제조

네트워크 비즈니스에서는 고객이 판매원 후보가 되기 때문에, 충분히 매력적인 제품을 개발하고 제조하는 본사의 능력이 전제입니다.

(2) 정당한 인센티브 설정

판매원과 고객을 네트워크 모양으로 증식시키기 위해서는 매출에 대한 정당한 인센티브 설정이 필요합니다.

(3) 하위 판매원의 동기 관리

사업을 계속하려면 상위 판매원이 더 많은 수익을 얻는 것을 하위 판매원이 이해하는 시스템을 만들어야 합니다. 예를 들어, 성적 평가에 따라 하위 판매원이 상위로 오르는 시스템 등을 마련해야 합니다.

네트워크 비즈니스의 함정

네트워크 비즈니스는 규제에 저촉되면 사업 자체가 사라지는 큰 위험이 있습니다. 가령 일본에서는 무제한으로 하위 판매원을 늘리지 못하도록 규제합니다. 또한, 판매원에게 무리한 할당량을 강요하면 위법이 될 수 있습니다.

규제 이외에도 판매원이 인센티브를 늘리려고 한 나머지 주위와의 인간관계를 해칠 위험도 있습니다.

적용을 위한 질문

☑ 고객이 판매원이 되고자 할 정도로 매력적인 제품을 자사가 개발하고 제조할 수 있는가?

☑ 전 계층의 판매원이 동기를 유지할 만한 인센티브 제도를 설계할 수 있는가?

☑ 회원 해약, 재고 반품 등 판매원에게 과도한 부담을 주지 않는 구조를 만들 수 있는가?

 참고문헌

野中郁次郎. 『ネットワーク・ビジネスの研究』(日経BPコンサルティング, 1999)

04

운영 모델

운영 모델이란 전략 모델을 실현하는 데 필요한 '업무 프로세스 구조'를 표현하는 모델입니다. 이는 기업이 수행하는 일련의 주된 활동을 결정합니다.

22

제조부터 판매까지 논스톱
SPA
Specialty store retailer of Private label Apparel

Case Study

GAP	유니클로
코난	카인즈
진즈	

KEY POINT

- 기획부터 제조, 판매까지 일체화해 운영하는 경영 방식
- 사업 규모를 확보할 수 있을 만큼의 상품 출시가 필요
- 생산 위탁·부품 조달처 확보 및 관리가 중요

기본 개념

SPA란 제품 기획부터 제조, 판매까지 일체화해 운영하는 경영 방식입니다. Specialty store retailer of Private label Apparel, 즉 SPA라는 용어는 미국의 대형 의류 판매사 GAP의 회장 도널드 피셔(Donald Fisher)가 자사의 사업 특징을 설명할 때 사용한 것이 그 시작입니다. 따라서 처음에는 ZARA나 유니클로와 같은 의류 업계의 기업 경영 방식을 가리키는 용어로 알려졌습니다. 그러나 최근에는 일본의 홈센터*인 **코난**이나 가구회사 **니토리** 등, 다른 업계에서도 SPA를 활용하는 기업이 주목받고 있습니다.

SPA에서는 소매업자가 (1) 원재료 조달, (2) 제품 기획, (3) 제조, (4) 유통, (5) 마케팅, (6) 판매까지를 일관적으로 관리합니다. 기업은 SPA를 채용함으로써 다음과 같은 장점을 누릴 수 있습니다.

- 홈센터: 인테리어 용품, DIY 용품 등 가정용 생활잡화를 판매하는 일본식 양판점 -편집주

(1) 자사 매장을 통해 상품 판매 동향이나 고객 니즈를 직접 파악

(2) 파악한 고객 니즈나 판매 동향을 생산 계획에 신속하게 반영

그 결과 **적정량의 재고 관리가 가능**하고, 외부 위탁 방식으로 생산함에 따라 **비용 절감을 도모**할 수 있게 됩니다. 따라서 SPA는 합리적인 상품을 제공할 수 있는 경영 방식이라 할 수 있습니다.

예를 들어, **유니클로**는 제품 기획과 물류, 판매를 통합하여 고객 정보에 기반을 둔 제품 기획과 재고·생산 관리를 수행합니다. 또한, 생산 설비를 보유하지 않고 생산비가 저렴한 나라나 지역의 외부 기업에 위탁하는 팹리스 경영을 채택하고 있습니다.

사례 1: 카인즈

1989년에 창업한 **카인즈**는 SPA를 업계에서 가장 먼저 도입한 홈센터 기업입니다. 이 회사는 상품 기획부터 생산 관리, 판매까지 모두 관리함으로써 1만 2천 점이 넘는 PB(Private Brand) 상품을 판매하고 있습니다.

애당초 홈센터 업계에서는 인테리어 자재나 DIY, 정원 관리 상품 등을 **사들여 판매하는 것이 주류**였습니다. 그러나 이 방식에서는 매장 운영을 제조사나 도매업자에게 맡기게 되고, 또한 팔고 남은 상품은 제조사에 반품하므로 꼭 고객의 니즈를 반영한 상품 구색이나 매장 구조가 갖춰졌다고는 할 수 없었습니다.

이에 카인즈는 SPA를 채택하여 매장에서 수집한 고객의 니즈를 반영한 PB 제품 기획·제조로 방향을 바꿉니다. 실제로 이 회사는 PB 제품을 기획하는 구매 담당이나 MD(Merchandiser, 상품 정책 담당자)를 100명 이상 채용하고 매장에서 고객 니즈를 수집하는 한편, 중국 거래처 공장에 생산을 위탁하는 방식으로 합리적이면서도 고객 니즈를 저격한 상품을 만들었습니다. 생산 위탁과 관련해서는 전문 품질 관리부를 설치하여 제품 검사에도 힘을 쏟습니다.

이 회사는 지금까지 SPA를 통해 '펑크 없는 자전거'나 '잘 깨지지 않는 식기', '한 손으로 쓸 수 있는 전자계산기' 등의 히트 상품을 만들어 냈습니다.

그림 4-1 카인즈의 SPA 모델

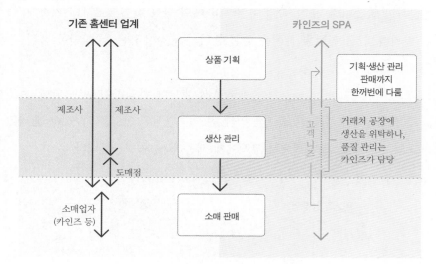

사례 2: 진즈

일본 안경 체인점 'JINS'를 운영하는 **진즈**는 SPA 방식으로 사업을 전개합니다.

이전의 안경 체인점에서는 제조사부터 판매에 이르기까지 유통의 여러 단계에서 각 업자가 이윤을 취했기 때문에, 렌즈를 포함한 안경 하나의 소매 가격이 수만 엔을 넘곤 했습니다. 또한, 고객에게 상품이 건네지는 데에도 며칠이나 걸렸습니다.

이러한 문제에 주목한 진즈의 창업자 다나카 진(田中仁)은, 한국에서 사들인 저렴한 프레임과 렌즈를 매장에서 조립하여 판매하기 시작했습니다. 그러나 동일한 비즈니스에 뛰어드는 기업이 생겨났기 때문에, 상품 기획을 독자적으로 수행하면서도 저렴한 안경을 제공하고자 SPA를 도입하게 되었습니다.

현재는 거의 모든 프레임을 자사 고유 모델로 설계하여 중국의 위탁 공장에서 생산하고 있습니다. 또한, 후쿠이현 사바에의 안경 장인으로부터 기술 지도를 받거나, 안경 연결 부분에는 일본제 나사를 사용하는 등 철저한 품질 관리에 힘씁니다.

또한, 현장의 인기 상품 정보를 재빠르게 생산에 반영하여 판매 기회 손실을 절감했습니다. 이러한 구조를 통해 진즈는 완성된 안경을 약 5,000엔(세금 별도)의 가격으로 그 자리에서 고객에게 제공하는 데 성공합니다.

그림 4-2 진즈의 SPA 모델

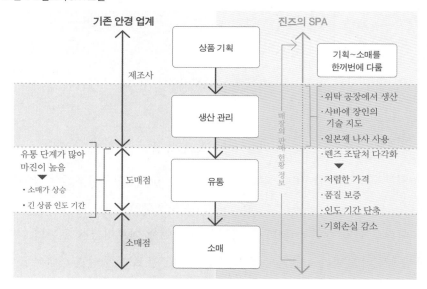

SPA의 성립 조건

(1) 현장 정보에 기반한 상품 기획 및 생산 관리

최종 소비자와의 접점에서 고객 니즈를 발견하고 이를 상품 기획에 반영할 수 있는 체제와 조직이 필요합니다. 또한, 현장의 인기 상품 정보나 재고 정보를 생산 관리에 반영할 수 있는 정보 시스템도 있어야 합니다.

(2) 품질 관리가 가능한 생산 위탁처 보유

위탁 방식으로 대량 생산하여 비용 절감을 꾀할 수 있어야 합니다. 그러므로 위탁 생산처를 관리하여 상품의 품질을 보장할 대책이 있어야 합니다.

(3) 공급망 전체를 관리·통제하는 구상력

원료 조달과 생산, 판매 등 광범위한 기능 관리가 필요하므로 공급망과 생산 위탁처 관리, 자사 담당 범위의 명확화 등, 공급망 전체를 최적화하고 설계할 수 있는 구상력이 있어야 합니다.

> **MEMO**
>
> SPA에서 매장의 인기 상품 정보나 재고 정보를 생산 현장이나 물류 현장에 반영하기 위해서는, (원료 조달부터 판매에 이르기까지) 정보 시스템을 활용한 공급망 관리가 중요한 역할을 합니다.

SPA의 함정

SPA에서는 생산이나 원료·부품 조달 등을 타사에 의존할 때가 잦으므로, 이 기업과의 관계가 악화되거나 거래처와 문제가 발생하여 생산 위탁이나 조달이 어려워지면 SPA 운영에 지장이 생깁니다.

또한, SPA를 채택하는 큰 장점 중 하나에는 대량 위탁 생산에 의한 비용 절감(또는 그 결과인 염가 판매)이 있습니다만, 고객 니즈를 충족하지 못하거나 고객이 싫증을 내기 시작하는 등의 이유로 **사업 규모를 확보할 수 없으면 비용 경쟁력이 저하됩니다.**

적용을 위한 질문

☑ 판매 현장의 정보를 기반으로 상품을 기획하고 생산을 관리할 수 있는 구조를 구축할 수 있는가?

☑ 생산을 위탁할 곳이나 원료·상품을 조달할 곳이 있는가?

☑ 공급망 전체의 관리와 개별 상품의 품질 관리가 가능한가?

☑ 사업 규모를 확보할 수 있을 만큼의 상품을 갖추는 것이 가능한가?

참고문헌

網倉久永·三輪剛也·斉藤昂平.「株式会社ジェイアイエヌ: 眼鏡業界における SPA事業モデル」(Sophia Business Case Series(SBCS), 2015)(https://dept.sophia.ac.jp/econ/data/SBCS2015_001C.pdf)

「カインズが目指す「SPA型ホームセンター」」商業界オンライン(http://shogyokai.jp/articles/-/1231)

「製造小売りへ変身中――カインズ, コーナン(ホームセンター成長再び)」NIKKEI MESSE(https://messe.nikkei.co.jp/rt/news/58204.html)

23

독자적인 방법으로 차별화한 특별 주문품
메이크 투 오더

Make to Order

Case Study

아이신정밀기기
덴소
미스미
올리버

- -

KEY POINT

● 고객의 주문을 받고 제품을 제조하므로 재고 위험이 없음

● 특별 주문품을 짧은 납기와 낮은 가격으로 제공하는 구조가 경쟁 우위가 됨

● 판매가와 원가의 균형을 맞추려면 일정 규모의 수요가 있어야 함

기본 개념

메이크 투 오더란 **고객의 주문을 받고 나서 제조를 시작하는** 비즈니스 모델입니다. 대표적인 예로는 자동차나 전기기기 제조사가 판매하는 제품의 부품을 개발·제조하는 공급업체를 들 수 있습니다. 토요타자동차의 경우, **아이신 정밀기기**나 **덴소**를 필두로 한 부품 공급업체를 일본 국내에만 219곳이나 두고 있습니다(2020년 시점).

공급업체는 제조사로부터 주문을 받고 부품 개발부터 제조까지를 하도급하므로 **재고 위험이 없다**는 장점이 있습니다. 매스 커스터마이제이션(p.142)과의 차이는, 대규모 수주를 통한 비용 경쟁력보다 **특별 주문품이면서도 납기가 짧으며 저렴한 가격에도 뛰어난 디자인을 제공하는 독자적인 구조**를 그 가치로 삼는다는 점입니다.

수주하고 나서 제품을 만드는 비즈니스 모델로는 컴퓨터 회사 델을 대표로 하는 수주 생산방식(BTO: Build To Order)도 있으나, 여기서는 **조립뿐 아니**

라 제품 가공도 모두 자사에서 수행하는 MTO(Make To Order)를 소개합니다.

이 비즈니스 모델의 특징은 다음과 같습니다.

- 수주 후에 제조를 시작하므로 비용 예측 용이
- 특별 주문품 제조를 효율화하려면 공장 입지나 물류망 정비가 중요
- 자사와 공급 기업 간의 제조 범위를 어떻게 정하느냐에 따라 수익 좌우

사례 1: 미스미

미스미는 공장 기계 부품이나 자동차, 전자기기의 금형용 부품과 같은 FA(Factory Automation) 관련 부품을 만드는 제조사입니다. 대만이나 중국의 부품 제조사가 대두하는 가운데도 미스미가 높은 경쟁 우위성을 계속 유지

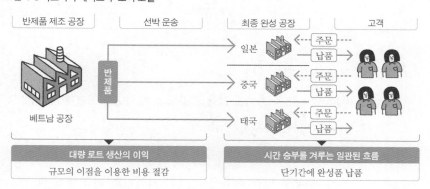

할 수 있던 것은 압도적으로 짧은 납기 때문입니다.

금형 부품의 주문 생산에는 통상 주문 후 1주일 단위의 기간이 필요합니다. 미스미는 납기를 단축하고자 반제품을 이용한 주문 생산이라는 독자적인 구조를 만들었습니다. 납기는 수주 시점부터 평균 2일 이내로, 업계에서는 이를 따를 곳이 없습니다.

여기서 반제품이란 외국 공장에서 절반만 완성한 대량 로트 생산 부품입니다. 이것을 거래처 기업이 있는 자사 거점에 보내 주문대로 가공하여 완성품을 만듭니다. 주문 시 미크론 단위로 크기를 지정할 수 있는데, 이 높은 정밀도도 미스미의 경쟁력 중 하나입니다. **반제품으로 완성품을 만듦으로써 재고를 최소한으로 줄이고 비용 절감과 납기 단축 모두를 실현**하는 것입니다.

또 하나의 경쟁 우위성은 영업·제조·물류의 연계입니다. 미스미의 생산 거점은 일본, 베트남, 체코 등 전 세계 23곳, 영업 거점은 아시아, 유럽, 북미에 64곳, 배송 센터는 전 세계 17곳이 있으며, 이 3가지를 연계하여 전 세계 규모의 납기 단축을 실현하고 있습니다.

그림 4-3 미스미의 메이크 투 오더 모델

[출처] 주식회사 미스미 그룹 홈페이지(https://www.misumi.co.jp/about/business.html)를 참고로 필자가 일부 수정

올리버는 공항 등의 **공공시설**이나 **의료시설, 호텔 등에 특별 주문 가구를 납품하는 제조사**입니다. 거래처의 요청 사항을 접수하고 나서 디자인이나 생산을 수행하는, **콘트랙트(contract)**란 이름의 **업무용 분야의 주문 생산방식**을 전문으로 합니다.

공항이나 박물관과 같은 공공시설에 설치할 가구에는, 내구성이나 편리함 등의 기능과 함께 그 시설에 어울리는 독창적인 디자인이 요구됩니다. 또한, 기성품에는 건물에 딱 맞는 크기가 좀처럼 없습니다. 건물을 돋보이게 하는 디자인 감각도 필요하므로 메이크 투 오더에 어울리는 제품이라 할 수 있습니다.

올리버는 협의를 거듭하여 거래처가 원하는 형태나 색, 의장을 반영한 디자인 샘플을 만들고, 품질을 확인한 다음 대량 로트 생산을 시작합니다. 이와 함께 인테리어 제안이나 시공도 실시합니다.

메이크 투 오더의 성립 조건

(1) 자사의 제품 개발·제조 능력

자사에 거래처의 니즈를 충족할 제품 개발·제조 능력이 있어야 한다는 것이 대전제입니다. 그리고 모든 시설이나 설비를 자사가 보유하지 않았을 때도 제휴할 수 있는 제조 협력사를 확보해 두는 것이 중요합니다. 그런 다음 어떻게 해서 낮은 비용으로 개별 거래처의 니즈에 응해 생산하는 구조를 구축하는지가 성패를 가릅니다.

(2) 영업과 제조, 물류 각 부문의 긴밀한 연계

메이크 투 오더의 어려움은 원가와 판매가의 균형에 있습니다. 앞으로 출시할 제품 일부를 생산할 때는 거래처의 영업 실적 변화에 따른 수주액의 변동이나 개발·제조 도중의 사양 변경이 발생할 수 있습니다. 그러나 거래처의 요구를 모두 받아들이면 자사 수익에 위협이 됩니다. 이를 회피하려면 영업, 개발, 제조 부문이 긴밀하게 연계할 수 있는 조직 구조를 만들어야 합니다.

(3) 압도적인 경쟁 우위성

후발 기업의 진입을 막는 장벽을 유지하기 위한 '선택과 집중'이나 '규모의 우위'가 지속적인 성장의 조건입니다. 예를 들어 대만의 **폭스콘**(홍하이그룹)은 1970년대 후반부터 금형 제조기 구매에 투자하여 자사 자원의 기반을 다진 뒤, 1990년대 컴퓨터 시장 규모 확대라는 물결을 타고 급성장했습니다. 이처럼 자사가 집중해야 할 사업을 결정하고 운영 능력을 높여 대규모 생산에도 대응할 수 있는가가 성공의 열쇠입니다.

메이크 투 오더의 함정

이 비즈니스 모델은, 거래처의 영업 실적 변화에 따라 생산 규모에 큰 영향을 받습니다. 그러므로 수익 지속성을 유지하기 위한 **전략적인 협력사 선택**이 필요합니다. 또한, 후발 기업이 저비용으로 진입 가능하므로 **특허 확보 등** 자사의 경쟁 우위성을 유지하는 것이 중요합니다.

적용을 위한 질문

☑ 주요 거래처의 수요에 부응하는 생산 운영을 준비할 수 있는가?

☑ 높은 품질, 비용 삭감, 빠른 납기를 이룰 수 있는 생산 공정, 업무 흐름을 실현할 수 있는가?

☑ 거래처의 시장에 지속성이 있는가?

☑ 자사만 할 수 있는 생산 운영 구조나 특허 등을 확보할 수 있는가?

 참고문헌

마이클 트레이시, 프레드 위어시마. (1997). 마켓 리더의 전략(이순철 옮김). 김앤김북스

24 돌고 돌아 부활한
직판

Direct Selling

Case Study

델
팩트리에

KEY POINT

- 제조원이 고객에게 직접 판매(도매업자가 중개하지 않음)
- 도매업자나 외부 매장의 이윤이 발생하지 않으므로 비용 억제 가능
- '시간 단축'이나 '커스터마이징' 등 새로운 가치를 창출할 수 있는가가 열쇠

기본 개념

직판이란 제조 기업이 도매업자를 거치지 않고 고객에게 직접 제품을 판매하는 비즈니스 모델입니다. 이전부터 있었던, 공장에 매장을 병설하여 제품을 직접 판매하는 기업이나 채소 무인 판매소도 이 모델입니다. 도매업자나 중개인의 마진을 없애 수익을 늘리고, 이를 공장 설비 증설이나 제품 품질 향상에 투자할 수 있습니다.

직판의 주요 특징은, 도매업자가 중개하지 않고 제품 기획, 제조, 마케팅, 영업까지 한 회사가 원스톱으로 수행한다는 것입니다.

그러나 대량 생산·대량 소비 시대가 되면서 제조와 조달, 상품 기획과 영업 등을 분리하여 가치 사슬을 형성하는 쪽이 시간 면에서나 비용 면에서 보다 효율적이게 되었습니다. 여러 기업이 하나의 그룹으로서 연계하여 재료 조달이나 판로 개척 등 각각의 공정을 담당하는 수평통합 구조는, 제조에 특화한 중소기업(제조원)에 안정된 수익을 제공했습니다.

디지털 시대가 되자, 온라인 쇼핑 사이트를 통해 제조원이 소비자와 직접 연결됨에 따라 분업이 더 세분화하면서 결제는 신용카드사, 배송은 물류 회사와 같이, '개별 전문 기업'을 그물망처럼 연결한 에코시스템(p.95)으로 이행했습니다. 인터넷에서는 누구에게나 직접 판매할 기회가 있기에, 기업으로서는 제품을 제공할 때 '어떻게 새로운 가치를 만들어 낼 수 있을까'가 중요해집니다.

사례 1: 델(Dell)

1984년 미국 텍사스주에서 창업한 **델**은 컴퓨터 부품이 규격화되어 있어 조립이 가능하다는 점에 착안하여, **통신 판매로 고객으로부터 주문을 받아, 한 사람 한 사람의 희망에 맞춰 외부에서 부품을 조달하여 완성품을 배송하는** 비즈니스를 시작했습니다. 당시 획기적이었던 이 비즈니스 모델은 다이렉트 모델이라 불렸고, 창업 시 자본금이 불과 1,000달러였던 델은 1998년에는 컴퓨터 판매 대수 세계 2위의 기업으로 성장했습니다.

고객으로서도 커스터마이징된 제품을 싼 가격에 살 수 있으며, 델은 재고 부담을 떠안지 않기 때문에 양쪽 모두에게 큰 장점이 있었습니다. 1990년대 후반에 통신 판매에서 인터넷 판매로 옮긴 후로는 고객의 과거 구매 데이터를 관리하고, 이를 참고하여 업무나 용도에 필요한 기종을 적절하게 조달하는 서비스도 제공하고 있습니다.

사례 2: 팩트리에(Factelier)

2012년에 창업한 **팩트리에**는 일본 국내 **의류 공장과 제휴하여 제조한 제품을, 원가의 2배 가격에 매장 판매하는** 의류 제조사입니다. 그 특징은, 공장에서 구매한 제품을 자사 매장에서 직판하는 직판 대행입니다. 팩트리에는 공장 측에 디자인, 마케팅, 매장 판매 일체를 제공하고, 제조 원가와 동일한 금액을 자사 이익으로 얻습니다.

팩트리에의 거래처는 유명 브랜드 기업이 위탁 생산을 맡길 정도로 높은 기술력을 보유한 공장입니다. 고객에게는 고품질 제품을 저렴한 가격에 제공하고, 공장에는 기술과 원료에 걸맞은 적정 수익을 제공하는 이 사업은, 일본 국내 의류 시장 규모가 1990년대의 15조 엔에서 2000년대 10조 엔으로 급속하게 축소되는 가운데 새로운 비즈니스 모델로 주목받고 있습니다.

그림 4-4 **팩트리에의 직판 대행**

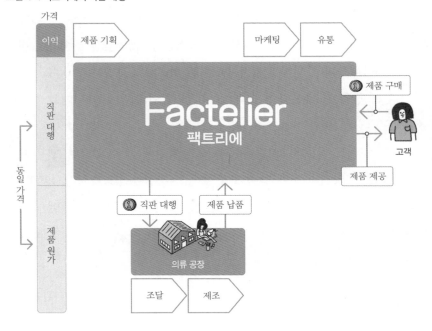

[출처] 팩트리에 홈페이지(https://factelier.com/aboutus/)를 참고로 필자가 일부 수정

직판의 성립 조건

델의 사례처럼 통신 판매나 온라인 판매를 직접 운영함으로써 '**직접 판로 (도매를 거치지 않는)를 개척할 수 있는가'가** 조건이 됩니다. 디지털 시대가 되면서 기업이 온라인 쇼핑 사이트를 운영할 기회는 증가하고 있습니다. 한편으로 판로 확보가 부담이 되는 경우에는, 팩트리에와 같은 대행 서비스가 성립하기도 합니다.

직판의 함정

직판 비즈니스 모델은 구조가 간단하므로 따라 하기가 쉽습니다. 그러므로 제품 품질이나 오리지널리티(독창성) 등의 차별화는 물론, '납품까지의 시간'이나 '커스터마이징 능력', '제품에 부여된 스토리' 등, 새로운 가치를 창출하는 것이 중요합니다.

조직 면에서는 가치 사슬 중 한 공정으로서 제조를 담당해 온 경우라면, 마케팅이나 영업 노하우가 부족하기 때문에 직판을 수행하는 데 필요한 인력을 채용할 수 있는가를 전략적으로 고려해야만 합니다.

결제나 배송 등 외부 기업과 에코시스템을 형성할 때는 차질없이 운영할 수 있도록 '기업 간 상호 의존을 촉진하는 유인책은 무엇인가?'를 파악해야 합니다. 유인책으로는 경쟁 상대와 비교했을 때의 수익 배분율이나 신규 고객 확보, 인지도 향상 등을 들 수 있습니다.

 적용을 위한 질문

☑ 자사에 높은 제품 제조 능력이 있는가?

☑ 도매를 거치지 않는 판로 개척이 가능한가?

☑ 경쟁 상대의 모방을 저지할 수 있는 높은 독자성을 비즈니스 모델 안에 만들 수 있는가?

📖 참고문헌

Dell, M. (1999). *Direct From Dell: Strategies That Revolutionized an Industry*. Harper Business Review

経済産業省製造産業局.「アパレル·サプライチェーン研究会報告書」(2016)(http://www.meti.go.jp/committee/kenkyukai/seizou/apparel_supply/report_001.html)

투자는 줄이고 품질은 높이는
OEM
Original Equipment Manufacturing

25

Case Study

자동차 제조사
세포레

KEY POINT

- 제조원과 판매원이 다름
- 판매원은 제조 기업명을 드러내지 않고 자사 브랜드로서 판매
- 제조원은 다양한 기업으로부터 제조 프로세스만을 수주하므로 설비 투자, 운영 효율화를 꾀할 수 있음

기본 개념

OEM이란 **제품 제조를 타사(제조원)에 위탁하고, 이 제품을 자사(판매원) 브랜드로 판매하는 비즈니스 모델입니다.** 대형 마트나 편의점에서 판매하는 PB(Private Brand) 상품 대부분은 이 비즈니스 모델을 채택한 것입니다.

OEM의 주요 특징은 다음과 같습니다.

- 도매업자의 중개 없이 제품 기획, 제조, 마케팅에서 협력
- 판매원은 상품 기획, 홍보, 판매에 주력
- 제조원은 대규모 제조를 위한 설비나 기기 정비에 주력
- 제조원이 상품을 개발하는 경우도 있음

판매원이 OEM을 선택하는 이유는 **전문 기술을 보유한 제조 기업과 협력함으로써, 자사에서는 개발할 수 없는 제품 분야에 진출할 수 있다**는 데 있습니다. 예를 들어 병원이나 피트니스 클럽에서 판매하는 오리지널 화장품에는 '의약

외품'이라 표시한 제품이 있습니다. 이는 당국이 허가한 건강이나 미용에 효과적인 성분이 어느 정도 배합된 것입니다. '의약외품'인 화장품을 제조하려면 효과·효능 실험이나 안전성 실험이 필요합니다. 그러므로 생산 설비뿐 아니라 실험 장치나 전문 인력을 갖춘 제조원과 제휴할 수 있다면, 비용을 낮춰 고품질의 제품을 만들 수 있습니다.

사례 1: 토요타와 다이하쓰

OEM 사례로 널리 알려진 것이 자동차 제조사입니다. 일본 자동차 제조사 대부분이 타사에서 제조한 차량에 부분적인 변경을 가한 뒤, 판매사의 엠블럼을 붙인 차종을 제공하고 있습니다.

예를 들어, **토요타**가 판매하는 경차 '픽시스 에포크'는 **다이하쓰**가 제조한

'미라이스'의 차명과 엠블럼을 바꾼 것입니다. **토요타는 자체 경차 생산 설비가 없는 관계로, 경차를 잘 만드는 다이하쓰에서 차량을 구입해 판매하고 있습니다.** 그 밖에도 토요타가 판매하는 경차에는 다이하쓰가 만든 차체가 몇 종류 있습니다.

각 자동차 제조사는 차량 개발 기술을 갖추고 있지만, 새로운 차종을 개발하려면 1,000억 원 이상의 비용이 들기 때문에 자사 고객 니즈에 두루 부응하는 서비스로서 OEM을 실시하고 있습니다. 한편 자사 차량을 타사 브랜드로 판매하는 제조원은, 커다란 고객 기반과 판로가 있는 판매원과 제휴하여 자사 제품의 유통을 늘린다는 이점을 누립니다.

사례 2: 세포레

매월 신제품이 쏟아지는 편의점 디저트도 OEM의 대표적 예입니다. 일본 세븐일레븐이 판매하는 디저트의 약 50%를 개발·제조하는 **세포레**(모리나가유업의 그룹사)는 하루 12만~15만 개의 디저트를 제조하여, 수도권에서만 2,500개 지점에 납품합니다.

판매원인 **세븐일레븐**은 대규모 공장을 가진 기업과 제휴하여 제조에 드는 비용을 줄이고, 그만큼 물류·유통과 기획에 집중할 수 있게 됩니다. 한편 제조원 세포레는 대규모 편의점 체인의 판매 규모를 전제로 한 규모의 경제 효과 (p.340)에 따라 소액이지만 안정된 수익을 얻을 수 있습니다.

그림 4-5 셰포레의 OEM

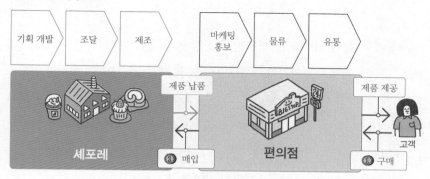

기획 개발　조달　제조　　마케팅 홍보　물류　유통

제품 납품　　　　제품 제공

셰포레　　🅼 매입　　편의점　　🅼 구매　　고객

MEMO

OEM은 판매원·제조원 양자 모두에게 이점이 있을 뿐 아니라, 고객에게도 '저렴한 가격으로 좋은 품질의 상품을 살 수 있다'는 이점이 있습니다.

OEM의 성립 조건

(1) 일정 규모의 판매를 예상할 수 있는 시장

판매원에 이미 일정 수의 고객 기반이 있으며, 새로운 제품 종류를 추가했을 때의 수요를 예상할 수 있어야 한다는 것이 조건입니다(예: 피트니스 클럽에서 오리지널 영양 드링크를 판매).

(2) 판매원의 강한 브랜드 파워

판매원 기업에 인지도와 신뢰가 있고, 고객의 구매 의사결정에 해당 브랜드가 영향력을 가져야 합니다(예: 외국계 패션 브랜드가 화장품을 판매).

OEM의 함정

자동차와 같이 판매원이 제조원과 동일 제품을 판매하는 경우, **판매원의 브랜드 파워가 약해지면 가격이 더 저렴한 제조원 제품으로 고객이 이동할 위험**이 있습니다. 따라서 판매원은 브랜드 파워를 유지하기 위한 마케팅이나 홍보에 투자하는 비용과 OEM에 의한 제조 비용 삭감분 간의 균형을 끝까지 확인해야 합니다.

또한, **제조원은 비슷한 제품을 여러 기업에 제공할 수 있으므로 타사의 진입 장벽이 낮다는 것**도 OEM의 특징입니다. 차별화를 통해 경쟁력을 유지하려면 자사에 개발 부문을 두고 경쟁사가 흉내 낼 수 없는 상품이나 기술을 지니는 편이 좋습니다.

> **MEMO**
>
> OEM에서는 자사의 브랜드 파워와 개발 능력이 타사와의 차별화가 됩니다. 이런 점에서 자사의 높은 제조 능력이 경쟁력의 기반이 되는 직판(p.201)과는 정반대의 모델이라 할 수 있습니다.

적용을 위한 질문

- ☑ 대규모 고객 기반이 있는가?
- ☑ 새로운 제품 종류를 추가해도 일정한 판매 수량을 예상할 수 있는가?
- ☑ 자사의 브랜드 파워가 고객의 구매 의사결정에 영향을 주는가?
- ☑ 자사에 높은 개발 능력이 있는가?

26

새로운 가치를 만드는 새로운 방법

오픈 비즈니스

Open Business

Case Study

라이온　　교세라

세콤　　　레고

KEY POINT

- 연구개발 단계에서 타사나 소비자 커뮤니티와 제휴하여 자사만으로는 못 이루는 새로운 가치 창출
- 가치 창출 프로세스에서 누가 어떤 부분을 담당하는지가 중요

기본 개념

오픈 비즈니스란 통상 자사만으로 수행하던 연구개발을, 다른 기업이나 때에 따라서는 소비자와 제휴하여 개별 기업에서는 이룰 수 없는 가치를 창출하는 비즈니스 모델입니다. 일본에서는 최근 적극적으로 타사와 손을 잡는 기업이 많아졌습니다. 예를 들어 2018년에 **라이온**이 **교세라**와 함께 개발한 유아용 전동 칫솔 'Possi'는 전동 칫솔의 진동을 이용한 골전도 기술을 활용하여 이를 닦는 아이만 음악을 들을 수 있게 한 획기적인 제품입니다. Possi는 서로의 기술, 즉 라이언의 칫솔과 교세라의 소형 압전 세라믹 소자를 합쳐 만든 것입니다.

오픈 비즈니스의 주요 특징은 다음과 같습니다.

- 개발 분야에 자사 이외의 기업을 초청하여 새로운 가치를 창조
- 참여 기업의 역할을 구조화할 수 있다면 큰 시장을 창출할 가능성이 있음

오픈 비즈니스와 비슷한 개념으로 오픈소스(p.395)가 있습니다. 오픈소스

의 '소프트웨어 개발 데이터를 공개하여 여러 기업이나 소비자 커뮤니티와 공유함으로써 제품을 혁신한다'는 점은 오픈 비즈니스와 마찬가지입니다만, 오픈 비즈니스의 주요 개념인 오픈 이노베이션을 주창한 헨리 체스브로(Henry W. Chesbrough) 교수는 "오픈소스에는 비즈니스 모델이 결여되어 있을 때가 잦다"고 지적하고 있습니다. 따라서 여기서는 연구개발 단계부터 외부와 제휴하여 시장에 유통할 비즈니스 모델 개발까지 수행하는 것을 오픈 비즈니스라 부르겠습니다.

사례 1: 세콤

기업이나 일반 가정에 보안 서비스를 제공하는 **세콤**은 방범 활동 경험에서 얻은 지식과 데이터를 바탕으로 다양한 기업과 함께 새로운 보안 제품·서비스를 개발하고 있습니다.

예를 들어, 이 회사는 종래의 방범 카메라로는 볼 수 없었던 범위의 경비를 실현하고자 신에너지·산업기술종합개발기구(NEDO), KDDI, 테라드론과 제휴하여 **드론으로 원격 촬영한 화면을 4G LTE 회선으로 송신하는 실험을 진행** 중입니다. 이 프로젝트는 세콤의 경비 시스템, **테라드론의 무인 항공기 운항 관리 기술, KDDI**의 네트워크 기술을 이용하여 공동 개발되었습니다.

세콤은 그 밖에도 **소니**와 함께 **개 모양 로봇 'aibo'**를 이용한 가정 방범 시스템 개발이나, 창유리 제조사 **AGC**와 함께 **방범 센서를 내장한 유리 개발** 등을 진행 중입니다.

사례 2: 레고

"기업과 고객 커뮤니티 간에 오픈 이노베이션을 실행한다"라는 독특한 전략으로 성공한 기업이 덴마크 완구 제조사 **레고**입니다. 레고는 회사 외부인이 블록을 이용하여 만든 재미있는 오리지널 작품을 LEGO IDEA라는 사이트에 공개하면, 그중 팬 투표로 1만 표 이상 얻은 것을 실제로 상품화합니다. 그리고 해당 작품 투고자에게 매출 일부분을 인센티브로 지급합니다.

이런 시스템을 통해, 레고는 비틀즈의 앨범 재킷 사진을 재현한 레고 모형 키트와 같은 화제작을 끊임없이 탄생시키고 있습니다. LEGO IDEA로 그때까지 레고 고객이 아니었던 성인층 시장을 개척하는 데 성공한 레고는,

2014년 세계 최대 완구 기업이 되었습니다.

그림 4-6 LEGO IDEA의 오픈 비즈니스 모델

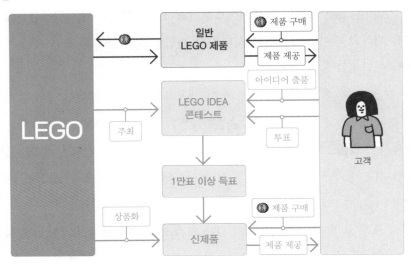

오픈 비즈니스의 성립 조건

(1) 자사와 외부 기업 간 사업상의 분리 존재

함께 새로운 가치를 개발할 경우, 그 가치를 수익화하는 프로세스에서 자사와 타사의 전문 분야가 다른 경우에만 공존공영이 실현됩니다. 제휴할 기업 수가 늘어날수록 누구의 기술이 비즈니스 모델의 어떤 부분에서 가치를 만드는가를 미리 설계하는 것이 중요해집니다.

(2) 제품이나 서비스 개발에 관련된 협력사로의 확장

자사의 핵심 기술을 여러 기업의 서비스나 물류와 조합할 수 있다면 오픈 비즈니스의 적용 범위를 확장해 갈 가능성이 높아집니다.

오픈 비즈니스의 함정

개발 아이디어 단계부터 복수 회사가 의견을 내는 이 비즈니스 모델에서는 자사가 아직 특허를 취득하지 못한 구상이나 기술 정보를 공개할 수 있습니다. 이때 **지적 재산권이 외부로 유출될 위험**에 처하게 되므로, 사전에 정보 공개 범위나 비밀 유지 의무 협의를 신중하게 진행해야 합니다.

또한, 수익 분배를 참여한 모든 기업이 납득 가능한 비율로 결정할 수 있는지 여부가 새로운 제품이나 서비스를 실현하는 데 중요합니다. 체스브로 교수에 따르면, "최초 아이디어를 제안한 곳, 또는 아이디어를 활용할 수 있는 가장 중요한 비즈니스 모델을 고안한 곳이 우선권을 갖는 것이 타당"하다고 합니다.

적용을 위한 질문

- ☑ 외부 기업과 아이디어를 공유하여 새로운 제품이나 서비스를 개발할 수 있는가?
- ☑ 자사와 외부 기업과의 적절한 수익 배분이 가능한가?
- ☑ 타사와의 제휴에 효율화나 유통망 확대 등의 장점이 있는가?

 참고문헌

헨리 체스브로. (2003). 오픈 이노베이션(김기협 옮김). 은행나무

Chesbrough, H., Vanhaverbeke, W. & West, J. (2006). *Open Innovation: Researching a New Paradigm.* Oxford University Press

27

소비자가 제품 개발에 참여하는
프로슈머
Prosumer

Case Study

마루이
양품계획(무인양품)
minne

KEY POINT

- '프로듀서'와 '컨슈머'로 이루어진 조어
- 기업의 제품 개발에 관여하거나 직접 제품을 판매하는 소비자를 지칭
- 프로슈머가 정보를 올릴 수 있는 인프라나 주제를 정비하는 것이 중요

기본 개념

프로슈머란 '**프로듀서(Producer, 생산자)**'와 '**컨슈머(Consumer, 소비자)**'를 합친 말입니다. 미래학자 앨빈 토플러(Alvin Toffler)는 1980년 저서 《제3물결(The Third Wave)》에서 생산과 소비를 일체화한 새로운 형태의 생활을 하는 사람을 '프로슈머'라 불렀습니다.

특히 최근 인터넷 인프라가 갖추어지면서 소비자가 기업에 직업 목소리를 전달하는 일이나 소비자가 직접 자신의 작품을 인터넷에서 판매하는 것이 가능해짐에 따라 프로슈머의 존재가 주목받고 있습니다. 이처럼 프로슈머의 참여에 따라 제품 개발이나 제품 개량이 이루어지는 것을 유저 이노베이션 (user innovation)이라 합니다.

오늘날 프로슈머에는 크게 다음과 같은 2가지 유형이 있습니다.

(1) 기업의 제품 개발에 관여하는 소비자

소비자의 가치관이 다양해지면서 기업이 이용자 니즈를 정확히 파악하는 것이 곤란해졌습니다. 이에 기업의 제품 개발에 소비자가 참여하도록 함으로써 그 목소리를 이해하려는 시도가 널리 퍼졌습니다. 이러한 움직임을 **소비자 참가형 제품 개발**이라 합니다.

예를 들어 일본의 유통 업체 마루이는 **슈즈 라보 플러스 by 0101**(마루이)라는 커뮤니티를 운영하면서 고객의 의견을 살린 개인 브랜드 신발의 상품 기획을 진행하고 있습니다.

(2) 직접 상품을 개발하고 판매하는 소비자

기업의 제품 개발에 관여하는 것이 아니라 **손수 제품이나 서비스를 개발하고 이를 직접 판매하려는** 사람이 점점 생겨나고 있습니다. 예를 들어 스마트폰 앱은 개인 차원에서도 개발 가능하며, 이를 앱스토어나 구글 플레이스토어에서 판매할 수도 있습니다. 또한, 카카오톡, 라인 등 SNS 메신저의 여러 이모티콘도 개인이 직접 만들어 판매할 수 있습니다.

사례 1: 양품계획 'IDEA PARK'

의류와 생활용품, 인테리어 제품 등을 취급하는 브랜드 무인양품(MUJI)을 운영하는 **양품계획**은, **2001년부터 인터넷의 고객 커뮤니티를 활용한 소비자 참가형 제품을 개발**해 왔습니다. 이를 통해 '몸에 꼭 맞는 소파'나 '들고 다니는 전등' 등의 히트 상품 등이 태어났습니다.

지금도 이 회사는 웹사이트 IDEA PARK를 통해 소비자의 목소리를 듣고, 이를 활용하여 제품을 개발합니다. 2015년에는 연간 4,600건의 상품 요청을 소비자로부터 받아 실제로 약 100개의 상품에 이 목소리를 반영했습니다. 이와 함께 아이디어를 낸 회원에게는 MUJI 마일리지를 지급하여 참가를 장려하고, 고객을 상품 개발에 끌어들이고 있습니다.

사례 2: minne

인터넷 서비스 업체인 **GMO 페파보**가 운영하는 minne는, **직접 만든 공예품이나 수제품을 판매·구매할 수 있는 일본 최대 웹서비스**입니다. 이 사이트에서는 소비자가 직접 만든 수제 작품이나 재활용 작품을 판매하고 수익을 올릴 수 있습니다. 개인이 만든 재활용 액세서리나 인테리어 소품, 예술 작품, 작품 제작용 소재 등이 판매되고 있으며, 인기 작가가 되면 월 수백만 원 이상의 수입을 올릴 수 있습니다. 이때 회사는 소비자 간 매매 대금의 일부(10%)를 수수료로 얻습니다.

그림 4-7 minne의 수익 모델

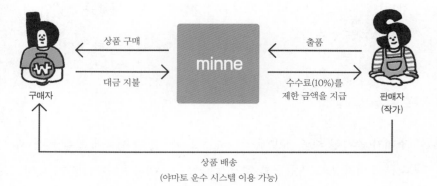

프로슈머의 성립 조건

(1) 정보를 유통할 인프라와 기술 정비

네트워크 인프라는 물론, SNS나 커뮤니티 사이트와 같이 프로슈머가 정보를 공유할 수 있는 매체 혹은 기업과 쌍방향 의사소통이 가능한 매체가 필요합니다. 또한, 앱 개발과 같은 소비자가 이용할 수 있는 기술이 개방되어 있는 것도 중요합니다.

(2) 프로슈머가 참여할 수 있는 주제

프로슈머에 있어 장벽이 높은 전문적인 주제를 설정하면 프로슈머가 정보를 생산할 수 없게 됩니다.

(3) 활동 참가의 동기가 되는 인센티브

프로슈머의 활동 계기가 되는 인센티브를 설계하되, 과도한 제약이나 규칙을 만들지 않는 것이 바람직합니다. 이때 반드시 금전적인 인센티브일 필요는 없습니다. 프로슈머의 인정 욕구를 채워 주는 것이 더 중요할 때도 흔합니다.

프로슈머의 함정

소비자 참가형 제품 개발에 참가하는 프로슈머는 제품에 관한 의견 제시나 다른 소비자와의 교류 등을 목적으로 하는 자발적 참여가 대부분입니다. 그러므로 기업이 활동에 대해 엄격한 규칙이나 과도한 제약을 만들거나 경제적인 인센티브만 제공하고자 한다면 프로슈머의 활동이 침체될 염려가 있습니다.

또한, 프로슈머의 의견이나 아이디어 모두가 비즈니스에 유익한 것은 아닙니다. 따라서 기업은 좋고 나쁨을 정확히 구별할 수 있어야 합니다.

적용을 위한 질문

- ☑ 자사의 상품 기획에 프로슈머의 의견이 필요한가?
- ☑ 프로슈머의 활동을 지원할 인프라나 기술이 있는가?
- ☑ 프로슈머의 활동을 촉진할 인센티브 제도를 마련했는가?
- ☑ 프로슈머의 의견이나 아이디어를 검증할 수 있는 구조가 있는가?

참고문헌

앨빈 토플러. (1989). 제3물결. 한국경제신문사

小川進. 『ユーザーイノベーション: 消費者から始まるものづくりの未来』(東洋経済新報社, 2013)

「顧客の声を集めて商品化！年間4,600件もの声を集めた, 無印良品の『IDEA PARK』運営術」(SELECK, 2016) (https://seleck.cc/867)

28

외부인에게 팔게 하는
어필리에이트
Affiliate Marketing

KEY POINT

- 개인이 자신의 블로그나 사이트 등에서 제품 영업을 대행
- 고객이 제품을 구매하면 소개한 개인에게 대가를 지급하는 윈-윈 구조
- 제품 소개를 요청하기 위해서 매력적인 보수 제도를 검토해야 함

기본 개념

어필리에이트란 개인의 블로그나 웹사이트 등에 기업의 제품 배너 광고를 게재하여 자사의 온라인 쇼핑 사이트로 고객을 불러오는 운영 모델입니다. 어필리에이트(Affiliate)라는 용어는 **'제휴하다'**, **'가맹하다'**라는 뜻입니다. 그리고 배너 광고란 웹페이지 한쪽에 표시되는 광고를 말합니다. 이 모델은 인터넷 보급과 함께 급속히 융성했습니다.

어필리에이트의 주요 특징은 다음과 같습니다.

- 자사 제품의 영업을 외부의 개인이 대행(고객 접점 확대)
- 제품이 팔리면 자사와 영업을 대행하는 개인 모두가 수익을 얻음

어필리에이트는 성과 보수 방식(p.264)입니다. 우선 고객이 어필리에이터(광고를 게재하는 개인이나 기업)가 운영하는 블로그나 사이트를 방문합니다. 그리고 그 안의 광고를 클릭하여 광고주 기업의 사이트로 이동한 다음, 그곳에서

제품을 구매한 시점에 보수가 발생합니다.

　콘텐츠 사이트에 광고를 게재하는 비즈니스 모델은 그 밖에도 디지털 애드 (광고 모델, p.334)가 있지만, 여기서는 **광고를 클릭하기만 해도 보수가 지급됩니다**. 이에 비해 어필리에이트는 보수를 얻기가 쉽지 않으므로 광고주의 수요는 많음에도 게재 건수가 예정 건수에 못 미칠 때도 있습니다.

　어필리에이트의 **보수 단가는 제품에 따라 다릅니다.** 예를 들어 아마존에서는 제품의 종류에 따라 성과 보수 비율이 정해집니다. 이 책 집필 시점에 보수가 가장 높은 것은 '아마존 비디오(대여·구매)'와 '아마존 코인 판매'로, 어필리에이터에게 지급하는 보수는 판매가의 10%입니다. 한편, 책이나 문방구, 주방용품 등은 3%, CD나 블루레이, 게임 소프트웨어는 2%입니다.

어필리에이트를 통하여 제품을 판매하면 고객이 자사 사이트에 방문하게 된 계기나 동기, 유효한 홍보 방법 등에 관한 정확한 데이터를 자세하게 얻을 수 있습니다. 이런 점에서 어필리에이트에는 최저 투자로 영업, 홍보, 마케팅을 수행할 수 있다'는 또 하나의 특징이 있다고 이야기됩니다.

사례 1: 아마존

디지털 시대의 어필리에이트 모델을 보급한 것은, 미국에서 1996년에 시작한 아마존 어소시에이츠 프로그램이라 할 수 있습니다. 처음에는 책이나 영화·음악 패키지가 그 대상으로, 고객이 어필리에이트 글을 보고 아마존 사이트에 방문해 실제로 상품을 구매하면 보수를 지급했습니다.

등록이 무료인 아마존 어소시에이츠 프로그램에 참가하면, 아마존이 준비한 광고 배너나 링크 디자인을 이용할 수 있으므로 누구든지 쉽게 어필리에이트를 시작할 수 있습니다. 많은 어필리에이터를 모으려면 이처럼 **사용하기 편리한 시스템**을 마련하는 것도 무척 중요합니다.

또한, 아마존은 **취급 상품이 다양**하다는 것도 매력의 하나입니다. 책이나 음악 패키지, 가전제품, 아웃도어 제품 등 일본 아마존만 하더라도 소개 대상 제품이 1억 종 이상이기 때문에, 다양한 분야의 사이트 운영자를 어필리에이터로서 모을 수 있었습니다.

사례 2: A8.net

A8.net은 대형 광고주를 어필리에이터에게 소개하는 광고 대리 비즈니스를 운영하는 기업입니다. 라쿠텐, 이토요카도, 퍼스트리테일 등, 여러 일본 대기업

이 광고주로 이름을 올리고 있습니다.

A8.net이 운영하는 광고 대리 비즈니스는 ASP(Affiliate Service Program)라 불리는데, 앞서 본 아마존 어필리에이트 프로그램과는 다릅니다. ASP는 광고주 소개뿐 아니라 블로그 사이트 운영이나 광고 배너 제공 등, **개인이 웹사이트를 시작할 때의 비용과 시간의 절감도 서비스로서 함께 제공하고 있습니다.** 또한, 개인 사이트에서 기업 사이트로의 이동수나 구매 이력 관리, 기업에의 보수 청구 등의 운용도 ASP가 담당합니다.

ASP의 수익원은 광고 게재 대리 요금입니다. 광고 대상 기업의 제품이 팔리면 팔릴수록 수익을 얻을 수 있기 때문에, '**유명 기업과 계약을 맺을 수 있는가**', '**많은 계약 기업을 모아 제품 범주를 확대할 수 있는가**'가 수익을 좌우합니다.

그림 4-8 A8.net의 어필리에이트 모델

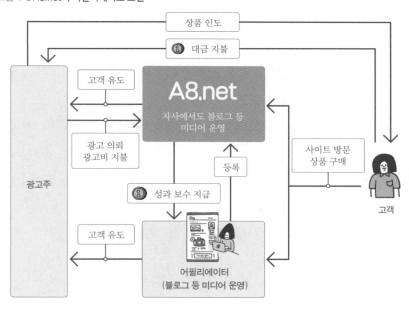

[출처] A8.net 홈페이지(https://www.a8.net/affiliate.html)를 참고로 필자가 일부 수정

어필리에이트의 성립 조건

(1) 자사 온라인 쇼핑 사이트 보유

어필리에이트의 역할은 어디까지나 고객을 자사로 데려오는 것입니다. 그러므로 먼저 자사가 온라인 쇼핑 사이트를 보유하고 있어야 한다는 것이 조건입니다. 특히 전자상거래 전문이라 오프라인 매장이 없는 기업이라면, 어필리에이터의 글이나 입소문이 구매를 검토하게 되는 계기가 되는 이 비즈니스 모델이 적합합니다.

(2) 경험이 구매 의사결정에 영향을 주는 제품 및 서비스

어필리에이트가 고객을 모을 수 있는 제품은 퍼스널 트레이닝이나 영어 회화 강좌 등 목적 달성 수준이 고객마다 다른 서비스나, 컴퓨터처럼 원하는 기능을 갖추고 있는지 사용(경험)하지 않으면 알 수 없는 제품, 이른바 경험재입니다. 이 경우, 어필리에이터 자신의 경험이나 평가를 적은 블로그가 구매 의사결정에 영향력을 지닙니다.

예를 들어, 어필리에이트 보수가 높게 설정된 상품의 예로 '결혼중개서비스'나 '탈모 치료' 등이 있습니다. 이런 상품은 결과적으로 지불해야 할 액수에 걸맞은 가치를 얻을 수 있는가, 얻기 위한 과정은 어떠한가를 기업이 내보내는 광고만으로는 판단하기 어려워, 경험을 자세하게 글로 설명해 주는 어필리에이트 쪽이 어울리기 때문입니다.

(3) 고가이거나 초기 비용이 높은 제품 및 서비스

자사 제품이나 서비스가 고가인 경우에도 어필리에이트를 통해 매출을 올릴 수 있습니다. 앞서 본 퍼스널 트레이닝이나 영어 회화 강좌,

결혼중개서비스는 가입비만 해도 수십만 원에 달할 때가 드물지 않습니다. 초기 비용의 부담이 크고 지속적으로 이용해야만 결과를 볼 수 있는 제품이라면, 경험자의 에피소드가 고객에게 설득력이 있습니다.

어필리에이트의 함정

어필리에이트에서는 자사의 광고를 글에 게재해 주는 글쓴이(어필리에이터)의 수가 많으면 많을수록 광고 효과가 상승합니다. 따라서 자사 제품의 대상 시장이 너무 작다면 어필리에이트의 수가 줄어들고 광고 효과도 기대할 수 없게 되므로 주의해야 합니다.

또한, 매력적인 보수를 설정하지 않으면 어필리에이터의 동기가 저하되므로 제품을 확실하게 소개해 줄지가 불확실해집니다. 제품이나 서비스, 판매가에 따라 클릭 보수형, 성과 보수형 중 어느 것이 적합한지, 또는 보수와의 손익분기점은 어떻게 설정할지를 올바르게 판단하지 못하면 손실로 이어질 수도 있습니다.

적용을 위한 질문

☑ 어필리에이터를 끌어당길 매력적인 보수를 설정할 수 있는가?

☑ ASP에 대행료를 지불해도 수익을 확보할 수 있는 매출 규모가 있는가?

☑ 취급하는 제품은 입소문이 효과적으로 작용하는 '경험재'인가?

참고문헌

Amazon Associates. Amazon Associates — Amazon's affiliate marketing program. (https://affiliate-program.amazon.com/)

경영 노하우를 파는
프랜차이즈

Franchise

KEY POINT

- 개업이나 사업 노하우를 상품으로 만듦
- 가맹점을 늘림으로써 자사의 영업 규모를 확장할 수 있음
- 가맹점 운영에 따라 본사 브랜드가 훼손될 위험이 있음

기본 개념

프랜차이즈란 독립 사업을 원하는 사람을 대상으로 자사 비즈니스 노하우나 제품 구매 대행을 제공하고, 그 대가로 로열티 수익을 얻는 비즈니스 모델입니다. 본사를 '프랜차이저(franchisor)'라 하고, 가맹점을 '프랜차이지(franchisee)'라 부릅니다.

프랜차이즈는 영업 형태에 따라 크게 '소매 프랜차이즈'와 '서비스 프랜차이즈'의 2종류로 나눌 수 있습니다.

소매 프랜차이즈란 **편의점**이나 **주유소**와 같이 매장 운영의 노하우와 판매하는 제품 자체를 본사가 가맹점에 제공하는 형태의 프랜차이즈입니다. 편의점이라면 매장에 필요한 설비, 판매할 제품 구매, 물류 계획·배송 등을 본사가 담당합니다. 본사에 뛰어난 제품 조달 능력, 마케팅 능력, 제품 개발 능력이 있어야 한다는 것이 전제입니다.

서비스 프랜차이즈란 **피트니스 클럽**이나 **수리업**, 학원과 같이 서비스의 노하우를 가맹점에 제공하는 형태의 프랜차이즈입니다. 매뉴얼로 만들기 어려운 서비스를 프랜차이즈로 개발하려면 가맹점에 대한 인력 연수 능력이나 개업 후의 지원 운영 능력이 본사에 있어야 합니다. 소재나 교재 등 독자 제품의 개발 능력도 필요합니다. 덧붙여 구매 제품이나 서비스 내용 등에 가맹점의 자유도를 얼마나 인정할 것인가는 기업에 따라 다릅니다.

이 비즈니스 모델의 특징은 다음과 같습니다.

- 자사 제품의 판매권이나 사업 운영, 소통 노하우 등의 무형 자원을 가맹점에 제공
- 가맹점의 수와 본사의 규모 확대가 비례
- 제품이나 노하우는 개발 시 비용이 가장 많이 들기 때문에, 규모를 확대할수록 한계 비용은 감소

어느 모델이든 간에 가맹점에 가장 큰 매력은 본사의 인지도입니다. 프랜차이즈 체인 그 자체가 유명하다면 광고홍보 비용을 절감할 수 있습니다.

사례 1: 츠타야(TSUTAYA)

일본 내 약 1,300개 매장을 운영하는 서점·DVD 대여점 체인인 **츠타야**는 가맹점이 약 90%인 소매 프랜차이즈입니다. 츠타야의 수익원은 DVD 대여의 경우, 가맹점으로부터의 가맹료(300만 엔), 개업 준비금(40만 엔), 로열티(매출의 5%), 광고 분담금입니다.

서적이나 애니메이션, 음악과 같은 엔터테인먼트 콘텐츠는 유행이나 작품 배포 속도가 빠르므로 판매 정도를 예측하기 어려운 상품입니다. 이에 본사가 가맹점에 제공하는 것이 발주 대행 시스템입니다. 독자적인 POS 계산기로 수집한 데이터를 이용하여 일별·시간별 매출 데이터나 입지 특성, 회원 특성 등 개별 매장 정보를 산출하고 최신 상품 동향과 함께 분석한 다음, 애니메이션, 음악 전문 구매 담당자가 상품을 구매하여 가맹점으로 보냅니다. 가맹점은 항상 신작이나 화제작을 구매할 수 있게 되어, 상품 회전율을 높일 수 있는 구조입니다.

CD/DVD 대여는 2010년대 이후 디지털 스트리밍 서비스와 경쟁하게 됩니다. 츠타야는 디지털화를 진행하는 한편, 최근에는 **상품을 통해 라이프스타일을 제안하는 콘셉트 매장 츠타야서점**(2020년 기준 전국 20개 매장)에서도 일부 가맹점을 운영하면서, 주제별 책 진열이나 카페 겸업 등의 비즈니스 형태를 제공하고 있습니다.

그림 4-9 츠타야의 가맹점과 본사 역할

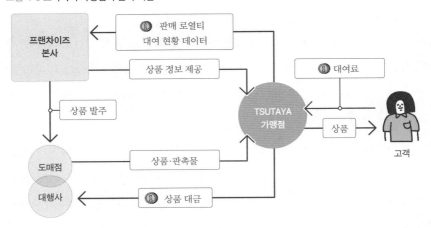

[출처] 컬처·컨비니언스 클럽 주식회사 홈페이지(https://www.ccc.co.jp/info/fc/index.html)를 참고로 필자가 일부 수정

사례 2: 구몬(KUMON)

서비스 프랜차이즈의 대표적인 예가 보습학원 **구몬**입니다. 일본 내 16,200 개 교실, 국외 8,600개 교실을 운영하는 구몬의 연매출은 약 930억 엔으로, 현재도 꾸준히 성장하고 있습니다. 일본 국내의 학원 시장 규모가 9,720억 엔이므로, 구몬은 단독으로 시장의 약 10%를 차지하고 있는 셈입니다. 구몬 의 수익원은 가맹점이 교실을 열 때 드는 인가료(100만 엔, 세금 별도)와 각 교실의 수강생이 내는 회비에서 발생하는 로열티입니다.

구몬은 교육업에 종사해 본 경험이 없는 사업주라도 개업·경영할 수 있도록 장기적인 지원을 제공합니다. 예를 들어, 다음과 같은 지원이 있습니다.

- 수강생 질문에 대한 답변을 지원하는 전문 상담 전화 설치(수업 중에도 답변 가능)
- 보호자와의 소통을 위한 전문가의 조언 제도
- 가맹점끼리 정보를 교환하는 커뮤니티 제공

교육업은 서비스로서의 형태가 거의 없고 지도자의 능력에 의존하므로, 프랜차이즈의 특징인 비즈니스 형식을 만들기가 어렵다는 것이 난점입니다. 구몬의 성공 원인은 바로 이런 무형성을 역으로 활용한 2가지 운영 구조에 있습니다.

첫 번째는 **암묵적인 최종 고객(학생과 보호자)에 대한 대응 사례를 데이터베이스로 축적·관리**한 것입니다. 데이터 관리는 일찌감치 IT화 되어, 지금은 전 세계 가맹 교실로부터 수집한 정보를 본사가 관리합니다.

두 번째는 **가맹점끼리의 정보 교환을 지식 공유와 자율적인 후진 양성으로 연결**하는 것입니다. 성공한 가맹점이 다른 가맹점을 지원하는 자세는 교육 비즈니스 사업자의 의식을 반영한 것이라 할 수 있습니다. 이 두 가지 운영이 바로 구몬을 글로벌 프랜차이즈로 성공하게 한 요소입니다.

프랜차이즈의 성립 조건

(1) 운영 노하우를 제공하기 위한 투자 능력

매장 설계, 제품 구매, 서비스 제공 등 모든 노하우를 본사가 개발하고 지속적으로 제공하기 위한 투자 능력이 있어야 합니다. 가맹점이 느끼는 매력은 본사의 비즈니스 형식 제공에 따른 개업 비용, 운영 비용의 절감에 있습니다.

(2) 모방하기 어려운 구조 구축

모방하기 어려운 구조를 만드는 전략이 중요합니다. 예를 들어, 소매 프랜차이즈라면 지역 도미넌트 전략(p.350)을 연마하여 타사에 대한 경쟁 우위를 유지해야 합니다.

(3) 일정 정도의 수익을 예측할 수 있는 사업 부문 개발

누가 어디서 시작해도 수요가 있고, 어느 정도 수익을 예측할 수 있는 부문(예: 요식업, 숙박업, 교육업 등)이어야 한다는 것이 전제입니다.

프랜차이즈의 함정

개업·운영이 간단하다는 것이 매력이긴 하나, **모방 장벽을 높게 유지하지 못하면 규모가 감소**할 위험이 있습니다. 그 밖에도 가맹점이 다른 프랜차이즈로 갈아탈 위험도 있습니다. 만일 소매 프랜차이즈라면 가맹점 규모가 커질수록 물류 관리도 복잡해지므로 비용 관리 역시 중요합니다.

또한, 최근 SNS에서 프랜차이즈점 아르바이트생의 부적절한 동영상이 문제가 되었던 것처럼, **가맹점의 인력 관리 부실에 따른 브랜드 훼손의 위험**도 있습니다.

  적용을 위한 질문

☑ 가맹점이 확실히 수익을 올릴 수 있는 매력적인 구조를 만들 수 있는가?

☑ 창업 때부터 재빠르게 가맹점을 늘릴 수 있는가?

☑ 소비자가 선택할 매력적인 서비스를 개발·운영할 수 있는가?

☑ 가맹점이 경쟁 프랜차이즈로 옮겨가는 것을 막을 수 있는가?

📖 참고문헌

「CCC解体新書#02【完全解説】ついに明かされる収益源『CCCの数字』を大公開」(NewsPicks, 2018) (https://newspicks.com/news/3478227/body/)

30

서로 의지하며 성장하는
볼런터리 체인

Voluntary Chain

Case Study

CGC 재팬(산토쿠)
치카라모찌 식당

KEY POINT

- 중소규모 소매점끼리 서로 협력하여 비용 절감을 이루는 상조 모델
- 대량 일괄 구매나 공동 설비 투자를 통해 비용 절감
- 가맹점이 참가하는 본사에서의 정보 공유나 개선 시책이 체인의 존속을 좌우

기본 개념

볼런터리 체인이란 개별 독립 소매점이 같은 목적을 가진 동료와 함께 조직을 이루고, 마치 체인점과 같은 구조를 만드는 비즈니스 모델입니다. 비슷한 개념으로 **프랜차이즈**(p.227)가 있습니다만, 다음 그림에서 보듯이 볼런터리 체인에서는 가맹점이 직접 본사를 결성하는 데 비해 프랜차이즈에서는 본사와 가맹점이 분리됩니다. 이 점이 가장 큰 차이입니다.

그림 4-10 **볼런터리 체인과 프랜차이즈의 차이**

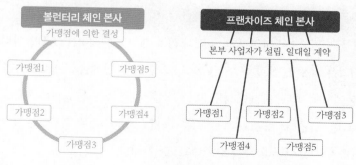

[출처] 일반 사단법인 일본 볼런터리 체인 협회 홈페이지(https://www.vca.or.jp/about/)를 참고로 필자가 일부 수정

특정 지역이나 병원, 대학 등의 시설 내에서 영업하는 **야마자키 Y숍**은 볼런터리 체인의 대표 예입니다. 가맹점은 '야마자키 Y숍'이라는 브랜드나 판촉물을 사용하고 Y숍 브랜드 제품을 납품받기에 본사에 가입비와 월 고정 운영비는 냅니다만, **매출에 따른 로열티는 없습니다.** 또한, 판매하는 상품에 제약이 없으므로 가게에서 손수 만든 과자나 반찬, 심지어 중고차를 판매하는 점포도 있습니다.

이 비즈니스 모델의 특징은 다음과 같습니다.

- 취급 제품이나 판매 방법의 자유도가 높아, 지역이나 고객의 특징을 반영한 가격 설정과 상품 진열이 가능
- 가맹점끼리의 '공동 일괄 구매'로 비용 절감 가능
- 매장끼리의 정보 공유를 통해 서비스를 개선할 수 있음

이런 점을 볼 때 볼런터리 체인은 '**개인 사업자와 프랜차이즈의 장점만을 취한다**'고 할 수 있습니다.

사례 1: CGC 재팬

도쿄도 신주쿠구를 중심으로 도내 28점포, 가나가와현 5점포, 지바현 2점포가 있는 산토쿠 슈퍼를 경영하는 산토쿠의 독립 부문인 **CGC 재팬**은, **전국 중견 슈퍼를 가맹점으로 하여 공동 구매나 상품 개발을 수행하는 조직입니다.** 국내참가 기업은 208사, 점포 수는 4,119곳, 그룹 전체 연매출은 4조 6,017억 엔으로, 일본에서는 최대, 세계에서도 2위 규모를 자랑하는 볼런터리 체인입니다.

CGC란 Co-operative Grocer Chain(공동으로 식료품을 취급하는 체인)의 약자로, 4가지의 볼런터리 사업을 그 축으로 합니다.

첫 번째는 그룹의 규모를 살린 **공동 구매 및 PB 상품 개발**, 두 번째는 **물류 센터 공동 운영**, 세 번째는 상품 구매와 물류 계획을 떠받치는 **정보 시스템 공동 사업**으로, 가맹점의 POS 데이터를 일괄 관리하여 인기 상품 분석이나 업무 효율 개선을 수행합니다. 네 번째는 그룹 공통의 신용카드 사업이나 은행 ATM 설치 등, 최종 이용자의 **서비스 확장에 관한 협력**입니다.

CGC 재팬의 특징은 **그룹 규모를 기반으로** 제조사나 도매업자에 대해 가격 교섭력을 가진다는 점입니다. 한편, 친절한 점원이나 지역 니즈에 부응하는 상품 진열 등 중견 소매점만의 장점도 살려 '좋은 부분만 취하는' 방식을 채택하고 있습니다.

그림 4-11 CGC 재팬의 볼런터리 체인

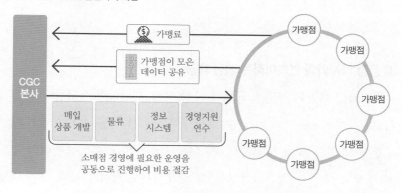

[출처] CGC 재팬 홈페이지(https://www.cgcjapan.co.jp/company/business/)를 참고로 필자가 일부 수정

사례 2: 치카라모찌 식당

떡메를 교차한 로고를 사용하는 **치카라모찌 식당**은 1888년에 효고현에서 창업한 만두점을 그 기원으로 하는 대중식당입니다. 점포에서 8년 이상 근무하면 '분점으로서 상표 사용이 허용'되는 제도를 채용하여 간사이(관서) 지역을

중심으로 독립 사업자 가게를 늘리고 있습니다. **공통의 이름과 로고를 사용하는 것, 팥밥과 떡을 제공하는 것** 이외는 제약이 없으므로, 각 점포가 자유로이 메뉴를 만들어 운영합니다.

서로의 가게에 자본 관계는 없으나 회원 73명으로 이루어진 치카라모찌 연합회에 가입하는 것이 조건으로, 자금 원조나 입지 선정 등에서 서로 협력합니다. 연합회 회원 간에는 결혼 중개도 이루어집니다. 규모의 장점을 이용하여 비용을 줄이는 볼런터리 체인과는 그 의미가 달라지지만, **가족적인 상호협력에 의한 독특한 경영 시스템을 유지하는**, 옛날부터 이어진 비즈니스 모델이라할 수 있습니다.

볼런터리 체인의 성립 조건

(1) 동종 타사와의 협력이라는 장점 제공

볼런터리 체인은 가맹점 규모에 따라 사업 우위성이 제고됩니다. 그러므로 '얼마나 규모를 키울 수 있는가'가 성패를 가릅니다. 가맹점 대부분은 중견의 독립 사업자로, 지역이 가까우면 동일 업종끼리의 경쟁 관계도 생길 수 있습니다. 이러한 관계에서도 협력을 통해 구매 비용을 절감하거나 충실한 상품 구색을 갖추는 등, 서로 성장할 수 있다는 장점이 있어야 합니다.

(2) 독자적인 노하우를 가진 가맹점을 모으는 구조

지역이나 고객의 특성에 따른 상품 마련에 관해 식견·경영 노하우를 가진 가맹점을 참여하게 하려면, 참가 시 이점이 될 '공동 구매'나 '시스템 제공' 등의 구조가 반드시 필요합니다.

(3) 각 사업자의 자유도와 브랜드 파워 유지 간의 균형

특정 브랜드 이름을 공동 사업자끼리 사용할 때는, 상품 구색이나 경영 방식에서의 '과도한 자유'가 브랜드 훼손을 초래할 위험이 있습니다. 야마자키 Y숍이나 치카라모찌 식당은 자유로운 상품 구색으로 고객을 모으고 있지만, 너무 지나치면 공동으로 사업을 협력하는 의미가 사라질 수 있으므로 조심해야 합니다.

볼런터리 체인의 함정

이 비즈니스 모델은 일반적인 개인 영업 매장을 대상으로 하기 때문에, 본사에 참가하기 위한 가입비나 고정 운영비가 구매나 물류 비용 절약분을 상회해 버리면 성립되기 어렵습니다.

또한, 가맹점의 너무 자유로운 경영 방식이 브랜드를 훼손할 위험이 있으므로 회원 간의 의사 통일을 얼마나 잘 이끌어 내는가 역시 중요합니다.

적용을 위한 질문

☑ 가맹점이 되는 중견 사업자의 규모를 예측할 수 있는가? (예: 음식점, 식료품점 등)

☑ 가맹점이 납득할 수 있도록 본사를 운영할 수 있는가?

☑ 모든 가맹점에 이득이 되는 상품 개발이나 설비 투자, 운영 체계를 구축할 수 있는가?

📖 참고문헌

一般社団法人日本ボランタリーチェーン協会 홈페이지(https://www.vca.or.jp)

一般社団法人大阪外食産業協会 홈페이지(https://www.ora.or.jp/member/6933.html)

「岡力の『のぞき見雑記帳』力餅食堂のヒミツに迫る」『大阪日日新聞』(https://www.nnn.co.jp/dainichi/rensai/zakki/181217/20181217047.html)

31

요람에서 무덤까지
고객 생애주기 관리

Customer Lifecycle Management

Case Study

야즈야　　피죤

KEY POINT

- 고객과의 관계성 변화에 따라 커뮤니케이션 전략이나 제공 제품을 바꿔야 함
- 고객과의 관계 현황은 데이터로 파악
- 기존 고객의 유지 관리에 너무 집중하면 새로운 환경 변화를 눈치채지 못할 위험이 있음

기본 개념

고객 생애주기란 어떤 기업 또는 제품과 고객 간 관계성 변화를 사람의 일생(생애주기)에 빗대어 표현한 것입니다. 고객 생애주기 관리에서는 고객이 다음 표와 같은 4단계를 거친다고 가정하고, 단계별로 기업이 수행할 행동을 달리합니다.

표 4-1 고객 생애주기 단계

단계	기업이 취해야 할 행동
1. 비고객/잠재 고객	비고객 중 잠재 고객을 얻으려면 자사 제품에 관심을 보이는 고객 정보를 이벤트나 자료 청구 폼, 샘플 배포 등으로 입수해야 함. 아직 고객이 기업에 가져오는 가치는 거의 없음.
2. 초회 구매 고객 초기 재구매 고객	초회 구매 고객은 타사로 옮겨가기 쉬우므로 데이터 분석을 통해 유망 고객을 추출하고, 메일 등으로 쿠폰이나 유익한 정보를 송부해 재구매 고객이 되도록 하는 것이 중요. 초기 재구매 고객이 되면, 고객이 기업에 가져오는 가치가 증가하기 시작.

3. 핵심 고객	기업에 가져오는 가치가 최대인 단계. 고객 충성도가 높으므로 기업으로서는 유지 비용이 낮아짐. 한편, 고객 니즈 변화에 대응하는 기존 제품의 상위 제품이나 신제품 제공이 필요.
4. 고객 이탈	경쟁사의 등장이나 고객 니즈의 변화에 따라 고객이 이탈하고 고객이 기업에 가져오는 가치가 낮아지는 단계. 이탈을 막으려면 고객 니즈에 맞춘 제품·서비스의 품질 유지 및 향상 필요.

한 고객이 고객 생애주기 기간 내에 기업에 가져오는 총이익을 고객생애가치(LTV, Life Time Value)라 합니다. 고객 생애주기를 적절히 관리하여 고객의 LTV를 최대화하는 것이, 기업의 중요한 활동이라 할 수 있습니다.

MEMO

잠재 고객을 유도하고자 하는 기업의 마케팅 활동을 리드 제너레이션이라 합니다. 리드(Lead)란 잠재 고객이란 뜻입니다.

사례 1: 야즈야

건강식품 통신판매 회사인 **야즈야**는 기존 고객의 유지·관리에 CPM (Customer Portfolio Management, 고객 포트폴리오 관리)이라는 방법을 사용합니다.

구체적으로 야즈야는 CPM을 이용하여 **구매 금액, 구매 빈도, 구매 후 경과 일수, 이탈 후 일수** 등을 기준으로 다음과 같이 **고객을 10유형으로 분류하여 관** 리하고 있습니다.

표 4-2 야즈야의 고객 분류

기존 고객	(1) 초회 구매 고객 (2) 2번째 구매 이후 주저하는 고객 (3) 특정 횟수 이상, 특정 금액 미만의 꾸준한 고객 (4) 특정 금액 이상의 고객 (5) 특정 횟수 이상, 특정 금액 이상의 우량 고객
이탈 고객	(6) 초회 이탈 고객 (7) 주저하는(몇 번 구매 후) 이탈 고객 (8) 꾸준했던(안정적으로 재구매는 했었지만) 이탈 고객 (9) (할인이나 사은품에만 이끌렸던) 이탈 고객 (10) 우량 이탈 고객

[출처] 하시모토(2008)를 참고로 필자가 일부 수정한 표

이렇게 분류함으로써 야즈야는 고객의 각 단계마다 최적의 프로모션을 실시합니다. 예를 들면, 초회 구매 고객이나 주저하는 고객에게는 상품 정보나 장점을 전하고, 꾸준한 고객이나 우량 고객에게는 회사의 정보를 전함으로써 회사에의 신뢰나 애착, 친근감을 올려 이탈 방지를 꾀하고 있습니다. 또한, 이탈 고객에게도 접근하여, 고객으로 복귀해 줄 것을 권합니다. 이 방법을 도입한 뒤 이 회사는 매출의 10배 신장을 이뤘습니다.

사례 2: 피죤

영유아 용품으로 유명한 **피죤**은 본래 젖병 제조·판매로 사업을 시작한 기업입니다. 이 회사에서는 아기 성장을 염두에 두고 기존 젖병 고객을 유지·육성할 수 있도록 유모차나 피부 관리용품, 이유식, 아기 음식과 음료수 등 관련용품, 신발과 의류, 완구 등으로 사업 영역을 확대해 왔습니다.

또한, 2000년대 들어서는 육아와 일을 양립하는 사람들을 지원하고자 보육 서비스, 탁아, 유아 교육 서비스 등의 사업도 시작했습니다. 게다가 여성의 허리, 무릎, 발목 등의 부담을 경감함으로써 노화방지를 목표하는 브랜드를 론칭하거나, 간병인 대상 제품도 출시하고 있습니다.

이러한 피죤의 활동은 **아기 용품을 구매하는 고객의 생애 단계마다 니즈 변화에 응하면서 LTV를 높이고자 하는 행동**이라 할 수 있습니다.

고객 생애주기 관리의 성립 조건

(1) 고객의 상태를 데이터로 파악 가능

각 고객의 상태(일회성 구매 고객인가, 핵심 고객인가, 이탈한 지 얼마나 되었는가 등)를 데이터로 관리하며 의사소통을 시도해야 합니다.

(2) 단계에 따라 달라지는 대응

생애주기 단계에 따라 고객에의 의사소통이나 프로모션, 제공하는 제품을 달리하는 등, 고객이 싫증을 느끼지 않도록 하여 이탈을 방지해야 합니다.

고객 생애주기 관리의 함정

고객의 생애주기에 따라 대응을 달리할 때 단계별 차이가 분명하지 않다면, 고객은 싫증을 내게 되며 이는 곧 이탈의 원인이 됩니다. 반면에 고객 간의 대우 차이를 노골적으로 보여주게 되면 고객의 신뢰를 잃기 쉽습니다.

아울러 기존 제품을 통한 고객 유지·관리에 너무 신경을 쓴 나머지 자사를 둘러싼 환경 변화를 감지하지 못하고 신제품·서비스에 의한 새로운 영역 개척이나 신규 고객 확보가 늦어질 위험도 있습니다.

적용을 위한 질문

- ☑ 고객 생애주기를 데이터로 분석할 수 있는가?
- ☑ 고객 생애주기 변화에 따라 의사소통 전략이나 제품 개발의 다양성을 유지할 수 있는가?
- ☑ 고객 간의 차이를 적절하게 설정할 수 있는가?

 참고문헌

橋本陽輔. 『社長が知らない秘密の仕組み 業種·商品関係なし! 絶対に結果が出る「黄金の法則」』 (ビジネス社, 2008)

酒井光雄·武田雅之. 『成功事例に学ぶマーケティング戦略の教科書』(かんき出版, 2013)

32

보이지 않는 사업 기회를 찾는

데이터 활용

Data Marketing

KEY POINT

- 인터넷 보급에 따라 새롭게 생겨난 가치 창조 수단의 일종
- 고객 데이터는 사외 활용에도 가치가 있으므로, 독자 데이터를 보유한 기업에는 큰 수익원이 됨

기본 개념

데이터 활용이란 고객의 속성 데이터나 행동 이력 등의 데이터의 활용을 수익원으로 하는 비즈니스 모델입니다. 이 모델은 온라인 쇼핑 사이트의 추천이나 리뷰와 같은 구매 의사결정을 돕는 기능과 잘 어울리므로, 인터넷(특히 아마존 등 온라인 쇼핑 사이트)의 보급과 함께 급증했습니다. 고객 관련 데이터는 자사 사업 개발에 도움이 될 뿐 아니라 타사에도 제공할 수 있는 희소 자원입니다.

디지털 시대의 고객 데이터는 크게 다음과 같은 2가지로 분류할 수 있습니다.

(1) 고객 주소, 연령, 소득, 가족 구성 등의 '속성 정보'

(2) 웹사이트 접속 이력, 열람 이력, 구매 이력, 위치 정보 등의 '행동 이력'

일반적으로 이용자가 많은 기업일수록 고객 데이터를 많이 수집할 수 있기 때문에, 다양한 대규모 고객(연령·국적·직업) 기반이 있는 페이스북이나 구글 등 거대 인터넷 기업이 급성장하게 된 배경에는 고객 데이터 활용이 있었다고 할 수 있습니다.

데이터 활용의 주요 특징은 다음과 같습니다.

- 인터넷 보급에 따라 데이터 수집이 용이해지고, 한계 비용도 감소
- 자사에서 축적한 데이터를 다른 곳에 제공하는 것을 수익원으로 삼음
- 여러 가지 데이터를 조합하면 유익한 서비스 제공이 가능

사례 1: 다이이치생명

경쟁 상대와의 차별화가 어려운 생명보험 상품에서 **다이이치생명**은 고객 데이터를 활용하여 새로운 가치 제공을 시작했습니다. 2017년 3월에 시작한 생명보험 건강 제일은 **계약자의 건강 상태나 일상의 건강관리 활동을 데이터화하고, 이에 따라 보험료를 개별로 설정하는 서비스입니다.**

'건강 제일'에는 2가지 부가 서비스가 있습니다. 하나는 자사에 축적한 고객 데이터에 더해 **의료 기관이나 행정 기관**이 가진 건강 진단이나 **병력** 등의 공적 데이터도 함께 이용한 '**데이터 플랫폼**' 구축입니다. 외부와 데이터를 제휴하여 건강 진단 결과나 연금 수급을 기기에서 확인할 수 있는 서비스 제공도 이후 실시할 예정입니다.

또 하나는 **다른 기업과 데이터 활용 제휴를 맺고 새로운 가치를 제공하는 서**비스입니다. 2017년에 시작한 건강 제일 앱은 등록자가 스마트폰 카메라로 자신의 식사를 촬영하면 이에 따른 '열량 계산'이나 '건강 레시피'를 제공합니다. 이는 이미지를 이용한 데이터 분석은 **소니 모바일 커뮤니케이션**, 레시피는 **타니타식당**이란 식으로, 제휴를 통해 고객 데이터의 활용 폭을 넓힌 사례입니다.

사례 2: 에브리센스 재팬

고객 데이터를 활용한 새로운 비즈니스 모델을 구축하는 기업이 증가하는 가운데, 자사만으로는 수집하기 어려운 사외 데이터에 대한 수요가 늘어났습니다. 이러한 상황에서 생겨난 비즈니스 모델이 데이터 거래 시장입니다.

에브리센스 재팬이 운영하는 EveryPost는 등록 이용자가 가진 '장소 데이터', '걸음 수 데이터', '심박수 데이터' 등의 다양한 개인 데이터 중 제공할 수 있는 것을 선택하여 데이터 시장에 보내는 앱 서비스입니다. **이용자에게는 제공한 데이터에 따라 포인트를 지급**하는데, 이는 교환 사이트에서 현금이나 서비스 포인트로 바꿀 수 있습니다. 에브리센스 재팬은 **수집한 데이터를 메타 데이터(추상화·익명화)로 만들어 기업이나 단체에 판매해 수익을 얻습니다.

그림 4-12 에브리센스 재팬의 데이터 활용

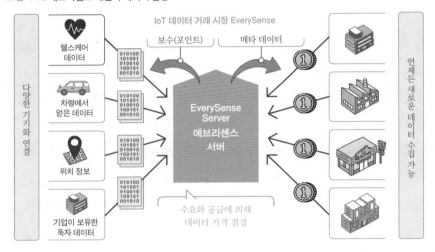

[출처] ㈜에브리센스 재팬 홈페이지(https://every-sense.com/services/everysense/)를 참고로 필자가 일부 수정

데이터 활용의 성립 조건

(1) 기본 사업에 동반한 데이터 축적

자체 사이트나 온라인 쇼핑 사이트를 보유하고, 자사에서 고객 데이터를 수집할 수 있다면 이 비즈니스 모델을 이용한 수익 증가를 기대할 수 있습니다. 아마존에서는 고객의 과거 구매 이력 경향뿐 아니라,

그 고객과 같은 제품을 구매한 다른 고객의 구매 경향도 분석하여 다음에 사면 좋은 제품을 추천합니다.

(2) 네트워크 효과 활용

데이터 활용과 함께 자사의 플랫폼에 축적한 고객 데이터 그 자체를 제품으로 삼는 경우, 수집 데이터가 많고 질이 좋을수록 가치가 높아집니다. 본래 제공 서비스의 네트워크 효과(p.360)가 크다면 고객 데이터를 이용한 수익을 기대할 수 있습니다.

데이터 활용의 함정

데이터 활용의 최대 과제는 개인정보 보호입니다. 일본에서는 2017년 5월 **개인정보 보호법**이 시행됨에 따라 데이터를 일정한 수준까지 익명화한다면 제3자에게 제공할 수 있게 되었습니다만, 한편으로 기업에 의한 대규모 데이터 유출 사고가 발생하기라도 하면 사업 그 자체가 사라질 위험도 커지고 있습니다.

또한, 페이스북에 축적된 고객 데이터를 선거 컨설팅 회사인 케임브리지 애널리티카가 부정하게 수집한 사례에서처럼, **자사 데이터를 타사에서 악용하지 않도록 관리**하는 것도 중요합니다. 고객 데이터를 수익원으로 하는 비즈니스 모델을 구축할 때는 데이터 수집·설계뿐 아니라 얼마만큼의 보안 장치를 마련하고 관리할 수 있는지도 반드시 검토해야 합니다.

적용을 위한 질문

☑ 자사 사업과 관련한 고객 데이터·거래 데이터가 축적되어 있는가?

☑ 다양한 고객에 대해 데이터 활용을 통한 커스터마이징이 가치가 있는가?

☑ 다양한 데이터를 수집하는 데 네트워크 효과를 적용할 수 있는가?

☑ 보안 관리를 담당할 조직이 있는가?

33

한 사람의 고객으로부터
최대의 수익을 얻는

크로스셀링&업셀링

Cross-selling&Up-selling

Case Study

햄버거+감자튀김
프린터+잉크+인쇄용지
오기노   알프

KEY POINT

- 특정 상품 구매자에게 관련 제품이나 상위 제품 제안
- 고객 데이터베이스 구축과 활용이 필요
- 최초에 판매한 상품과 차이가 있는 관련 제품·상위 제품을 제안해야 함

기본 개념

크로스셀링이란 특정 상품 구매자에게 그 상품과 관련 있는 다른 상품 구매를 추천함으로써 한 명의 고객으로부터 얻을 수 있는 구매 품목 수를 늘려 최종적으로는 수익 향상을 목적으로 하는 접근법입니다.

예를 들어, 햄버거 가게에서 햄버거를 산 고객에게 감자튀김을 권하거나, 전자제품 양판점에서 프린터를 구매한 고객에게 잉크나 인쇄용지를 권하는 것이 이에 해당합니다.

크로스셀링으로 판매하는 것은 넓은 의미에서는 '특정 상품의 관련 제품'입니다만, 더 익숙한 형태는 보완 제품 판매입니다. 보완 제품이란 '**특정 제품과 함께 사용해야 비로소 이용 가치가 생기는 제품**'입니다. 보완 제품을 크로스셀링하면 고객이 구매의 필연성을 느끼기가 쉬워집니다.

한편, 업셀링이란 특정 상품 구매자에게 구매 시나 상품 교체 시, 계약 갱신 시 등에 그 상품과 동종인 상급(판매 단가나 이익률이 높음) 상품을 제안하여

한 명의 고객으로부터 얻을 수 있는 판매 단가 향상을 노리는 접근법입니다.

예를 들어 식당에서 짜장면을 주문할 때 "1,000원을 더 내시면 곱빼기를 드립니다"라는 제안을 받는 경우가 이에 해당합니다. 또한, 자동차 제조사가 자가용을 교체하려는 고객에게 상위의 고급 차종을 제안하는 것도 업셀링의 한 예입니다.

이와 더불어 수익 모델인 **프리미엄**(p.328)은 '프리미엄 기능'이라는 부가가치를 어필한다는 의미에서 업셀링 방법을 적용한 것이라 할 수 있습니다.

또한, 업셀링은 판매 단가를 높임으로써 **고객생애가치(LTV)(p.239)의 최대화를 목적**으로 하는 방법이라 할 수도 있습니다.

> **MEMO**
>
> 아마존이나 라쿠텐과 같은 인터넷 쇼핑 사이트의 추천 기능(관련 상품이나 다른 사람이 구매한 상품 추천)도 크로스셀링·업셀링을 목적으로 한 활동입니다.

사례 1: 오기노

오기노는 일본 야마나시현을 중심으로 매장을 운영하는 식품·의료·가정용품 전문 슈퍼마켓입니다. 이 회사는 1996년에 오기노 그린 스탬프 카드를 도입했습니다. 회원 이용률이 90%를 넘는 이 카드와 영수증 정보를 이용, 상품 동시 구매 분석을 수행하여 '파스타와 유제품', '꽁치와 된장국 재료' 등 독자적인 크로스셀링을 적극적으로 시행했습니다.

게다가 구매금액 상위 우량 고객만을 대상으로 특별 쿠폰을 발행하거나, 제조사와 제휴한 우편 카탈로그를 활용하는 등, 고객 단가를 올리려는 노력을 기울였습니다. 이런 활동을 위해 이 회사에서는 고객 구매 데이터 분석을 전문으로 하는 팀을 꾸리고 마케팅 데이터 분석을 수행했습니다.

사례 2: 알프(Alp)

여기서는 시점을 조금 달리하여 기업이 진행하는 크로스셀링이나 업셀링을 지원하는 기업의 사례를 소개합니다.

대형 일러스트 커뮤니케이션 서비스 픽시브(pixiv)의 대표이사였던 이토

히로키(伊藤浩樹)가 설립한 **알프**는, 구독 비즈니스(p.292)의 효율화·수익 최대화를 위한 플랫폼 서비스인 Scalebase를 제공합니다.

Scalebase는 **상품 관리나 고객 관리, 결제, 데이터 분석 등의 구독 비즈니스에 필요한 업무를 한 곳에서 관리·자동화**할 수 있는 서비스입니다. 스포티파이나 토요타의 킨토와 같은 구독 서비스를 제공하는 기업으로서는 한번 확보한 기존 고객의 정착률을 높이는 것뿐 아니라, 고객 단가를 높이고자 옵션 서비스 판매나 플랜 업그레이드 등의 크로스셀링이나 업셀링을 수행할 필요가 있습니다.

이러한 과제를 안은 기업은 Scalebase를 도입함으로써 **새로운 상품이나 옵션 추가, 플랜 업그레이드, 또는 과금 방식 변경 등을 쉽게 수행**할 수 있습니다.

그림 4-13 알프의 Scalebase

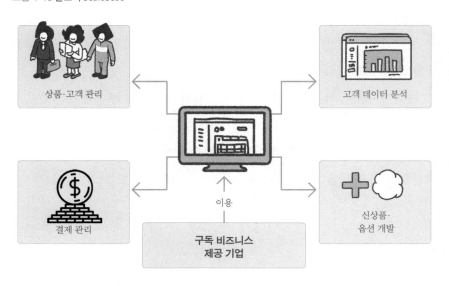

[출처] <'Scalebase'에 관해>(https://prtimes.jp/main/html/rd/p/000000005.000050107.html)를
참고로 필자가 일부 수정

크로스셀링&업셀링의 성립 조건

(1) 대상이 되는 상품·서비스 존재

판매한 상품의 관련 상품이나 보완 제품, 상위 상품이 있어야 한다는 것이 크로스셀링&업셀링의 전제 조건입니다. 상품 수가 적은 기업이나 고객 생애주기(p.238)를 관리하지 않는 기업이라면 도입하기 어려운 구조입니다.

(2) 고객 데이터 관리·분석을 진행할 조직이나 체제 마련

고객의 기호나 생활 방식, 구매 이력 등의 데이터베이스를 구축하고, 어떤 것을 함께 구매하는지, 우량 고객이 누구인지를 특정해야 합니다. 자사에서 구축하기 어려운 경우라면 타사 서비스의 활용도 검토합니다.

(3) 기존 상품과 비교했을 때 '구별할 수 있는 차이' 제공 가능

크로스셀링이나 업셀링을 준비할 때는 원래 고객에게 판매한 상품과 비교했을 때 차이나 부가가치가 있는 상품을 추가로 제공하여 최종적으로 고객이 납득하고 만족할 수 있게 해야 합니다.

크로스셀링&업셀링의 함정

앞서 살펴본 것처럼 처음에 고객에게 판매한 상품에 대해 구매의 필요성이나 유의미한 부가가치가 있는 상품을 어필할 수 없다면 크로스셀링이나 업셀링으로 이어지지 못합니다.

또한, 고객 데이터 분석을 계속 발전시키지 않으면 고객 눈에는 '이전과 똑같은 제안'으로 비쳐 싫증을 느낄 가능성도 있습니다. 혹은 업셀링의 경우 고급 제품을 원하지 않거나 구매할 수 없는 사람에게 이를 권하는 등, 고객 데이터와 제안하는 상품에 어긋남이 있다면 고객이 이탈할 위험이 있습니다.

적용을 위한 질문

☑ 처음 판매한 상품과 비교해 '느낄 수 있는 차이'가 있는 관련 상품이 있는가?

☑ 고객 데이터를 분석하여 대상 고객이나 제공 상품을 찾을 수 있는가?

☑ 고객 데이터 관리·분석을 수행할 조직 체제가 있는가?

☑ 제안 상품이나 내용을 계속 갱신할 수 있는가?

 참고문헌

「オギノ: "ニラレバ"販売で儲ける」『日経ビジネス』(2010.3.15)

「アルプ, サブスク業務自動化サービス「Scalebase」, 計上タイミングや契約によって柔軟性のある請求を実現」(https://moneyzine.jp/article/detail/216522)

「アルプ, サブスクリプションビジネス効率化·収益最大化プラットフォーム『Scalebase』を提供開始」(https://prtimes.jp/main/html/rd/p/000000002.000050107.html)

Kotler, P. (1999). *Kotler on Marketing: How to Create, Win, and Dominate Markets*. Free Press

34 잡은 물고기는 놓지 않는다
고객 록인

Customer Lock-in

Case Study

후지 약품
데아고스티니 시리즈

KEY POINT

● 기존 고객을 자사에 잡아 두는 방법

● 고객이 느끼는 비용이나 제품의 특성에 따라 7가지 수단이 있음

● 록인 효과가 약해지지 않도록 신경 써야 함

기본 개념

　고객 록인은 기업이 기존 고객과의 장기적인 관계를 구축할 것을 목적으로 고객을 잡아 두는 수단 전반을 일컫습니다. 일반적으로 신규 고객 확보 비용은 기존 고객 유지·확대 비용보다 크며, 또한 고객 생애주기 관리(p.238) 관점에서 보더라도 기존 고객을 자사에 묶어 두는 것이 효과적입니다. 고객 록인이 가능한 것은 다음 표의 3가지 요인 중 하나 또는 둘 이상이 고객에게 작용하기 때문입니다.

표 4-3 고객 록인을 가능하게 하는 3가지 요인

요인	설명
전환 비용	고객이 현재 이용하는 제품에서 다른 기업의 제품으로 갈아탈 때 부담이 되는 금전적 부담·심리적 부담·번거로움 등의 비용 예: 스마트폰의 기종을 변경하려 할 때 구매 대금 외에도 사용 방법을 처음부터 다시 배워야 한다.

매몰 비용	이미 지급이 끝난 비용으로, 고객이 과거에 낸 비용이나 제품 이용 경험 등이 쓸모 없어지는 것을 바라지 않아 특정 기업의 제품을 계속 이용하려 함 예: 항공사 마일리지가 쓸모 없어지는 것을 피하고자 계속 같은 항공사를 이용하는 사람이 많다.
네트워크 외부성	이용자 수가 많을수록 서비스 이용 가치가 높아지는 경향이 있는 인터넷이나 통신 서비스 등에서는, 다수 이용자가 있는 서비스에서 굳이 다른 서비스로 옮길 유인책이 많지 않음(p.360)

7가지 고객 록인 전략

앞서 본 요인을 전제할 때, 기업이 실행할 수 있는 고객 록인 전략을 7가지로 나눌 수 있습니다(나카가와·히노토·미야모토, 2001). 어느 방법이든 고객의 전환 비용이나 매몰 비용, 또는 상품·서비스가 가지는 네트워크 외부성 등을 이용하여 고객을 잡아 두려 합니다.

표 4-4 7가지 고객 록인 전략

전략	설명
인티머시 록인	기업이나 제품에 대한 인간적인 친밀감에 호소함으로써 관계성을 구축하여 묶어 둠
멤버십 록인	회원제나 포인트 제도 등의 장치를 활용한 관계성 구축을 통해 묶어 둠
컨비니언스 록인	원스톱 서비스 제공이나 보충형 서비스 제공 등을 통해 고객 편리성을 향상시켜 묶어 둠
브랜드 록인	상품의 브랜드 파워나 지명도를 이용하여 묶어 둠
러닝 록인	제품·서비스 이용과 관련한 학습 비용(경제적, 심리적 부담)을 통해 묶어 둠

| 커뮤니티 록인 | '다른 사람이 이용하므로 나도 계속 이용하고 싶다'는 유인책을 이용해 묶어 둠 |
| 시리즈 록인 | 상품 라인업을 갖춤으로써 묶어 둠 |

[출처] 나카가와·히노토·미야모토(2001)를 참고로 필자가 일부 수정한 표

> **MEMO**
>
> 어떤 제품이 데 팍토 스탠더드, 즉 사실상의 표준(p.366)이 되면 시장에서 브랜드 파워가 높아지므로 고객 록인으로 이어집니다.

인티머시 록인

인티머시 록인의 대표적인 예로는 보험회사나 자동차 판매점의 영업 방법을 들 수 있습니다. 영업 담당자가 고객과 친밀하게 인간관계를 쌓음으로써, 고객을 안심시켜 타사로 옮기는 것을 번거롭게 여기게 합니다.

멤버십 록인

멤버십 록인의 대표적인 예로는 앞서 이야기한 회원제나 포인트 서비스를 들 수 있습니다. 항공사의 마일리지나 소매 점포의 포인트 카드는 물론, 코스트코나 피트니스 클럽의 회원제도 '본전을 뽑고 싶다'는 고객 유인책으로 이어집니다.

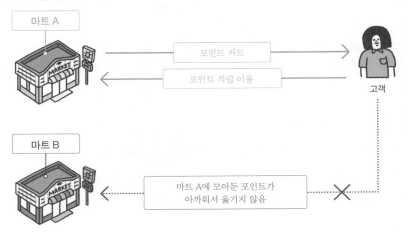

그림 4-14 멤버십 록인

마트 A

포인트 카드

포인트 적립 이용

고객

마트 B

마트 A에 모아둔 포인트가
아까워서 옮기지 않음

컨비니언스 록인

컨비니언스 록인의 대표적인 예는 이름대로 편의점이나 다양한 상품
을 취급하는 대형 마트입니다. 또한, 후지 약품의 상비약 서비스와 같은
사례도 이에 해당합니다.

브랜드 록인

브랜드 록인의 대표적인 예로는 고급 자동차나 의류·보석 장신구 등
의 고급 브랜드를 들 수 있습니다. 또한, 감자칩 하면 포테토칩, 콜라 하
면 코카콜라 등과 같이 브랜드 파워가 강한 상품도 이에 해당합니다.

MEMO

고객이 특정 구매 행동을 일으킬 때 머릿속에 떠오르는 제품 선택지를 상기상표군이라 합니다. 프링글스나 코카콜
라와 같은 상기 상표군 상위에 있는 기업이나 상품은 고객을 록인할 때가 잦습니다.

그림 4-15 브랜드 록인

러닝 록인

러닝 록인의 대표적인 예로는 컴퓨터 소프트웨어를 들 수 있습니다. 고객이 특정 소프트웨어 조작 방법을 한번 익혀 두면 다른 유사 소프트웨어로 옮기기가 번거로워집니다.

이처럼 고객 자신의 학습 축적에 따라 록인되는 것도 있지만 **다른 사람이 축적하는 학습**에 의지하여 록인되는 때도 있습니다. 예를 들어, 클라이언트가 의지하는 경영 컨설팅 회사나 고객의 현장 과제를 모조리 파악한 다음 제품을 제공하는 산업용 센서 전문 기업 키엔스(p.434)의 사례가 이에 해당합니다.

커뮤니티 록인

커뮤니티 록인은 네트워크 외부성(p.360)과 크게 관련되어 있습니다. 예를 들어, 고객이 카카오톡이나 특정 소셜 게임을 계속 이용하는 것은 '다른 사람이 이용하므로'라는 이유가 클 것입니다. 또한, '다른 비즈니스맨이 읽으니까'라는 이유로 고객에게 선택되는 일본경제신문도 좋은 예입니다.

시리즈 록인

시리즈 록인의 대표적인 예로는 다양한 캐릭터나 아이템을 갖고 싶어지는 포켓몬 카드나 조립식 완구의 부품을 매달 제공하는 데아고스티니 시리즈 등을 들 수 있습니다. 모든 고객이 시리즈를 완전하게 수집하지는 않지만, 라인업을 모두 갖추고자 하는 고객은 기업에 록인됩니다.

그림 4-16 시리즈 록인

고객 록인의 성립 조건

(1) 일정 수준으로 축적된 고객 로열티

기업에 대한 충성심이나 애착감을 느끼지 못하는 상태로 고객 록인을 수행하려 하면 고객이 성가심을 느낄 수 있습니다.

(2) 타사 제품과 비교하여 기능·브랜드 면에서 매력 보유

아무리 전환 비용이나 매몰 비용이 많이 든다 하더라도 타사의 유사 제품 쪽이 압도적인 우위라면 고객은 그쪽으로 옮겨가게 됩니다.

고객 록인의 함정

고객 록인 중에는 제품 그 자체가 록인이 되는 것도 있는 반면(예: 대형 쇼핑몰이나 상비약 서비스), 부가 서비스를 사용하지 않으면 록인으로 이어지지 않는 것도 있습니다(예: 포인트나 마일리지). 이때 후자의 경우, 실행에 비용이 들어갑니다.

또한, 유사 제품이 압도적인 기능 우위에 있거나 기존 제품에는 없는 편리성을 보유하는 경우, 혹은 록인된 제품에 고객이 싫증을 느끼게 되는 경우에는 록인의 효과가 약해질 수 있습니다(예: 신문과 인터넷 뉴스, 시리즈물 도서).

☑ 자사 제품이 고객의 전환 비용이나 매몰 비용을 높일 수 있는가?

☑ 자사 제품에 네트워크 외부성이 있는가?

☑ 자사 제품에 어울리는 록인 전략 패턴은 무엇인가?

☑ 시간이 흐를수록 록인 효과가 약해지지는 않는가?

 참고문헌

中川理, 日戸浩之, 宮本弘之.「顧客ロックイン戦略」『ダイヤモンド·ハーバード·ビジネス·レビュー』(ダイヤモンド社, 2001.10)

수익 모델

수익 모델이란 영업 활동을 통한 '수익 획득 방법'과 '비용 구조'를 표현하는 모델입니다. 이는 수익을 얻으려면 어느 정도의 사업 규모나 단가, 비용을 고려해야 하는가를 결정하는 것입니다. 이 책에서 다루는 수익 모델은 포괄성이 있으므로, 자사의 제품·서비스 수익 확보 방법을 검토할 때 제시된 모델 중 어떤 것이 적용 가능한지 강제로 끼워 맞춰 생각해 보는 것도 괜찮습니다(강제 발상법).

35

결과에 따른 수익
성과 보수
Pay-per-performance

KEY POINT
- 성과에 따른 보수 지급
- 비용을 최소화·최적화하고 싶은 이용자나 기업에 적합
- 성과 기준에 대한 사전 합의가 중요

기본 개념

성과 보수란 발주 시에 정한 조건을 만족한 시점에 보수를 지급하는 구조입니다. 기본적으로는 성과를 달성하지 못하면 보수를 지급하지 않습니다.

성과 보수형 수익 모델은 인터넷 광고, 헤드헌팅, 컨설팅, 영업 대행업 등 다양한 분야에서 사용하지만, 성과의 정의는 분야마다 다릅니다. 예를 들어, 영업 대행에서는 실제 신규 개척 고객수나 계약 체결 등이 성과가 됩니다. 그밖에 대형 인터넷 서비스 업체 **GMO 페파보**는 이용자가 광고를 통해 상품을 구매하거나 회원 가입을 했을 때만 광고료가 발생하는 성과 보수형 인터넷 광고 서비스를 제공합니다.

성과 보수 모델에는 성과를 달성할 때까지는 완전 무료로 이용할 수 있는 완전 성과 보수형뿐 아니라, 성과 달성 여부와 관계없이 초기 비용이나 교통비 등을 지급하는 형태도 있습니다.

단, 어떤 형태이든 성과 보수형 서비스는 위험을 통제하면서 발주가 가능하므로, 자금에 여유가 없고 가능한 한 비용을 최소화·최적화하고 싶은 이용자나 사업에 따라 비용을 조절하고 싶은 기업에는 장점이 있는 수익 모델이라 할 수 있습니다. 예를 들어, 성과 보수형 영업 대행을 이용하면 영업 담당자에게 드는 인건비(고정비)를 조절할 수 있습니다.

MEMO

성과 보수형 수익 모델의 일종으로 수익 분배(Revenue Sharing)(p.269)를 들 수 있습니다. 수익 분배에서는 성과를 달성했을 때 발주자와 수주자 양쪽이 수익을 나눕니다.

사례 1: 리브센스

리브센스는 구인 광고를 운영하는 기업입니다. 일반적으로 기업이 구인 광고를 낼 때는 광고 게재 비용을 미리 내는 경우가 대부분이었습니다. 이와 달리 이 회사가 운영하는 것은 '응모자 채용'이라는 성과가 있을 때 비로소 이용료(성과 보수)가 발생하는 구인 광고입니다.

예를 들어, 이 회사가 운영하는 아르바이트 구인 사이트 마하바이트에서는, 광고 게재 기업의 아르바이트 채용이 결정됐을 때 광고 게재 비용이 발생합니다. 그러나 이것만으로는 기업이 아르바이트를 채용했다는 사실을 리브센스 측에 숨겨 광고 게재비를 내지 않으려 하는 위험이 있습니다. 그러므로 이 회사는 구직자에게 '**축하금(마하 보너스, 최대 1만 엔)'을 지급하는 구조를 도입하여 구직자가 자발적으로 채용 사실을 고지하도록** 했습니다. 이 회사는 이러한 구조를 이직 중개나 부동산 중개 사업에도 적용하여 성장을 거듭했습니다.

그림 5-1 리브센스(마하바이트)의 성과 보수 모델

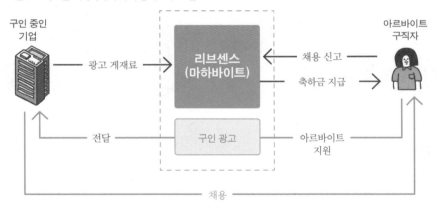

사례 2: 프로레드파트너스(Prored Partners)

클라이언트 기업의 경영에 관련된 제안이나 실행 지원을 행하는 컨설팅 업계에서는, 컨설팅 실행과 성과와의 인과 관계를 확인하기 어려운 관계로 프로젝트 기간과 투입한 인원에 따른 고정 보수형 계약을 맺는 것이 대부분 입니다.

이런 업계에서 **프로레드파트너스**는 성과 보수형 컨설팅 서비스를 추진하고 있습니다. 이 회사는 마케팅이나 BPR(Business Process Reengineering), 간접 재 비용 절감 등 P/L(손익)로 나타내기 쉬운 경영 지표 개선을 기준으로 컨설팅 서비스를 제공합니다.

또한, 이 같은 성과는 컨설팅 직후에만 나타난다고는 할 수 없기 때문에 프로젝트 실시 후 수년에 걸친 효과 보증 기간을 마련하고 있습니다. 컨설팅에 따른 성과 지표에 있어 발주자와 수주자 간 뜻이 맞지 않으면 문제가 생기기 쉬운데, 프로레드파트너스는 이를 피하고자 수없이 계약서를 재검토하여 성과 보수 체계를 완성했습니다.

성과 보수의 성립 조건

성과 보수가 성립하기 위한 최대 조건은 '성과를 명확히 정의하고 발주자와 수주자 양쪽이 이에 합의'하는 것입니다. 리브센스나 프로레드파트너스의 사례를 보더라도 채용이나 비용 감소폭이라는 '성과'가 명확하며, 인터넷 광고에서도 실제 구매나 회원 가입, 클릭 수 등의 성과 지표를 미리 정의하고 있습니다.

또한, '성과를 달성할 만큼의 자원이 실제로 수주자에게 있는가?'라는 조건

역시 중요합니다. 예를 들어, 인터넷 광고나 구인 광고라면 실제 성과로 이어질 수 있는 기술력이나 서비스 개발 능력이 필요하고, 영업 대행이나 컨설팅이라면 실제 수주나 비용 절감을 이끌어낼 수 있는 담당자와 그 능력이 필요합니다.

성과 보수의 함정

성립 조건을 논할 때도 지적했습니다만, 발주자와 수주자 간 성과에 관한 합의가 이루어지지 않으면 나중에 문제가 될 수 있습니다.

또한 발주자 입장에서 보자면, 기대 이상의 성과를 달성할 경우 생각한 것 이상의 보수가 비용으로 발생하고 마는 경우가 있습니다. 이런 때를 대비해서라도 계약 시 **성과의 범위나 보수의 상한을 명확**하게 하는 것이 중요합니다.

적용을 위한 질문

☑ 성과의 확인·측정이 쉬운 서비스를 제공하는가?

☑ 발주자의 어떤 위험을 줄일 수 있는 서비스인가?

☑ 달성 가능한 성과를 미리 정의하고, 이를 발주자와 수주자가 합의할 수 있는가?

☑ 성과를 달성할 수 있을 만큼의 자원이 수주자에게 있는가?

참고문헌

上阪徹. 『リブセンス〈生きる意味〉』(日経BP, 2012)

「異色の成果報酬型ビジネスモデルで投資リスクを負ってプロジェクトの実行支援」(Harvard Business Review, 2018)(https://www.dhbr.net/articles/-/5508?page=2)

36

수익을 함께 나누는
수익 분배

Revenue Sharing

KEY POINT

- 성과 보수에 의거하여 수주자와 발주자 양쪽이 수익을 분배
- 발주자의 수익 시뮬레이션이 중요
- 역할 분담이나 배분율을 명확히 해야 함

기본 개념

　수익 분배란 기업 간에 협력하여 사업을 운영하고, 그 수익을 미리 정한 배분율에 따라 분배하는 수익 모델입니다. 수익 분배는 최근 등장한 위험을 낮추기 위한 계약 형태로서, 특히 온라인 쇼핑 사이트, 게임 소프트웨어, e러닝 시스템, 예약 시스템 등의 **IT·웹 관련 시스템이나 애플리케이션 개발 프로젝트**에서 많이 사용합니다.

　보통 시스템을 개발할 때는 발주자와 수주자(개발사)의 2개 이상 기업이 비즈니스를 진행합니다만, 수익 분배 모델에서는 수주자가 발주자로부터 개발 비용을 계약비로 받지 않고 먼저 비용을 부담하여 개발을 진행한 뒤, 개발 후 운용·판매한 서비스에서 얻은 이익을 수주자와 발주자가 나눕니다.

　이처럼 발주자와 수주자가 위험을 공유하여 성과 보수형으로 진행하는 계약을 수익 분배 계약이라 부릅니다. 한편, 일반적으로 널리 사용하는 개발비를 고정으로 지급하는 계약을 위탁 계약이라 부릅니다.

수익 분배가 필요해진 배경

IT·웹 관련 시스템 개발이나 애플리케이션 관련 비즈니스는 개발 공수나 비용이 많이 드는 한편, 그것이 실제 가동하는지, 또는 사업화로 이어질 것인지가 불확실할 수 있습니다. 이런 상황에서 수익 분배는 수주자와 발주자 모두에게 득이 되는 모델입니다.

우선 **발주자**는 개발에 드는 초기 비용을 줄일 수 있으며, 배분율 이상의 추가 비용을 지급할 필요가 없습니다. 또한, 기본적으로는 성과 보수형 계약이므로 **수주자**도 고정 개발 비용을 받는 것보다 더 많고 지속적인 수익을 얻을 수 있습니다.

또한, 시스템 개발이 처음에 예상했던 대로 진행되지 않을 때도 계약에 따른 추가 비용 부담이 없으므로 자사만으로 개발 비용을 부담하는 경우와 비교해 손해를 떠안을 위험이 대폭 감소하는 장점이 있습니다. 더욱이 성과 보수형 계약이므로 개발 동기를 유지할 수 있습니다. 이 역시도 큰 장점 중 하나입니다.

오사카에 있는 일본에서 가장 높은 빌딩인 **아베노 하루카스**의 출입 관리 시스템은 수익 분배형으로 개발·운영되고 있습니다. 아베노 하루카스가 시스템 개발을 위탁한 곳은 **파나소닉 IS**입니다.

이 시스템 개발의 특징은 아베노 하루카스는 설비나 시스템을 소유하지 않고 **파나소닉 IS로부터 클라우드 서비스로 제공받는다**는 데 있습니다. 시설 안에 있는 발권기나 입장 게이트에서 얻은 입장객의 데이터는 파나소닉 IS의 데이터 센터로 보내져 온라인으로 매출 집계가 이루어지며, 시설 안의 전광판을 통해 실시간으로 안내 정보 등을 표시합니다.

수익은 실제 입장권 발권 매수에 기초하여 분배합니다(배분율은 비공개). 이에 따라 **아베노 하루카스**에는 시스템 개발·운영 비용을 입장객 수에 따라 달리할 수 있다는 장점이 있습니다. 또한 **파나소닉 IS**는 데이터 분석을 통해 입장객 수를 최대화한다면 수익이 증가하므로, 이것이 운영의 동기가 됩니다.

사례 2: d구르메×쿡패드

NTT 도코모가 제공하는 레시피 제공·공유 서비스 d구르메는 **쿡패드**로부터 레시피를 제공받고 있습니다. 수많은 레시피 콘텐츠를 직접 개발·준비하려면 큰 비용과 시간이 필요합니다. 이에 d구르메는 쿡패드에 축적된 요리법을 활용하는 대신, d구르메로 얻은 수익을 수익 분배의 형태로 쿡패드와 공유합니다. 쿡패드 수익 모델의 하나인 회원 사업에는 자사 프리미엄 회원비 외에도 이 수익 분배가 포함됩니다.

이 사례는 시스템이나 앱 개발 프로젝트는 아니지만, 콘텐츠 개발 위험 분산이나 사업 수익의 지속적인 획득 등, 수익 분배의 특징이 강하게 나타납니다.

수익 분배의 성립 조건

(1) 지속적인 사업 수익

수익 분배가 성립하는 데 가장 필요한 조건은 시스템 개발 후에도 '지속적인 사업 수익이 예상되는지' 여부에 있습니다. 수익 분배는 성과 보수형이므로 사업 수익을 기대할 수 없는 발주자와 계약하는 것에는 그만큼 위험이 따릅니다.

(2) 양자 간의 역할 분담과 수익 분배의 적절성

 수익 분배를 실현하려면 양자 간의 역할 분담(양자가 어떤 활동을 중심으로 할 것인가)이나 기대되는 수익에 기반한 적정 배분율 설정이 중요합니다.

수익 분배의 함정

 발주자 입장에서, 고정 계약을 맺는 것보다 얻을 수 있는 수익 대비 수주자에의 지급 비용이 늘어나는 경우가 있습니다. 이는 뒤집어 말하면 수주자에게도 단점이 됩니다. 즉, 고정 계약을 맺는 편이 충분한 수입을 얻을 수 있는 경우가 있기 때문입니다. 이런 경우가 있으므로 계약 체결에 앞서 충분히 사업을 시뮬레이션할 필요가 있습니다.

 또한, 시스템이나 애플리케이션 배포 후 발생한 문제 처리나 실제 운영 시의 고객 모집 노력을 누가 해야 하는지 등을 양자 간 사후 조정해야 할 수도 있습니다.

적용을 위한 질문

- ☑ 개발한 시스템이나 앱을 통해 발주자의 계속적인 사업 수익을 기대할 수 있는가?
- ☑ 매출·비용 면에서 고정 계약 이상의 이점을 기대할 수 있는가?
- ☑ 수주자와 발주자 간 역할 분담이나 수익 배분율이 합의되어 있는가?
- ☑ 시스템 운영 이후의 문제 처리나 운영에 관해 조정할 수 있는가?

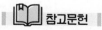

참고문헌

「あべのハルカス, "レベニューシェア"でITを調達, パナソニック ISがクラウドサービスとして提供」(IT Leaders, 2014)(https://it.impressbm.co.jp/articles/-/11528)

37

사용한 만큼 돈을 내는
종량 과금

Pay-per-Use

Case Study

전화 요금   파크24
비자스쿠

KEY POINT

- 이용한 시간이나 양에 따라 지불 금액 결정
- 시간이나 이용량을 수치화하는 것이 필수 조건
- 고객의 이용량을 통제할 수 없으므로 수익 예측이 어려움

기본 개념

종량 과금이란 특정 제품이나 서비스에 대해 **일정 기간의 이용 시간이나 이용량에 따라 요금을 정산하는 수익 모델**입니다(모리구치, 2012).

전통적인 종량 과금 모델로는 통화 시간이나 통화 상대와의 거리에 따라 요금이 정해지는 전화 요금을 들 수 있습니다. 유선 전화에서 휴대전화로 바뀌어도 비즈니스 모델 자체는 달라지지 않았습니다만, 2000년대에 들어 스마트폰 보급으로 패키지 통신이라는 새로운 종량 과금 모델이 생겼습니다. 이후 통신 서비스 기업은 통화와 패키지 요금 각각에 다양한 종량 과금 모델과 정액 모델을 마련하고, 이를 고객 이용 스타일에 따라 조합해 제안하여 경쟁사와 차별화를 꾀하고 있습니다.

종량 과금의 주요 특징은 다음과 같습니다.

- 서비스 이용 시간이나 이용량에 따른 정액 요금 설정(가격 투명성)
- 기본요금과 조합할 수 있음(정액 수익원)

종량 과금에서는 서비스를 이용한 시간이나 양에 따라 요금이 정해지기 때문에, 고객이 볼 때는 투명성이 높은 비즈니스 모델입니다. 한편, 기업에 있어서는 사용할 양을 고객에게 맡기는 꼴이므로, 수익 예측이 어려워지는 측면이 있습니다. 그러므로 기업이나 서비스에 따라서는 스마트폰의 통신 요금과 같이 일정액을 기본요금으로 설정한 다음, 초과 서비스에 대해서는 종량 과금을 적용하여 수익 안정화를 꾀하는 예도 볼 수 있습니다.

사례 1: 파크24

일본 전국에서 시간제 주차장을 운영하는 **파크24**의 타임즈 파킹은, 주차 공간에 설치한 주차 잠금장치와 자동 정산기를 이용하여 무인으로 주차 시간을 관리합니다. 시간제 주차장은 주택을 짓기 곤란한 좁은 땅을 활용하여 1990년대 후반부터 그 수를 늘렸으며, 1997년~2002년 사이 파크24가 운영하는 주차장의 차량 수용 대수는 2.5배가 되었습니다.

파크24의 비즈니스 모델은 **토지 주인에게 정액 임대료를 지불**하고, **운전자가 지불하는 주차 요금과의 차액을 수익으로 삼습니다.** 따라서 주차장 가동률이 오르면 오를수록 수익이 오르지만, 반대로 가동률이 충분하지 못하면 적자가 될 위험이 있습니다.

사례 2: 비자스쿠

비즈니스 컨설팅을 전화로 부담 없이 제공하는 **비자스쿠**는, 의뢰자의 **상담 내용에 따라 적절한 조언을 제공하는 컨설턴트 매칭 서비스와 함께 통화 시간에 따라 사례금이 정해지는 서비스**를 제공합니다. 직접 컨설턴트를 지정하는 셀프 매칭 형식의 이용 요금은 1시간당 5,000엔부터입니다.

비자스쿠의 종량 과금 모델은 '부담 없이 짧은 시간만 이용하고 싶다', '시간에 상관없이 오랫동안 상담하고 싶다' 등의 다양한 니즈에 부응함으로써 폭넓은 층의 고객을 확보했습니다.

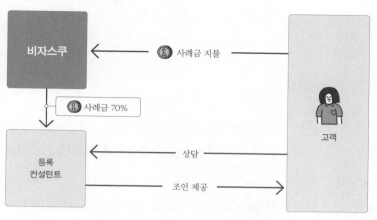

그림 5-2 비자스쿠의 종량 과금 모델

종량 과금의 성립 조건

(1) 시간·이용량 단위로 제공 가능한 서비스

물리적인 제품을 고객에게 판매하는 모델과는 달리, 종량 과금이 성립하려면 고객의 니즈에 따라 서비스를 조정할 수 있어야 한다는 것이 전제입니다. 고객에게는 이용하기 편리한 서비스지만 기업이 더 많은 수익을 올리려면 고객의 이용 규모가 예상한 것보다 많거나 적다는 불확실성을 회피하기 위한 방책으로서 일정 규모의 고객을 확보해야만 합니다.

(2) 이용 시간이나 이용량 수치화 시스템

종량 과금이 성립하려면 고객이 제품이나 서비스를 어느 정도 이용했는지를 수치화하는 체계가 필요합니다. 인터넷 보급에 따라 디지털 데이터를 이용한 시간이나 사용량의 관리가 쉬워졌습니다. 종량 과금 비즈니스를 운영할 기업에는 자사의 서비스에 필요한 데이터를 빠르면서도 정확하게 수집하는 시스템을 구축할 능력이 요구됩니다.

종량 과금의 함정

고객이 사용하면 할수록 수익이 오르는 것이 종량 과금 모델입니다만, 실제 이용량을 고객의 행동에 맡겨야 하므로 **수익 예측이 어렵다**는 점이 주의 사항입니다.

또한, **과금 상한을 설정하지 않아 고객 지급 능력을 초과하는 경우도 흔합니다.** 예를 들어 온라인 게임이나 소셜 게임 중에는, 게임 자체는 무료지만 게임에서 플레이어의 능력을 높이거나 게임 이용 시간을 연장할 때마다 과금하는 종량 과금 모델을 조합하여 수익을 올리는 모델이 있습니다.

그중에서도 입수하기 어려운 아이템을 무작위로 부여하여 고객이 원하는 아이템을 얻고자 과금을 반복하게 하는 '가챠' 종량 과금 모델은, **미성년자에게 고가로 요금을 청구하는 등 사회 문제가 되기도 했습니다.** 사용할수록 요금이 발생하는 종량 과금 모델에는 과금 시스템의 정당성이 요구되며, 정당하지 않게 수익을 올리고자 한다면 비즈니스 그 자체가 사라질 수 있습니다.

적용을 위한 질문

- ☑ 이용 시간이나 이용량을 수치화할 수 있는가?
- ☑ 종량 과금 이외의 모델과 조합할 수 있는가?
- ☑ 정당한 과금 시스템을 마련할 수 있는가?

참고문헌

守口剛. 「課金方式のバリエーション」 『マーケティングジャーナル』 32(2), 4-12(2012)

38

기분은 돈과 바꿀 수 있다
자발적 지불

Pay-what-you-want

Case Study

버스킹   교회 바자

트위치   쇼룸

KEY POINT

- 제공된 서비스에 대해 고객이 원하는 금액을 지불
- 균일화된 '무언가'가 아니라 고객의 '만족감'이 제공 가치
- 무엇에 대가를 지급하는지를 명확히 하면 안정적인 수익 획득이 가능

기본 개념

자발적 지불이란 제공하는 상품이나 서비스에 대해 기업이 가격을 정하지 않고, 고객이 내고 싶은 금액을 받는 수익 모델입니다. 영어권에서는 "Pay What You Want(내고 싶은 만큼 내세요.)"의 머리글자를 딴 PWYW로 불리고 있습니다.

자발적 지불 모델은 인터넷과 궁합이 좋기에, 근래 들어 엔터테인먼트 산업이나 인터넷상의 시제품 제작·제공 등, 다양한 업계에서 이 비즈니스 모델을 채택한 비즈니스가 등장하고 있습니다(플랫폼형 서비스 포함).

이 모델의 주요 특징은 다음의 2가지입니다.

- 가격을 정하기가 어려운 가치(손으로 쥘 수 없는 서비스) 제공을 통한 수익 창출
- 고가를 지불하는 고객이 일정 수 존재함으로써 사업 성립

자발적 지불 모델은 사실 고전적인 비즈니스 모델입니다. **버스킹**(거리 공연)이나 **레스토랑 팁**, **교회 바자** 등은 모두 이 모델에 해당합니다. 고객은 정해진

279

액수가 아니라, 자신이 가치를 느낀 만큼의 금액을 지불합니다. 또한, 이때 **지불한 금액에는 심리적인 만족감이 포함**된다는 성질이 있습니다.

사례 1: 트위치(Twitch)

인터넷 생방송 스트리밍 서비스 트위치에서는 각 시청자가 저마다 지지하는 스트리머에게 원하는 만큼의 금전을 보낼 수 있습니다. 이 금전은 트위치 안에서 구매할 수 있는 가상 통화, **비트**로 지급합니다. 이 책 집필 시점에는 100비트에 1,850원가량입니다.

시청자가 스트리머에게 응원(도네이션)을 보내면, 금액에 따라 이모티콘이 표시됩니다. 이것이 중계 화면 옆에 있는 채팅창에 나타나므로 누가 얼마나 응원했는지를 알 수 있습니다. 트위치는 이 밖에도 **구독**이라고 하는, 시청자가 특정 스트리머를 지원하기 위한 월정액 과금 플랜도 제공하고 있습니다.

이때 **지급하는 돈은 후원 내지 지원이라는 의미를** 지니므로, **스트리머와의 관계 구축이 제공 가치가 된다는** 점에서 새로운 비즈니스 모델이라 할 수 있습니다.

트위치는 2014년 아마존에 인수되었으며, 플랫폼 안에서 사용하는 비트는 아마존과 페이팔이 판매를 대행하고 있습니다. 또한, 트위치 내에서 송출되는 광고를 시청하면 비트를 지급하는 시스템도 있어 광고 모델(p.334)로도 수익을 올립니다.

그림 5-3 트위치의 수익 모델

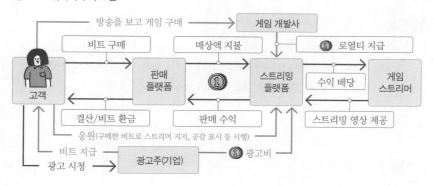

사례 2: 쇼룸(SHOWROOM)

아이돌이나 연예인의 라이브 방송을 실시간으로 즐길 수 있는 일본 스트리밍 사이트 쇼룸은 2013년 11월 서비스를 시작했습니다. 라이브 공연장과 같은 분위기의 인터페이스로, 유저의 아바타가 동영상 화면에 출연자와 함께 등장한다는 것이 특징입니다.

기프팅(gifting)이라 불리는 출연자 응원 시스템이 가장 큰 특징으로, ID

를 등록하면 **기프트 아이템을 구매할** 수 있습니다. 기프트는 하트 아이콘이나 장미, 곰 인형 등으로, 이를 **무대를 본뜬 화면에 던질 수 있어** 마치 공연장에 있는 듯한 **현장감을** 느낄 수 있습니다.

기프트를 사려면 **Show Gold**라 불리는 플랫폼 안의 가상 화폐를 이용해야 합니다. 이 책 집필 시점에 111G(Show Gold)당 120엔부터입니다. 일반적으로 기프트 가격은 100~300엔 정도입니다만, 천 엔, 만 엔 등의 고가 기프트를 던진 유저의 아바타는 가상 공연장의 가장 앞줄에 배치됩니다. 출연자에게 자신이 **응원한다는** 것을 어필할 수도 있으며 때로는 그 자리에서 바로 커뮤니케이션이 이루어질 수도 있습니다.

> **MEMO**
>
> 트위치의 제공 가치는 '자신이 누구를 지지하는지 표명할 수 있다'는 것입니다. 이와는 달리 쇼룸의 제공 가치는 '응원하는 상대와 커뮤니케이션이 이루어질 수 있다'는 것입니다. 이런 점에서 디지털 시대의 기부를 통한 고객과 서비스 제공자와의 관계는 '이어짐의 가치'를 상징한다고도 할 수 있습니다.

자발적 지불의 성립 조건

(1) 기부를 위한 '장'

버스킹이든, 플랫폼이든 가치를 제공하는 쪽과 고객이 같은 곳에 있으므로 비로소 자발적 지불(기부)이 일어나는 것입니다. 그러므로 무엇보다 먼저 장소를 만들어야 합니다. 또한, 동시에 지불한 금액에 따른 아이콘 부여와 같이, 금액의 등급을 눈으로 확인할 수 있는 장치도 필요합니다.

(2) 지속적인 수익을 얻을 수 있는 구조 조성

고객에게서 계속 수익을 얻기 위해서는, 제품이 되는 콘텐츠 투입 빈도를 높이고 서비스의 다양성을 실현할 수 있는지가 중요합니다.

자발적 지불의 함정

이 모델에는 일정 수의 공짜 승객이 있습니다. 그러므로 자발적 지불이 없더라도 성립하는 수익 구조를 마련해야 합니다. 예를 들어, 트위치에서는 동영상을 보고 게임 소프트웨어를 구매했을 때의 로열티 수입이나 광고 모델을 조합함으로써 일정한 수익을 기대할 수 있는 구조를 만들고 있습니다.

또한, 요식업이나 숙박업 등의 대면형 비즈니스에서는 고객에게 '너무 적은 금액을 내는 것이 마음에 걸린다'라는 심리가 작용하기 때문에 이 모델을 도입해도 큰 폭의 적자가 생기기는 어렵다고 합니다.

적용을 위한 질문

☑ 고객이 심리적인 만족감을 얻을 수 있는 질 높은 제품이나 서비스가 있는가?

☑ 지급한 금액을 가시화하여 고객의 만족도를 높이는 장치를 만들 수 있는가?

☑ 자발적 지불에 따른 수입뿐 아니라 광고 등 별도의 수익원도 확보할 수 있는가?

39

이 날은 내가 주인
부분 소유
Fractional Ownership

Case Study

제트기 부분 소유
엑시브

KEY POINT
- 수십억 원 단위의 고가 제품이나 부동산을 여러 명의 소유자에게 분할 판매
- 판매한 제품·부동산의 관리비와 수수료가 수익원
- 고객 데이터를 활용한 새로운 부가가치 창출이 필요

기본 개념

　부분 소유란 항공기나 선박, 부동산과 같은 고가 자산의 부분적인 소유권을 고객에게 분할 판매하는 수익 모델입니다. 여러 명의 소유자가 자산을 소유하되 **사용 시간을 서로 나눈다**는 점에서 타임 셰어(time share)라 부르기도 합니다. 부분 소유라는 개념은, 유럽에서 생겨난 **'1년 중 1주일간만 휴양지 별장을 사용할 수 있는 권리 판매 서비스'**에서 비롯되었다고 합니다. 골프장 회원권 비즈니스도 여기에 해당됩니다.

　부분 소유의 주요 특징은 다음과 같습니다.

- 분할 판매한 제품·부동산을 소유자가 이용할 때 지불하는 관리비(유지보수 비용, 인건비 등)가 수익원
- 여러 명이 공동으로 자산을 사용하여 소유자의 투자 위험을 경감
- 부분 소유한 자산의 소유권은 소유자에게 있음(상속, 매매 가능)

부분 소유의 가장 큰 특징은 자산의 소유권이 소유자에게 있다는 점입니다. 소유자는 자신이 가진 부분 자산에 한해서 자유롭게 매각하거나 상속하는 것이 가능합니다. 예를 들어, 1년 중 1주일분의 별장 사용권을 가진 소유자는 소유한 별장의 51분의 1의 권리를 등기하므로 정식 소유 자산이 됩니다.● 소유권을 가짐으로써 영구적으로 이용할 수 있다는 점이나, 재산으로서 상속할 수 있다는 점 등이 '사용권만을 제공'하는 셰어링(p.101)과의 큰 차이입니다.

● 일반적으로 별장 등의 부동산은 1년 중 1주일을 관리나 유지보수에 할당하므로 판매는 51주 이하가 됩니다.

사례 1: 제트기 부분 소유

부분 소유의 대표 사례로는 제트기 부분 소유를 들 수 있습니다. 비즈니스 제트기는 대당 수십억 원인 데 더하여 조종사 인건비나 격납고 유지비, 수리 비용 등 연간 수십억 원 단위의 비용이 듭니다. 게다가 자주 사용하지 않는 사람이 대부분입니다. 이러한 고가 제품을 부분 소유하면 소유주는 비용을 큰 폭으로 줄일 수 있습니다.

현재 세계 여러 곳에서 제공하는 제트기 부분 소유 서비스에 저가격을 내세워 신규 진입한 것이 **제트잇(Jet It)**입니다. 창업자인 글렌 곤살레스(Glenn Gonzales)와 비샬 히레마스(Vishal Hiremath)는 오랜 항공 업계 경력과 혼다 에어크래프트 영업팀 근무 경험을 기반으로 제트잇을 설립했습니다.

제트잇에서는 약 60억 원(약 5억 4천만 엔)의 제트기 '**혼다제트**'를 여러 명의 소유자가 부분 소유합니다. 제트잇의 경우, **제트기 1기를 5명의 소유자가 부분 소유했을 때 1명이 사용할 수 있는 일수는 연간 55일, 1시간당 사용료는 1,600달러 (약 180만 원)**입니다. 시간 단위 추가 요금을 지불하면 자신의 소유분을 초과하여 이용할 수도 있습니다. 조종사나 정비사도 제트잇이 모두 담당하므로 제트기를 사용하지 않는 기간도 포함하여 **소유자가 직접 고용을 유지할 필요는 없습니다.**

그림 5-4 제트잇의 부분 소유 모델

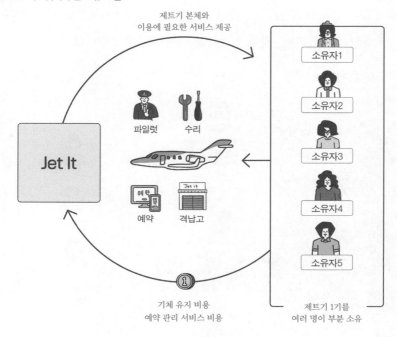

제트기 본체와
이용에 필요한 서비스 제공

파일럿   수리

Jet It

예약   격납고

기체 유지 비용
예약 관리 서비스 비용

소유자1

소유자2

소유자3

소유자4

소유자5

제트기 1기를
여러 명이 부분 소유

사례 2: 엑시브(XIV)

엑시브는 리조트 트러스트가 운영하는 회원제 리조트 호텔입니다. 카루이자와, 야마나카호, 하코네 등 일본 유수의 관광지에 여러 곳의 호텔을 보유하고 있습니다. 1년간의 숙박일수를 부분 소유하는 타임 셰어 시스템으로, 호텔 1실의 회원권을 14명의 소유자가 부분 소유하고 연간 26박을 보증합니다.

이 서비스의 독특한 점은 회원권과 이용권의 형태에 있습니다. 소유자는 어느 곳이든 1곳의 호텔 회원권을 소유합니다만, 이용은 소유한 호텔에 한정되지 않고 숙박 희망 날짜에 빈방이 있다면 같은 등급의 다른 호텔도 이용 가능합니

다. 엑시브는 일본 전국에 27개의 호텔을 보유하고 있으며(이 책 집필 시점), 그
중에는 역사에 이름을 남긴 여관이나 유명 문학 작품에 등장하는 여관 부지
에 건축한 시설이 있다는 점이 경쟁사와 차별화된 부분입니다.

그림 5-5 엑시브의 부분 소유 모델

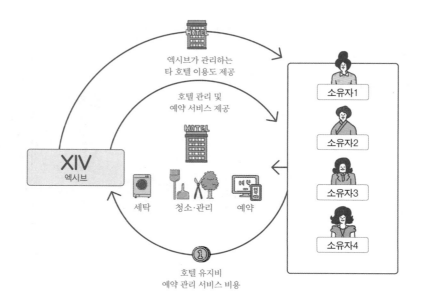

부분 소유의 성립 조건

(1) 소유 대상이 고가여도 서비스로서의 수요 존재

부분 소유로 제공되는 상품은 비싸기는 합니다만, **혼자 소유하는 것
에 비해 비용이 크게 절약**된다는 점이나 **소유권이 매각 가능**하다는 점에
서 이용하고자 하는 고객에게는 타당성이 있는 비즈니스라 할 수 있
습니다.

전용기를 소유하는 경우 예를 들어 걸프스트림 기종이라면 기체만

약 200~600억 원, 유지비만으로도 연간 20~30억 정도가 든다고 합니다. 그럼에도 정부 요인이나 기업 경영자와 같이 높은 보안이 필요하며 이동의 편리성을 중시하는 경우라면, 비록 전용기 사용이 일반 노선의 일등석보다 비싸더라도 이용할 가치가 있다고 생각됩니다.

(2) '규모의 경제'로 부가가치 창출

부분 소유는 간단한 구조이므로 경쟁사가 나타났을 때 가격 경쟁에 휘말릴 염려가 있습니다. 따라서 경쟁사와 차별화를 이루려면 **소유권을 분할 판매하는 것 이외의 부가가치가 필요합니다.**

예를 들어, 전용기 서비스의 선구 기업인 미국 **넷제츠**(NetJets)는 세계 5,000곳을 잇는 비행편을 구축하고, 전 세계적으로 600명 이상의 조종사나 승무원을 고용하는 등 규모의 경제(p.340)를 이용하여 가치를 높이고 있습니다.

(3) 보유 자산의 '기능에 따른 차별화' 가능

[사례 1]에서 든 **제트잇**은 후발 기업이므로 경쟁사와의 차별화를 이루고자 혼다제트의 기능을 고객에게 어필하고 있습니다. 예를 들어, '비행 속도가 빨라 목적지에 일찍 도착할 수 있다', '기내에서 엔진음이 들리지 않는다' 등의 기능은 비즈니스 고객에게 매력으로 다가옵니다.

(4) IT를 이용한 고객 데이터 관리와 활용

서비스 부가가치로서 고객 개개인의 니즈를 실현하기 위해서는 자사 내에 고객 데이터 활용 시스템을 구축해야 합니다.

고객 이용 이력 관리는 물론이고, 이용 시의 상세한 요청 정보(예를 들어 제트기나 호텔이라면 어메니티 요청이나 청소 내용 등)도 함께 축적한다면, 잠재 니즈의 파악이 가능해져 새로운 차별화를 만드는 계기가 될 수도 있습니다.

(5) 인력 확보와 교섭력

고가 상품이나 고가 서비스를 제공하는 부분 소유에서는 다양한 배경의 인재 확보(글로벌 포함)나 현지 정부와의 관계도 성립 조건 중 하나가 됩니다. 또한, 관계 각처와의 교섭력도 중요합니다. 예를 들어 비즈니스 전용기라면 공공 공항 사용에 관해 교섭해야 하며, 리조트 호텔이라면 개발 지역과의 교섭이 필요합니다. 이처럼 관계 각처와 윈-윈 관계를 쌓기 위한 전략을 마련해야 합니다.

부분 소유의 함정

부분 소유에서는 투자 대상이 고가이기 때문에, **서비스를 이용하는 고객의 규모나 이용 지속률, 이탈률을 적절하게 파악하지 못하면 큰 손실을 볼 수 있습니다**. 가령 소유자에게는 자산 매각이 가능하다는 점이 서비스 이용의 이점이 되지만, 사업자 측에서는 매각 시점을 알기 어렵고, 특히 소유자가 기업인 경우 그 기업의 실적 변동도 자산 매각 계기가 되기 때문에, 수익 유지 제어를 자사에서 할 수 없습니다. 그러므로 리조트 호텔에서는 기업 소유자와 개인 소유자 양쪽을 모두 유치하여 위험을 회피하고 있습니다.

그 밖에도 직원 교육이나 특수한 직능에 대한 비용 등에 따라 **고정비가 거액이 되는 경향**이 있다는 점도 부분 소유 도입 검토 시 주의해야 할 부분입니다.

 적용을 위한 질문

☑ 고액 이용료를 낼 수 있는 고객을 일정 수 이상 확보할 수 있는가?

☑ 고객의 편리성을 높일 수 있는 소유 자산 규모를 유지할 수 있는가?

☑ 고객 이탈 위험에 대해 대비할 수 있는가?

📖 참고문헌

「離陸に支障なし！プライベートジェット分割所有企業のJet IT, 初のHondaJetEliteを受領」(PR wire, 2019) (https://kyodonewsprwire.jp/release/201901182356)

정액으로 오랫동안 이용하는
구독
Subscription

KEY POINT

- 일정 기간 정액 요금으로 지속적인 서비스 제공
- '회원제'와 '정액제'가 기본 모델
- 고객 데이터를 활용한 새로운 요금제 창출 필요

기본 개념

구독이란, 고객에게서 '월정액'과 같이 기간에 따라 정해진 요금을 지불받고, 해당 기간 서비스를 계속 제공하는 수익 모델입니다. 신문이나 잡지의 **정기구독**은 구독의 전형적인 형태라고 할 수 있습니다.

구독 모델의 주요 특징은 다음과 같습니다.

- 일정 기간의 이용료를 정하여 서비스를 제공하고 지속적인 수익을 획득
- 정액 계약이므로 수익 획득 비용 절감 가능
- 고객에게 할인이나 부가 서비스 등, 정기 계약을 선택하는 이점을 제공해야 함

구독에는 '회원제'와 '정액제' 2종류가 있습니다.

회원제란 피트니스 클럽으로 대표되는, 매월 일정 금액을 회원비로 내고 자유롭게 사용하는 서비스입니다.

정액제란 **이용할 서비스 내용에 따라 가격을 정하고, 그 범위 안에서 마음껏 사**

용할 수 있는 서비스입니다. 대표적인 예로는 휴대전화 데이터 요금을 들 수 있습니다.

두 가지 구독 모델 모두 안정적인 수익을 예상할 수 있는 가격 전략으로, 많은 기업이 채택하고 있습니다.

새로운 구독

2000년대 이후에 등장한 새로운 구독 모델은 산업 구조 변화에 따른 진화형 모델이라 할 수 있습니다. 진화형 구독 모델에는 다음과 같은 종류가 있습니다.

[1] 클라우드 활용형

클라우드 기술이 발달함에 따라 공급 비용이 저렴해지면서 가능해진 비즈니스 모델로, 동영상 스트리밍 서비스나 음악 스트리밍 서비스 등이 대표적인 예입니다. 이러한 콘텐츠에는 생활 중에 '그냥 틀어 놓은 채로 즐긴다'는 니즈가 있기 때문에, 많은 작품을 갖추고 마음껏 이용할 수 있는 정액 서비스는 고객의 편리성을 높입니다. 2019년부터는 애플이나 구글이 월정액 게임 서비스를 제공하는 등, 클라우드 활용형의 범주가 넓어졌습니다.

[2] 사용 경제형

셰어링(p.101)의 정액 형태로, 이전이라면 소유해야 했던 것을 마음껏 빌리는 서비스입니다. 여성을 위한 패션 대여 서비스 샤렐은 55개 유명 브랜드(이 책 집필 시점)의 가방이나 장신구를 월정액 4,800엔(세금 별도)에 제공합니다. 그 밖에도 자동차나 가전 등 다양한 월정액 서비스가 등장하고 있습니다.

[3] LTV형

고객의 지속적인 이용에 따라 수익을 올리는 비즈니스 모델입니다. 맥주 제조사 기린의 홈 탭은 가정에 맥주 서버를 무료로 설치하고 월 2회씩 맥주를 배달해 주는 정액 서비스로, 이용 요금은 2,900엔(세금 별도)입니다. 앞서 살펴본 소모품 모델(p.169)과 다른 점은 매번 구매하는 것이 아니라 월정액 요금이라는 점입니다. 초기 투자가 저렴한 만큼 계속 이용 기간을 연장하게 해 수익을 올려야 합니다.

[4] 연결형

전용 앱을 이용하여 고객에게 개인화한 서비스를 제공하는 비즈니스 모델입니다. 예를 들어 네슬레가 제공하는 네슬레 웰니스 앰배서더는 고객 한 사람 한 사람에게 맞춘 건강 성분을 함유한 드링크 캡슐을 정기(1달마다, 2달마다)적으로 배달하는 서비스입니다. 전용 앱으로 건강에 관련된 질문에 답하면 고객에게 부족한 영양 성분을 추천해 주고, 또한 매일의 식사를 촬영해 앱으로 보내면 생활 습관을 분석하여 차회에 배달할 제품 선택에 반영합니다.

그림 5-6 진화 중인 새로운 구독

1. 클라우드 활용형
원할 때 원하는 만큼 즐길 수 있음

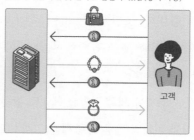

2. 사용 경제형
반환하기만 하면 몇 번이고 빌릴 수 있음(장기 가능)

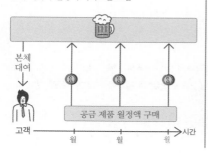

3. LTV형
본체 대여와 월정액 서비스를 조합

4. 연결형
데이터에 기반해 개인화된 서비스를 마음껏 이용

사례 1: 에어클로젯(airCloset)

에어클로젯은 매월 정액 요금을 지불하면 스타일리스트가 고객에게 맞춰 고른 옷을 대여할 수 있는 '연결형' 구독입니다. 회원수는 30만 명(2020년 시점)으로, 주로 20대~40대 여성입니다.

한 달에 3벌을 대여할 수 있는 '라이트 코스'(6,800엔/월)와 한 달간 무제한으로 대여할 수 있는 '레귤러 코스'(9,800엔/월)가 있습니다. 고객이 회원으로 가입하면서 사이즈나 체형 특징, 좋아하는 색, 도전해 보고 싶은 옷 등의 항목을 입력하면, 기업은 데이터에 기반하여 선별한 옷을 배달합니다.

에어클로젯의 강점은 전문가 네트워크(계약 브랜드와 스타일리스트의 양과 질)와 고객 데이터 관리의 조합에 있습니다. 계약 브랜드 수는 300개 이상, 계약 스타일리스트는 200명 이상으로, 이를 통해 고객 서비스의 질을 높이고자 노력합니다. 또한, 고객의 기본 데이터 외에도 고객이 스타일리스트에게 바라는 점이나 옷을 반환할 때의 메시지 등도 모두 데이터화하여 데이터 분석에 활용합니다.

구독에서 제품 조달과 데이터 활용 양자를 잘 조합할 수 있다면, 고객 만족도 향상과 기업의 업무 비용 절감(고객 니즈 파악이나 제품 선택에 드는 시간)을 동시에 실현할 수 있습니다. 에어클로젯은 이런 강점을 살려 성장하고 있는 비즈니스입니다.

> **MEMO**
>
> 종래의 구독 모델은 정액으로 이득이 되는 서비스를 제공하여 고객의 수요를 환기하는 가격 전략이었습니다만, 2000년대 이후의 구독 모델은 '클라우드 활용'이나 '사용 경제'와 같은 '소유에서 사용으로'라는 트렌드 변화에 발맞추면서 새로운 부가가치를 낳고 있습니다.

그림 5-7 에어클로젯의 구독 모델

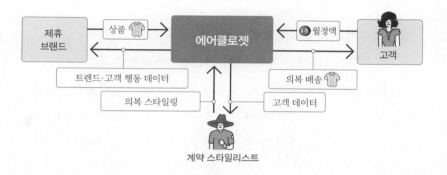

계약 스타일리스트

사례 2: NORERU

NORERU는 중고차 판매의 큰손 **걸리버**가 2016년부터 시작한 새로운 서비스로, **월정액 요금으로 자동차를 대여할 수 있는** '사용 경제형' 구독입니다.

월정액 5만 9,800엔부터 차를 대여할 수 있는데, 자동차 보험, 세금, 차량 점검 등 유지 비용도 월정액 요금에 포함됩니다. 고객은 신차, 중고차뿐 아니라 스포츠카, 왜건 등의 차종은 물론 차체 색도 선택할 수 있으며, 매월 다른 차로 갈아탈 수도 있습니다.

이는 중고차 재고를 항상 충분히 확보하고 있는 걸리버 그룹이기에 가능한 서비스입니다. 자동차 판매 대수가 줄어든 지금, 중고차 판매업이 생존하고자 비즈니스 모델을 소유에서 사용으로 전환한 좋은 예입니다.

구독의 성립 조건

(1) 일정 수의 고객 규모 확보 및 유지

구독 모델은 이용하는 고객이 많으면 많을수록 수익 증가를 기대할 수 있으므로, 규모 확보가 성패를 크게 좌우합니다. 단순히 상품을 제공하는 것만으로는 고객이 비싸게 느낄 수 있기 때문에, 지속적 지불에 대응하는 부가 서비스나 할인을 적절하게 제공해야 합니다. 일반적으로 기존 고객의 유지는 신규 고객 확보보다도 비용이 적게 들기에, 일정 수의 고객 기반을 확보할 수 있다면 안정적인 사업 성장을 기대할 수 있습니다.

(2) '고객의 일'을 대신하는 부가 서비스 제공

경제학자인 클레이튼 크리스텐슨(Clayton M. Christensen)은 해결과제 이론에서 "고객에게는 '해야 할 일'이 있으며, 이를 위해 제품이나 서비스를 이용한다."라고 주장했습니다.

진화형 구독 모델은 가격 전략뿐 아니라, '고객이 제품을 통해 무엇을 표현하고 싶은가?'를 이해하고 이를 부가가치로서 제공한다는 것이 특징입니다.

구독의 함정

구독에서는 자사 제품 원가를 고려할 때 어느 정도의 고객 규모를 확보해야 안정적인 수익 사이클을 지속할 수 있는가를 정확히 파악하는 것이 중요합니다. 여기에는 취급하는 상품의 종류도 큰 관련이 있습니다. 틈새 상품처럼 애당

수익 모델

초 고객 규모가 작은 시장은 구독에 어울리지 않습니다. 반면, 아마존 정기 배송에서 취급하는 세제나 문구류 등의 소비재나 소모품은 고객의 취미·취향에 크게 좌우되지는 않으므로, 일정 규모가 계속될 것을 예상할 수 있습니다.

그리고 커다란 함정 중 하나로, **고객의 해약 의사결정을 막을 수 없다**는 것을 들 수 있습니다. 특히 콘텐츠 산업처럼 고객의 기호와 상품 구색 간 차이가 발생하기 쉬운 산업에서는 이 부분을 주의해야 합니다. 또한 해약 방법이 너무 간단하면 고객 수가 줄어들 위험이 있지만, 그렇다고 해서 너무 복잡하면 고객의 불만을 유발합니다.

 적용을 위한 질문

☑ '일정 요금의 고객 규모'를 확보할 수 있는 수요가 있는가?

☑ 정액제를 이용하여 비용을 줄일 수 있는가?

☑ 계속 제공할 수 있는 서비스 구조를 만들 수 있는가?

☑ 고객이 납득할 수 있는 가격이나 서비스 이점을 제공할 수 있는가?

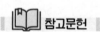 참고문헌

根来龍之.「ビジネススクール流知的武装講座 サブスクリプション型ビジネスが増えているのはなぜか？ キーワード: 4つの産業構造の変化」『プレジデント』(2018.11.27)

41 추가 판매로 더 버는 애드온

Add-on

Case Study

저가항공사(LCC)
IBM SPSS
웨딩업

KEY POINT

- 추가 판매로 수익을 올리는 구조
- 기본 제품이나 서비스만으로는 니즈를 만족하지 못하는 경우에 유효
- 애드온 부분의 부가가치나 가격 설정이 중요

기본 개념

애드온은 **특정 제품·서비스와 관련한 '추가 판매'로 수익을 올리는 구조**입니다. 예를 들어, 보통 대항항공이나 아시아나와 같은 항공사 표준 기내 서비스에서는, 서비스 대금이 실질적으로 항공 운임에 포함되어 있기에 음료수나 식사를 무료로 제공합니다. 이와는 달리 **저가항공사(LCC)**인 제주항공의 항공 운임은 대한항공이나 아시아나보다는 저렴하나, 기내에서 제공하는 음료수나 식사는 모두 유료입니다. 가장 저렴한 요금인 'FLY'는 위탁 수화물도 유료입니다.

또한, 통계 분석 소프트웨어 **SAS Analytics Pro**에는 소프트웨어만으로 실행할 수 있는 통계 분석 외에, 더 높은 수준의 통계 해석이나 시계열 예측 등을 수행하는 '통계 해석 애드온'이라는 유료 옵션이 있습니다.

애드온에서 기본 제품(또는 서비스)에 추가되는 것은 다음 중 하나입니다.

- 제품·서비스의 기본 부분을 보완하여 기능을 향상시키는 것
- 기본 제품·서비스와 비교해 부가가치가 높은 것

프리(무료 모델)의 일종인 직접적인 내부 상호 보조(p.320)는 애드온의 한 종류입니다. 예를 들어 소셜 게임의 아이템 과금 역시 애드온이라 할 수 있습니다.

기업이 애드온을 채택하는 이유

기업이 애드온을 채택하는 것은 '기존 고객'에게서 얻는 수익 폭을 확대하기 위해서입니다. 일반적으로 기업이 신규 고객을 개척하려면 큰 비용과 시간이 필요합니다. 따라서 이미 자사 제품을 이용하던 고객(또는 이용할 뜻이 있는 고객)에게 무언가를 추가로 판매하여 효율적인 수익을 얻고자 하는 것입니다.

또한, 기업이 모든 고객의 니즈에 단번에 완벽하게 부응하려면 처음부터 다양한 제품을 준비해야 합니다. 예를 들어 앞서 살펴본 **SAS Analytics Pro**

프로그램을 하나의 제품만으로 다양한 통계 분석이 가능하도록 만든다면, 결과적으로 값비싼 다기능 소프트웨어가 되어 한정된 고객만 구매하게 되어버릴 수도 있습니다. 이는 기업에 있어 위험이 됩니다.

애드온은 추가분을 고객이 선택하도록 함으로써 기본 부분을 확실하게 판매하려는 구조라 할 수 있습니다.

사례 1: IBM SPSS

IBM이 제공하는 SPSS는 학술 연구나 고객 분석 등에 이용되는 통계 분석 소프트웨어입니다. 이 회사의 기본 소프트웨어인 **IBM SPSS Statistics**에는 Base Subscription이라는 이름의 월정액 기본 요금제가 있으며, 월 128,800원부터 이용할 수 있습니다. 이 요금제에서는 요인 분석, 클러스터링, 선형회귀 등의 기본적인 통계 분석이 가능합니다.

이와 함께 월정액 102,800원의 **추가 비용으로 이용할 수 있는 3종류의 고급 통계 분석 서비스**도 마련되어 있습니다(이 책 집필 시점).

그림 5-8 IBM SPSS Statistics의 애드온 모델

사례 2: 웨딩업

웨딩업(결혼 서비스업)은 전형적인 애드온 수익 모델입니다. 보통 결혼식·피로연 비용은 하객 수나 시기, 베뉴(장소), 제공하는 음식 등에 따라 '기본요금'이 책정되어 있습니다.

한편, 드레스나 메이크업/헤어, 홀 데코레이션과 꽃장식, 음식, 음료수 업그레이드 등은 이용자의 기호나 형편에 따라 선택할 수 있으므로 어떻게 조합하는지에 따라 비용이 달라집니다.

애드온의 성립 조건

(1) 기본 부분으로는 모든 고객의 니즈 충족 불가

애드온이 성립하는 데 가장 필요한 조건은 기업이 제공하는 제품·서비스의 기본 부분만으로는 모든 고객의 니즈를 충족할 수 없다는 점입니다. 앞에서 소개한 저가항공사(LCC)나 통계 소프트웨어, 웨딩업 사례에서 봤듯이 애드온 부분을 추가 제공하는 것으로 제품·서비스를 커스터마이징하여 고객 니즈에 부응해 가는 것입니다.

(2) 기본 부분 대비 애드온 부분의 부가가치가 충분

애드온 부분이 기본 부분과 비교해 충분한 부가가치가 있어야 한다는 점도 중요합니다. 부가 요금이 드는 부분이 기본 부분과 차이가 없다면 고객의 지갑을 열 수는 없을 것입니다.

(3) 애드온에 의한 수익성 하락 없음

애드온 부분을 추가했을 때 기업의 수익성(이익률)이 떨어진다면 의미가 없습니다. 그러므로 기본 부분을 제공하는 데 드는 비용과 비교했을 때 큰 추가 비용이 들지 않는 애드온을 선택해야 합니다.

애드온의 함정

앞서 본 것처럼 애드온 부분이 기본 부분과 비교해 부가가치가 없다면 이용자는 애드온을 선택하지 않습니다. 또한, 애드온 부분에 너무 비싼 가격을 매기면, 고객이 기본 부분만 이용하고 끝내려 할 염려가 있습니다. 게다가 제공하는 제품의 기본 부분이 기능적으로 충분한 경우에도 역시 애드온을 선택할 이유가 없어집니다.

적용을 위한 질문

☑ 제품의 기본 부분만으로 고객 니즈를 충족할 수 있는가, 아닌가?

☑ 애드온 부분을 몇 가지 패턴으로 준비할 수 있는가?

☑ 애드온 부분은 기본 부분과 비교해 부가가치가 있는가?

☑ 애드온의 가격 설정은 적절한가?

고객을 잡아 두고 계속 이용하게 하는 **Case Study**

고객 로열티

Customer Loyalty

마일리지 서비스
스타벅스 리워드
라쿠텐 슈퍼포인트

KEY POINT

● 이용에 따른 포인트 제도는 기업, 고객 모두 이득
● 회원 제도를 통한 고객과의 지속적인 커뮤니케이션 유지
● 사용하지 않은 포인트는 '충당금'이 되어 자산을 압박하므로 주의가
  필요

기본 개념

고객 로열티란 구매 금액이나 고객 등급에 따라 포인트를 지급하거나 서비스를 제공하여 고객을 잡아 두고 계속 이용하도록 하는 수익 모델입니다. 여기서는 주로 포인트 지급 서비스를 소개합니다.

이 수익 모델의 대표 사례로 항공사 마일리지 서비스를 들 수 있습니다. **아메리칸항공**은 1981년 전 세계 항공사 중 처음으로 어드밴티지라 부르는 서비스를 시작했습니다. 고객의 비행 거리에 따라 **마일이라 부르는 포인트를 지급**하고, **일정 마일이 쌓이면 항공권으로 교환**할 수 있을 뿐 아니라, 패키지 여행이나 호텔 숙박권 등 다양한 특전을 고객에게 돌려주었습니다. 계기는 실적 부진을 만회하기 위해서였지만, 마일리지 서비스를 통해 회원을 확보하고 다시 이용하도록 하는 데 성공했습니다.

포인트 지급 서비스는 고객을 록인하는 데 효과가 높은 것으로 알려져 있습니다. 특히 요금을 직접 할인할 수 없는 업종에서 효과적입니다.

또한, '포인트의 효과적인 활용 조언'이라는 명목으로 기업이 고객과 커뮤니케이션할 수 있다는 점도 장기적인 관계를 구축하는 데 중요합니다. 단순히 할인 대신 포인트를 지급·교환하는 것이 아니라, 고객의 니즈를 미리 파악하여 서비스 향상을 꾀하는 기업의 활동이 고객 충성심(고객 로열티)을 키우는 중요 요소가 됩니다.

사례 1: 스타벅스 리워드

미국에서 시작된 글로벌 커피숍 체인 **스타벅스커피**가 앱을 통해 제공하는 스타벅스 리워드에서는, 구매 금액에 따라 **별**이라 부르는 포인트를 지급하고 등급에 따른 서비스를 고객에게 제공합니다.

스타벅스커피 재팬(일본 스타벅스)에서는 구매 금액 54엔마다 별 1개를 부여하며, 250개가 모이면 Gold Star로 등급이 오릅니다. 이 금색 별을 정해진 개수만큼 모으면 무료 음료 쿠폰을 받을 수 있는 구조입니다.•

그 밖에도 신상품을 먼저 살 수 있는 쿠폰을 받는다거나 앱으로 미리 커피 주문을 할 수 있는 등, 다양한 서비스를 제공하고 있습니다.

그림 5-9 일본 스타벅스의 '스타벅스 리워드' 구조

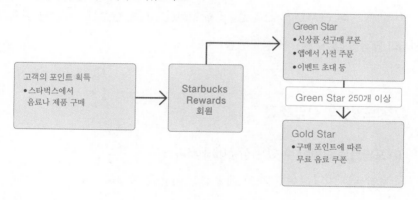

사례 2: 라쿠텐 슈퍼포인트

라쿠텐이 발행하는 라쿠텐 슈퍼포인트는 라쿠텐 쇼핑이나 라쿠텐 트래블,

• 스타벅스 리워드는 세계 각국 지사마다 조금씩 다른 구조로 운영되고 있습니다. 예를 들어 스타벅스커피 코리아의 스타벅스 리워드에서는 결제 시마다 별 1개가 적립되며, 1년간 30개의 별을 모으면 Gold Level로 승급됩니다. -편집주

라쿠텐 카드(신용카드) 등의 이용에 따라 지급하는 포인트 서비스입니다. 적립된 포인트는 1포인트=1엔으로 환산하여 라쿠텐 관련 서비스는 물론, 영화관이나 편의점, 음식점, 백화점 등의 외부 기업에서도 이용할 수 있습니다. 라쿠텐 회원 수는 일본 국내에서만 1억 명 이상이기에, 제휴한 외부 기업에는 **규모의 경제**(p.340)를 이용한 고객 유도라는 장점이 있습니다.

또한, 라쿠텐 슈퍼포인트는 고객의 재구매를 촉구하는 구매 횟수 포위 전략에 무척 효과적입니다만, 이뿐만 아니라 이 회사에서 운영하는 라쿠텐 쇼핑, 여행, 부동산, 금융 등의 다양한 서비스와 함께 이용하도록 하는 범주 포위 전략에도 효과적입니다. 라쿠텐이 운영하는 다양한 서비스를 함께 이용하면 포인트 우대를 받을 수 있으므로, 고객은 한층 더 **라쿠텐 경제권**에 참여하게 됩니다.

이렇게 하여 라쿠텐은 **고객 로열티를 형성하고 이를 향상시켜** 라쿠텐 경제권에서의 활동을 강화하는 데 성공했습니다.

고객 로열티의 성립 조건

(1) 포인트로 교환할 수 있는 상품이나 서비스

포인트를 지급하여 고객의 계속적인 이용을 촉진하고자 하는 경우, 쌓은 포인트와 교환할 수 있는 자사의 제품이나 서비스가 매력적이고 다양해야 합니다.

(2) 다양한 서비스의 제공

포인트 서비스를 통해 '평소 가질 수 없었던 상품이나 서비스'를 제공할 수 있다면 고객으로서는 계속 회원으로 머물 가치가 높아집니다. 예를 들어, 한정품 증정이나 항공사의 우선탑승 서비스 등입니다.

(3) 외부 기업과의 제휴 네트워크 구축

자사의 포인트 시스템에 외부 기업을 끌어들이려면 제휴 상대에게 이득이 되는 조건이나 자원을 제시해야 합니다. 예를 들어 '거대한 고객 기반이 있다', '부유층에 강하다' 등이 이에 해당합니다.

고객 로열티의 함정

고객 로열티에서 기업에 위험이 되는 것은 **고객이 사용하지 않은 포인트를 '충당금'으로 보류해야 한다는 점**입니다. 실제로 일본에서는 통신계 기업이 지급한 '교환하지 않은 포인트' 총액이 1,000억 엔을 넘는 일도 있었습니다. 포인트는 가상 화폐이자 '고객이 맡긴 돈'이기도 하기에 너무 불어나면 기업의 자산을 압박할 수도 있으므로 주의해야 합니다. 그러므로 포인트 지급 서비스를 비즈니스 모델에 포함할 때는 '어떻게 고객이 포인트를 쓰도록 할 것인가?'를 설계하는 것도 중요합니다.

적용을 위한 질문

☑ 적절한 포인트 지급률로 고객 만족도를 얻을 수 있는가?

☑ 고객 데이터 관리나 IT 시스템을 구축할 수 있는 자금이 있는가?

☑ 고객이 계속 포인트 교환을 하고 싶어 할 상품을 준비했는가?

☑ 제휴 파트너를 늘려 포인트 축적 플랫폼 사업자가 될 수 있는가?

43

브랜드나 지적 재산권을 타사에 파는
라이선싱
Licensing

KEY POINT

- 자사의 브랜드나 지적 재산권을 타사에 판매하는 수익 모델
- 라이선시(라이선스를 사는 쪽)에게 매력 있는 브랜드나 지적 재산권이
  어야 함
- 계약 내용을 자세하게 살펴보는 것이 중요

기본 개념

　　라이선싱이란 자사가 소유한 브랜드(상표권)나 지적 재산권을 타사에 유상으로
제공하여 수익을 올리는 구조입니다. 브랜드를 제공하는 기업을 '라이선서
(licensor)'라 하며, 라이선스 사용료를 지급하고 브랜드 이름을 사용하는 기업
을 '라이선시(licensee)'라 부릅니다.

　　라이선싱 성공 사례로는 **디즈니**를 들 수 있습니다. 디즈니는 자사가 소유
한 브랜드(디즈니 캐릭터)를 문구 제조사나 의류 제조사에 제공하여 수익을
얻습니다. 문구 제조사나 의류 제조사는 디즈니 캐릭터 제품을 제조·판매할
때 라이선스 사용료를 디즈니에 지급합니다.

　　라이선싱의 대표 사례는 디즈니와 같이 캐릭터나 브랜드를 제공하는 것입
니다만, 그 범위는 이에 그치지 않습니다. 특허 등 지적 재산권을 라이선싱하여
타사에 제공하는 사례도 많습니다.

　　예를 들어, 영국의 **ARM**은 반도체 칩의 주요 기술 설계가 전문인 기업입

니다. 이 회사는 기술 라이선싱이 사업의 중심입니다. 구체적으로는 자사 기술을 1,500사가 넘는 계약처에 제공하여 라이선스 수입을 얻을 뿐 아니라, 그 라이선싱을 이용하여 라이선시가 제품·기술 개발에 성공하면 그곳으로부터 계속적인 로열티 수입을 얻습니다.

라이선싱의 3가지 장점

라이선싱에는 다음과 같은 3가지 장점이 있습니다.

첫 번째, **수익 확대·투자 회수가 빠르다**는 것입니다. 자사 내에서 브랜드나 지적 재산을 이용하여 사업을 추진할 뿐 아니라, 타사에서도 라이선스료를 얻으므로 사업을 빠르게 수익화할 수 있습니다.

두 번째, **인력이나 설비 과제 해결**입니다. 자사만으로 브랜드나 지적 재산권을 활용하여 사업을 확대할 수 없을 때는 라이선스를 제공함으로써 과제를 극복할 수 있습니다.

세 번째 장점은 **자사 기술이나 브랜드를 시장에 보급**한다는 점입니다. 타사에 라이선스를 제공하여 시장에 기술이나 브랜드를 알림으로써 기술의 데 팍토 스탠더드(p.366)로의 발전이나 브랜드 파워 강화를 노릴 수 있습니다.

> **MEMO**
>
> 라이선싱의 일종으로 크로스 라이선스가 있습니다. 이는 복수 기업이 서로의 브랜드나 지적 재산을 상호(크로스) 라이선싱하는 방법입니다. 예를 들어, 캡콤과 코로플은 온라인 게임 관련 특허를 서로 이용합니다.

사례 1: 반다이 남코 그룹

게임이나 완구 등을 전문으로 하는 **반다이 남코 그룹**은 울트라맨이나 건담, 호빵맨, 프리큐어 등 다수의 유명 캐릭터를 보유하고 있습니다. 이 회사는 이들 IP(Intellectual Property, 지적 재산권)를 축으로 하여 타사 라이선스 제공에도 힘을 기울입니다.

예를 들면 호빵맨 그림책이나 프리큐어 옷 등, 시중에 이 회사의 IP를 활용한 제품이 많이 나와 있습니다. 반다이 남코는 사내에 **IP 크리에이션 사업부**를 설치하고 판권 창출이나 관리 등을 담당하도록 하여 라이선스 수입(사업부에서만 약 220억 엔, 이 책 집필 시점)을 얻습니다.

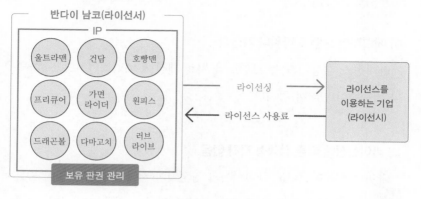

그림 5-10 반다이 남코의 라이선싱 비즈니스

사례 2: 닛산자동차

닛산자동차는 기술 라이선싱을 제공합니다. 원래 자동차는 3만 개 이상의 부품 집합체이며 선진 기술의 결정체라 할 수 있는 제품입니다. 닛산자동차는 이러한 자동차 관련 모터나 시트를 만드는 가죽, 파워풀 암이나 음원 탐지기, 상처가 잘 나지 않는 클리어 코트 등의 기술을 업종과 관계없이 닛산 테크놀로지 라이선스로 제공합니다.

예를 들어, 이 회사의 자동차 좌석 팔걸이 부분에 사용하는 합성 가죽 소재를 골프 가방이나 소파를 제조하는 기업에 제공하거나, 상처가 잘 나지 않는 클리어 코드 기술을 휴대전화 제조사에 제공하는 등 라이선스 범위는 다양합니다.

라이선싱의 성립 조건

(1) 매력적인 브랜드 파워나 기술력

라이선스 대상이 되는 브랜드나 지적 재산에 매력적인 브랜드 파워나 기술력이 있어야 합니다.

(2) 라이선싱에 따른 경쟁력 저하 없음

라이선싱을 하더라도 라이선서의 경쟁력이 저하되지 않는 것이 중요합니다. 일반적으로 지적 재산은 기업의 핵심 자원·능력입니다. 타사에 브랜드나 기술을 제공한 결과 자사의 경쟁력이 떨어진다면 아무런 의미가 없습니다.

라이선싱의 함정

라이선스 대상이 되는 브랜드나 지적 재산을 라이선시가 적절히 활용하느냐는 문제가 중요합니다. 예를 들어, 라이선서의 브랜드 가치를 훼손할 수 있는 제품을 판매하거나 기술을 잘못 활용하여 라이선시의 고객과 문제가 발생할 위험이 있습니다. 또 라이선시에서 기술이 유출될 위험도 있습니다.

그러므로 라이선싱을 진행할 때는 **사전에 꼼꼼한 라이선스 계약을 체결**해야 합니다. 이때 라이선스 대상이나 이용 방법·범위, 라이선스 기간이나 라이선스료 등을 구체적이고 꼼꼼하게 규정해야 합니다.

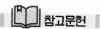 적용을 위한 질문

☑ 라이선싱할 수 있는 브랜드나 지적 재산이 있는가?

☑ 라이선싱할 브랜드나 지적 재산이 라이선시에게 매력적인가?

☑ 라이선싱 결과 자사의 경쟁력이 떨어지지는 않는가?

📖 참고문헌

「Arm Limited 2019年3月期 第1四半期 ロードショー資料」(https://cdn.group.softbank/corp/set/data/irinfo/presentations/results/pdf/2019/softbank_presentation_2019_001_004.pdf)

하나로 여러 번 수익을 얻는

윈도잉

Windowing

Case Study

영화 산업
종이 잡지와 웹진

KEY POINT

● 한 작품을 시기나 매체를 달리하여 여러 차례 배포하여 수익 최대화
● 최초 배포 시장에서 투자비를 회수하지 못해도 단계적으로 수익 획득
  가능
● 수익을 최대화하려면 작품의 생명주기에 따른 배포 계획이 중요

기본 개념

윈도잉이란 한 작품을, 시기나 매체를 바꿔가며 여러 차례 배포하여 수익을 최대화하는 구조를 말합니다. 이 모델은 주로 영화나 애니메이션 등의 콘텐츠 작품에서 이용되고 있습니다.

'윈도잉'이란 명칭은 영화를 상영 또는 방송할 때 스크린이나 화면 크기가 변하는(축소나 확대) 것에서 유래했습니다(기무라, 2011). 가령 영화라면 먼저 큰 영화관에서 공개한 후, TV 방송이나 DVD, 블루레이 등의 패키지 순으로 배포 시기와 매체를 바꾸면서 장기적인 수익을 얻습니다.

윈도잉의 주요 특징은 다음 2가지입니다.

- 배포 시기나 매체를 바꾸어 장기적인 수익 획득
- 2차 이용 범주(채널)를 다양화하여 시장을 확장

316

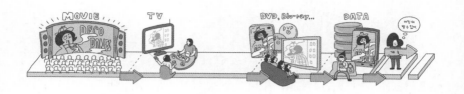

사례 1: 영화 산업

윈도잉은 할리우드로 대표되는 미국 영화 산업에서 태어났습니다. 최초의 윈도잉은 도심부 대형 극장 상영이 끝날 즈음 재개봉관, 지방의 소극장 순으로 시간 경과에 따라 상영처를 이동하면서 수익 획득 기간을 오랫동안 유지하는 모델이었습니다. 이후 1930년대부터 TV 보급에 따라 윈도잉 채널에 TV 방송이 포함되었으며, 점차 비디오나 DVD 등의 패키지, 그리고 동영상 스트리밍 서비스까지 기술 진화에 따라 채널이 늘어났습니다.

이처럼 채널이 다양하다는 것도 윈도잉의 특징입니다. 일본에서는 영화 흥행 수입보다 OSMU(원소스 멀티유즈)를 통한 수익 합계가 더 클 때가 대부분입니다. 그러므로 **콘텐츠 업계의 투자비 회수는 이 비즈니스 모델을 전제**로 두고 있습니다.

표 5-1 영상 소프트웨어의 주요 미디어별 시장 규모(2017년, 일본)

단위: 억 엔

	극장 상영	비디오 판매	대여 비디오	지상 방송	위성 방송	CATV / IPTV	통신 네트워크
영상	2,286	350	1,231	332	611	328	2,529
비디오		1,309	441				2,579
지상파 TV		255	1,709	23,735	500	1,301	624
위성·CATV				205	4,290	3,678	862

[출처] 〈미디어 소프트웨어 제작과 유통 실태 연구〉(2019), 일본 총무성 정보통신정책연구소

사례 2: 문춘 온라인과 주간문춘

일본 문예춘추사의 오래된 뉴스 주간지 **주간문춘**은 2017년 1월에 웹진 문춘 온라인을 창간했습니다. 이 웹 버전은 종이 매체와 동일한 기사에 더해, 온라인만의 기사도 제공합니다.

주간문춘의 수익 모델은 1권 440엔인 판매 모델과 광고 모델을 결합한 것입니다. 한편, **문춘 온라인**의 수익 모델은 인터넷 기사에 실린 **광고료**와 **유료 기사에 대해 독자가 지불하는 종량 과금**입니다. 특종을 종이 잡지 발매 전날에 공개하는 '기사 선공개' 서비스는 기사 1개당 110엔~330엔입니다. 주간지와 웹진은 다른 시기에 다른 매체로 여러 번 수익을 얻을 수 있으므로 디지털 시대의 윈도잉 모델이라 할 수 있습니다.

그림 5-11 문춘 온라인과 주간문춘의 윈도잉

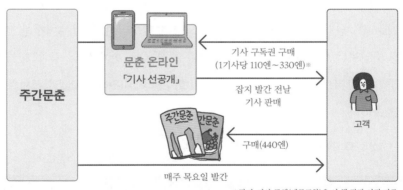

※잡지, 기사 금액(세금포함)은 이 책 집필 시점 기준

윈도잉의 성립 조건

하나의 작품으로 파생 수익을 창출하는 윈도잉(특히 영상 작품)에서는 사전 광고홍보 투자와 제품 생명주기 예측이 관건이 됩니다.

예를 들어, 영화 산업에서는 '최초 공개에서 히트시켜 인지도를 올리는 것'이 2차 이용 이후의 이익 확대로 이어집니다. 웹 기사에서는 '화제성이 높은 특종 기사'가 구독자 수로 이어집니다. 이 점은 **규모의 경제**(p.340)나 **범위의 경제** (p.345)와도 관련이 있습니다.

2차 이용 이후의 방송·스트리밍 서비스 권리 요금은 어떤 매체에 어떤 순서로 공개할 것인가에 따라 수익이 달라지므로, 제품 생명주기에 맞는 일정이나 매체 선택 등의 전략이 중요합니다.

윈도잉의 함정

콘텐츠는 작가, 출연자, 음악, 미술 등 많은 저작권자가 관련된 제품입니다. 그러므로 윈도잉을 적용할 때 적절한 권리 처리가 필수입니다. 이를 행하지 않고서 수익화를 바랄 수는 없습니다. 제작을 시작할 때 권리 소재, 2차 이용 이후의 창구나 수수료, 수익 배분율 등을 명확히 정하는 것이 이 비즈니스 모델의 전제입니다.

적용을 위한 질문

- ☑ 최초 배포 시에 어느 정도의 인지도를 얻을 수 있는가?
- ☑ 작품을 여러 채널로 유통할 수 있는가?
- ☑ 배포 이후의 시간 경과나 채널에 따른 적정 요금을 설정할 수 있는가?
- ☑ 저작권 관련 권리 문제를 적절히 처리할 수 있는가?

 참고문헌

木村誠. 「アニメビジネスの基本モデル」 高橋光輝, 津堅信之編. 『アニメ学』 115-151(NTT出版株式会社, 2011)

45

공짜만큼 무서운 것은 없다

프리

Free

KEY POINT

- 제품·서비스의 무료화와 관련한 수익 모델
- 직접적인 내부 상호 보조, 삼자 간 시장, 프리미엄, 비화폐 시장의 4종류가 있음
- 무료 부분과는 별도로 수익을 얻을 수 있는 유료 부분 필요

기본 개념

최근 웹 비즈니스에서는 무료로 사용할 수 있는 서비스가 늘었습니다. 스마트폰 앱도 무료로 사용할 수 있는 것이 대부분입니다. 그러나 기업으로서는 제품이나 서비스를 무료로 고객에게 제공하기만 해서는 수익을 얻을 수 없습니다. 무료 뒤편에서 기업은 반드시 무언가의 방법으로 수익을 올립니다. 이러한 인터넷 콘텐츠 무료화로 대표되는 수익 모델을 모두 아울러 프리(free, 무료)라 부릅니다.

크리스 앤더슨(Chris Anderson)에 따르면, 프리에는 다음과 같은 4종류의 모델이 있다고 합니다.

[1] 직접적인 내부 상호 보조

직접적인 내부 상호 보조란, 어떤 제품이나 서비스로 수익을 올리고자 다른 상품을 무료(또는 매우 싼 값)로 제공하는 수법입니다. 예를 들어, 놀이

공원인 **후지큐 하이랜드**는 무료입장을 마중물로 하여 놀이기구 탑승료나 식음료 판매 대금으로 수익을 올립니다. 그 밖에도 **소셜 게임**에서 기본 부분은 무료로 제공하되, 유료 아이템이나 추가 스테이지 등으로 수익을 올리는 예도 이에 해당합니다.

[2] 삼자 간 시장

삼자 간 시장이란 양자가 제품이나 서비스를 무료로 주고받는 시장이 있어, 이 시장에서 제삼자가 비용(수익)을 부담하는 모델입니다. 예를 들어, 민영 TV 방송국의 경우 방송국과 시청자 사이에는 수익 거래가 발생하지 않습니다만(**양자 간 거래**), 광고주가 TV 방송국에 TV 광고료를 지불합니다(**제삼자가 부담**).

[3] 프리미엄

프리미엄이란 일부 유료 회원에게서 얻은 수익으로 무료 이용자를 포함한 서비스 전체가 성립하도록 하는 수익 모델입니다. 예를 들어, 스마트폰 앱에 무료 버전과 유료 버전이 있을 때 유료 버전 이용자를 통해 얻는 수익으로 무료 버전을 운영하는 것입니다. 프리미엄에 관해서는 이후 자세히 살펴보겠습니다.

[4] 비화폐 시장

비화폐 시장이란 대가를 기대하지 않고 제품이나 서비스를 무료로 제공하는 것입니다. 예를 들어, **위키피디아**는 비화폐 시장형 수익 모델입니다. 단, 실제로는 기부 등을 받아 운영 자금을 마련할 때도 있습니다.

MEMO

프리의 4분류는 롱테일(p.152)의 제창자이기도 한 크리스 앤더슨이 그의 저서 《프리: 비트 경제와 공짜 가격이
만드는 혁명적 미래(Free: The Future of a Radical Price)》에서 주장한 것입니다.

복수 프리 모델 조합하기

프리 모델에는 앞서 본 4종류가 존재합니다만, 실제로는 하나의 상품·서비스라고 해서 1종류의 프리 모델에만 해당하는 것은 아닙니다. 대부분 여러 개의 프리 모델을 조합하여 수익을 만듭니다.

예를 들어, 라인은 프리 모델을 채택하고 있지만, 그 수익을 떠받치는 것은 게임의 과금(**직접적인 내부 상호 보조**)이나 기업이 부담하는 광고 수입(**삼자 간 시장**), 라인 뮤직 유료 요금제(**프리미엄**) 등으로 다양합니다. 이처럼 실제 비즈니스 모델을 설계할 때는 여러 개의 프리 모델을 조합하는 것을 상정할 필요가 있습니다.

또한, 프리는 '네트워크 외부성'(p.360)이 작용하는 비즈니스에서 특히 효과적입니다. 네트워크 외부성이란 제품·서비스의 기능이나 품질보다도 이용자의 규모에 따라 성패가 크게 좌우되는 속성, 또는 그런 현상을 일컫습니다. 네트워크 외부성이 작용하는 비즈니스에서는 임계 질량을 빨리 돌파하는 것이 중요한데, 그 방법으로 프리 모델이 매우 효과적입니다. '무료'를 마중물로 이용자의 이용 장벽을 낮출 수 있다면 더 많은 참가자를 모을 수 있습니다.

> **MEMO**
>
> 임계 질량(critical mass)이란 제품·서비스의 보급률이 한순간에 뛰어오르는 분기점을 말합니다. 제품·서비스에 따라 차이는 있습니다만, 그 분기점은 시장 점유율의 약 16%라 합니다.

사례 1: BASE

일본의 **BASE**는 인터넷 쇼핑몰 구축에 관한 지식이 없는 사람이라도 무료로 사이트를 만들 수 있는 서비스입니다. BASE에서는 기본적인 디자인 템플릿을 선택하기만 하면 누구나 간단하게 인터넷 쇼핑몰을 만들 수 있습니다. 또한, 디자인에 신경 쓰는 이용자를 위해 **유료 디자인 템플릿**을 판매합니다. 이 같은 '콘텐츠 과금' 수익 모델은 프리의 일종인 직접적인 내부 상호 보조의 대표적인 예라 할 수 있습니다.

또한, BASE의 수익원은 유료 템플릿뿐이 아닙니다. 등록료나 월정액 요금은 무료이나 BASE를 통해 상품을 판매하면 주문마다 **'서비스 이용료'**, **'BASE 간단 결제 수수료'**가 발생합니다. 이것이 BASE의 수익원이 됩니다.

그림 5-12 BASE의 수익 모델

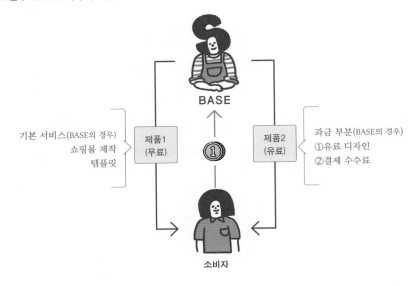

기본 서비스(BASE의 경우)
쇼핑몰 제작
템플릿

제품1
(무료)

BASE

제품2
(유료)

과금 부분(BASE의 경우)
①유료 디자인
②결제 수수료

소비자

사례 2: 트위터

트위터의 수익 모델을 지탱하는 것은 **기업 등의 광고 수입**입니다. 즉, 트위터의 수익 모델은 전형적인 삼자 간 시장임을 알 수 있습니다. 트위터에서 광고를 목적으로 한 트윗을 본 적이 있을 겁니다. 이것을 **프로모션 트윗**이라 부릅니다. 프로모션 트윗을 통한 수익은 트위터 수입의 약 80%를 차지합니다. 자세한 내용은 **광고 모델**(p.334)을 참조하기 바랍니다.

그림 5-13 삼자 간 시장 모델

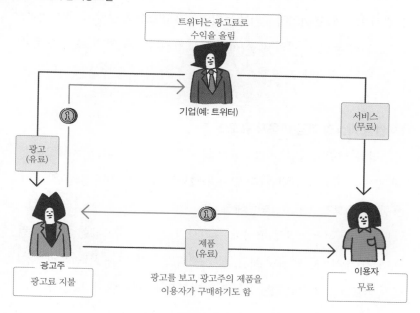

트위터는 광고료로
수익을 올림

기업(예: 트위터)

광고
(유료)

서비스
(무료)

광고주

광고료 지불

제품
(유료)

광고를 보고, 광고주의 제품을
이용자가 구매하기도 함

이용자

무료

[출처] 크리스 앤더슨(2009) 등을 참고로 필자가 일부 수정

MEMO

삼자 간 시장은 인터넷 바깥에서도 찾을 수 있습니다. 예를 들어, '아는 카페'(대학생 한정 무료 카페)는 대학생에게 무료로 음료를 제공하고, 그 대학생에게 취업 활동 정보를 전달하고자 하는 기업의 협찬금(광고비)을 통해 운영비를 마련합니다.

프리의 성립 조건

여기서는 무료 뒤편에 수익원이 있는 프리 모델(직접적인 내부 상호 보조, 삼자 간 시장, 프리미엄)에 관한 성립 조건을 생각해 보겠습니다.

(1) 프리 부분 외 수익원 존재

먼저 프리 부분 이외에 수익을 올릴 제품·서비스를 제공할 수 있어야 합니다. 프리 부분 이외의 제품·서비스의 가치가 빈약하면 프리 모델은 성립하지 않습니다.

(2) 일정 이상의 과금 이용자 규모

프리가 성립하려면 '과금 이용자'의 규모가 무료 서비스를 제공하는 데 필요한 비용을 감당할 수 있어야 합니다. 그래야 비로소 프리를 이용한 수익 모델 구축이 가능해집니다.

또한, 이 성립 조건의 배경에는 최근의 컴퓨터 하드웨어 가격 하락이나 전 세계적인 인터넷 보급, 상품·서비스 복제 비용 하락 등과 같이 쉽게 비용을 감당할 수 있는 상황이 있다는 점도 간과할 수 없습니다.

프리의 함정

앞서 이야기한 것처럼 프리 비즈니스 모델이 성립하려면 과금 부분의 수익으로 프리 부분에 드는 비용을 감당할 수 있어야 합니다. 그러므로 과금 이용자의 수가 충분한 규모에 이르지 못한다면 결국 사업 전체에서 수익을 올릴 수 없습니다.

또한, 아무리 무료로 제공한다 해도 제품·서비스의 기능이나 품질이 그리 좋지 못한 경우라면 이용자에게 외면받을 위험도 물론 있습니다. 더욱이 유료로 제공하는 제품·서비스와 비슷한 것을 경쟁사가 무료로 제공하기 시작한다면 그쪽으로 고객이 옮겨가게 될 위험도 생각할 수 있습니다.

☑ 자사 제품·서비스는 프리의 4종류 중 어느 모델에 해당하는가?

☑ 무료 부분 이외 과금 수익을 올릴 수 있는 제품·서비스를 제공할 수 있는가?

☑ 복수 프리 모델을 조합하여 안정된 수익원을 만들 수 있는가?

☑ 무료로 제공하는 제품·서비스의 품질이 충분히 매력적인가?

참고문헌

크리스 앤더슨. (2009). 프리: 비트 경제와 공짜 가격이 만드는 혁명적 미래(정준희 옮김). 랜덤하우스코리아

「FREEの正体」『週刊ダイヤモンド』(ダイヤモンド社, 2010)

수익 모델

46

5%의 유료 회원으로 수익을
확보하는
프리미엄

Freemium

- '프리(무료)'와 '프리미엄(상급)'을 합친 조어
- 일부 유료 회원에서 얻은 수익으로 무료 이용자를 포함한 서비스 전체를 운영
- 무료 이용자가 유료 회원으로 옮겨갈 만한 매력적인 서비스가 필요

기본 개념

프리미엄(Freemium)이란 일부 유료 회원의 수익으로 무료 이용자를 포함한 서비스 전체를 운영하는 수익 모델입니다. Freemium은 **Free(무료)**와 **Premium(상급, 고품질)**을 합친 말입니다.

프리미엄의 주요 특징은 다음과 같습니다.

- 서비스의 기본 기능은 무료로 제공(이용자 확보)
- 고기능·고품질 서비스는 유료로 제공(수익원)

프리미엄(Freemium)에서는 서비스의 기본적인 기능을 무료로 제공하여 많은 이용자를 확보합니다. 그런 다음 프리미엄(Premium) 서비스(고기능·고품질 서비스)를 유료로 제공하여 수익을 얻고 무료 이용자를 포함한 서비스 전체를 운영합니다.

다른 말로 하면 프리미엄은 **유료 프리미엄 이용자로부터 얻은 수익으로 무료**

이용자의 비용을 부담하여 성립하는 수익 모델이라고 할 수 있습니다.

프리미엄을 채용한 비즈니스에서 유료 프리미엄 이용자 수의 비율은 높아야 5% 정도라고 합니다(상품·서비스에 따라 다름).

프리미엄(Freemium)은 프리 모델(p.320)의 한 종류입니다.

사례 1: 드롭박스(Dropbox)

클라우드 스토리지 서비스 **드롭박스**의 개인용 서비스에는 무료로 사용할 수 있는 'Basic'과 함께 월정액 11.99달러인 'Plus'와 월정액 19.99달러인

'Professional' 2종류의 프리미엄 서비스가 있습니다.

무료 버전과 프리미엄 버전은 저장소 용량이나 파일 편집권 등에서 차이가 있습니다. 예를 들어, 최상위 Professional 요금제를 선택하면 저장소 용량이 Basic의 약 1,500배가 되고 파일 전문 검색 기능을 이용할 수 있으며 180일간 파일 복원이 가능합니다. 게다가 Basic에서는 드롭박스에 접속할 수 있는 기기가 3대로 제한되나 Plus나 Professional에서는 무제한으로 접속할 수 있습니다.

드롭박스의 유료 버전을 구매한 비율은 전체 이용자의 약 2.5% 전후라 합니다만, 드롭박스는 이러한 프리미엄 서비스를 개인뿐 아니라 프리랜서나 개인사업자에까지 넓혀 성장을 거듭했습니다.

그림 5-14 드롭박스의 수익 모델

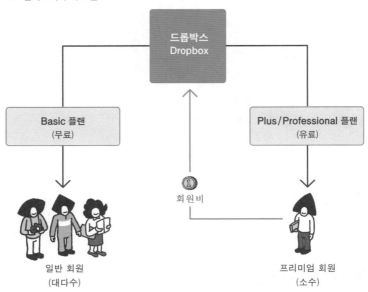

사례 2: 라디코(Radiko)

라디코는 일본 국내 라디오 방송을 인터넷으로 실시간 스트리밍하는 서비스입니다. 90곳이 넘는 전국 소재 방송국의 라디오 프로그램을 제공하며, 언제든지 누구든지 무료로 일주일 이내의 라디오 방송을 스마트폰이나 컴퓨터로 들을 수 있습니다. 단, 무료 서비스에서는 '**청취자가 있는 지역의 라디오 방송만 들을 수 있다**'는 제약이 있습니다. 전국 라디오 방송을 들으려면 유료 회원인 라디코 프리미엄 회원(350엔/월)이 되어야 합니다. 라디코 프리미엄 회원은 현재 70만 명이 넘으며, 이들이 내는 회원비가 이 서비스의 수익원입니다.

프리미엄의 성립 조건

(1) 무료와 프리미엄 서비스 간 차이 명확

프리미엄이 성립하려면 프리미엄(유료) 서비스를 제공해야 합니다. 프리미엄은 무료 서비스와 비교하여 고기능·고품질이어야 하므로 무료 서비스나 타사의 비슷한 서비스와 비교하여 이용자가 프리미엄을 선택할 만큼 충분히 명확한 차별화가 있어야 합니다.

(2) 적절한 요금제 설정

프리미엄의 요금은 이용자에게 적절한 금액이어야 합니다. 이와 함께 이용자 조사나 타사 서비스 조사를 수행하여 이용자가 지불할 만한 요금제를 설정하는 것도 중요합니다. 요금이 너무 비싸면 이용자는 프리미엄으로 옮겨가지 않습니다.

(3) 프리미엄 서비스 제공 시 추가 비용 적음

무료 버전을 개발·제공할 때 발생하는 시스템 개발비나 인건비, 광고홍보비 등의 비용이 프리미엄 제공 시에는 거의 들지 않도록 하는 것이 중요합니다. 프리미엄 버전을 제공할 때 큰 비용이 발생하지 않는다면, 프리미엄 이용자가 늘어날수록 기업의 수익성은 높아집니다. 거꾸로 이야기하면 프리미엄 버전을 제공할 때 추가 비용이 필요하다면 기업의 수익성은 개선되지 않으므로 프리미엄으로 성공하기는 어렵습니다.

프리미엄의 함정

자사의 프리미엄 버전과 똑같은 가치 또는 이를 상회하는 서비스를 무료로 제공하는 다른 기업이 나타나면 이용자는 프리미엄 버전에 부가가치를 못 느끼게 되고, 그 결과 프리미엄 회원 이탈이 일어나거나 신규 프리미엄 회원 등록이 늘지 않게 됩니다. 특히 자사의 수익 대부분이 프리미엄 서비스에서 나오는 경우 회원 감소는 사업 수익에 직격탄이 되므로 주의해야 합니다.

한 예로, **도완고**가 운영하는 동영상 서비스 니코니코 동화는 2017년 프리미엄 회원수가 감소세로 돌아섰습니다. 그 이유로는 여러 가지가 있을 테지만, 여타 동영상 서비스가 충실해지면서 프리미엄 버전의 부가가치 우위성이 흔들리게 된 것도 한 요인이라고 생각됩니다.

그러므로 프리미엄을 채택할 때는 **자사의 프리미엄 서비스보다 나은 서비스를 무료로 제공할 수 있는 경쟁사의 동향을 항상 주시**해야 합니다. 그리고 프리미엄 서비스 이외의 수익원(콘텐츠 과금이나 광고 수입 등)을 병행하여 운영하는 것이 바람직합니다.

적용을 위한 질문

☑ 프리미엄 버전이 무료 버전과 비교하여 분명한 차이가 있는가?

☑ 무료 버전과 큰 차이가 없는 비용으로 프리미엄 버전을 제공할 수 있는가?

☑ 프리미엄 버전 이외의 수익원을 확보할 수 있는가?

📖 참고문헌

크리스 앤더슨. (2009). 프리: 비트 경제와 공짜 가격이 만드는 혁명적 미래(정준희 옮김). 랜덤하우스코리아

Dropbox Announces Fiscal 2019 Third Quarter Results (https://investors.dropbox.com/node/8001/pdf)

「ラジオがデジタル世代に刺さるニューメディアに? radikoの運営状況, 新たな広告商品に学生が迫る」(https://markezine.jp/article/detail/30279)

47

메트칼프의 법칙으로 돈을 버는

광고 모델

Advertising Model

Case Study

스포티파이

검색 기반 광고
(구글, 네이버)

KEY POINT

- 기업의 광고홍보를 진행하여 이익을 얻음
- '광고 노출 수'나 '접속률'로 단가 결정
- 디지털화에 따라 개인 콘텐츠 사이트도 매체가 됨

기본 개념

광고 모델이란 기업의 광고를 통해 이익을 얻는 수익 모델입니다. 대표적인 예는 **TV**나 **라디오** 방송으로, 이들은 소비자에게 서비스를 무료로 제공하는 한편, 후원 기업에서 지급하는 광고료로 수익을 얻는 광고 모델입니다.

미국에서 처음 신문 광고가 등장한 것은 1700년대 초반입니다. 1770년대에는 기업 광고뿐 아니라 구인 광고도 생기는 등, 신문사의 수익 구조에서 광고비의 중요성이 높아졌습니다. 1841년에는 매체의 광고 공간을 사고파는 최초의 **광고 대리점**이 탄생했으며, TV나 라디오 방송이 시작된 1900년대 이후 광고 시장 규모는 더욱 커졌습니다.

또한, 신문, 라디오, TV 등의 대중매체 시대에는 소비자 다수를 상대로 동일 내용의 광고를 집행했으나, 인터넷이 보급된 2000년대 이후로는 사이트 이용 이력 등에서 수집한 이용자 데이터를 이용하여 특정 대상에 한정한 광고를 시행하게 되었습니다.

광고 모델의 주요 특징은 다음과 같습니다.

- 광고주와 소비자 양쪽에 가치를 제공해야 수익 획득 가능
- 2종류의 고객(이용자, 후원자) 각각에게 제공하는 가치 상이

> **MEMO**
>
> 전 세계 광고비는 리먼 브라더스 사태(2008년) 이후 계속 증가 중입니다. 매체별 성장률에서는 디지털 광고가 두드러져 최근 몇 년간 10% 이상의 성장률을 보이고 있습니다.

사례 1: 스포티파이

스웨덴에서 시작한 음악 스트리밍 서비스 **스포티파이**가 제공하는 것은 회원제 구독 모델(p.292)과 광고 모델을 결합한 비즈니스 모델입니다. '불법 음악 스트리밍 서비스 근절'을 이념으로 창업한 이 회사는 현재 세계 4대 레코드 사인 워너 뮤직 그룹, 유니버설 뮤직 그룹 등과 계약을 맺고, 아티스트에게 인세를 지급하고 이용자에게 음악을 서비스합니다.

회원제에는 월정액인 **Spotify premium**(10,900원, 세금 별도)과 무료 회원인 **Spotify free** 2가지가 있습니다. 어떤 회원이든 4,000만 곡이 넘는 음악을 즐길 수 있으나 무료 회원은 음악 재생 몇 곡마다 음성 광고를 들어야 합니다.

또한, 스포티파이는 세계 92개국과 지역에서 서비스하며 유료 이용자는 전 세계 약 1억 3천만 명을 돌파했다고 합니다만, 그럼에도 **월정액 요금만으로는 흑자 달성이 어렵다**고 합니다.

사례 2: 검색 기반 광고

검색 기반 광고는 **구글이나 네이버 등의 웹 검색 포털을 매체로 하는 수익 모델**입니다. 소비자가 검색을 할 때, 비슷한 검색어를 등록한 기업 광고를 검색 결과 **상단에 '광고'로 표시합니다**(순수한 검색 결과와는 별도). 목록으로 표시하는 것을 'listing'이라 하므로 리스팅 광고라 부르기도 합니다.

광고비 산출 방법에는 몇 가지가 있습니다만, 최근의 주류는 클릭 보상형입니다. 이 방법에서는 소비자가 표시된 목록에서 **광고를 클릭하고 광고주의 사이트로 이동한 시점에 광고비가 발생합니다**. **어필리에이트**(p.221)와의 차이는 제품 판매 여부에 관계없이 기업 사이트로 소비자를 유도한 시점에 비용이 발생한다는 점입니다.

그림 5-15 구글의 광고 모델

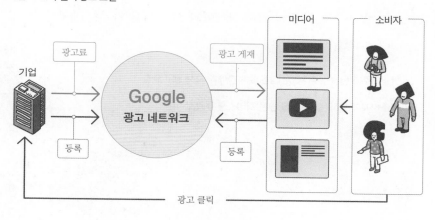

MEMO

웹 검색 포털을 운영하는 플랫폼 사업자(구글이나 네이버 등)는 광고 노출 네트워크 플랫폼을 구축하고 광고 송출과
게재를 중개하므로 매개형 플랫폼(p.81)의 성격도 가집니다.

광고 모델의 성립 조건

(1) 네트워크 외부성의 단기간 구축

광고 모델에서는 이용자 모집단(특히 소비자 모집단)이 사업 가치를 크
게 좌우하므로, 네트워크 외부성을 단기간에 플랫폼에 얼마나 잘 구축하
는지가 비즈니스의 성패를 가릅니다.

여기서 네트워크 외부성이란 제품이나 서비스 이용자가 증가할수록
그 가치가 커지는 경제성 원리입니다. 자세한 내용은 **네트워크 외부성**
(p.360)에서 설명하겠습니다.

(2) 각각의 거래 상대에게 상이한 가치 제공 가능

광고 모델에는 B2B(사업자와 광고주)와 B2C(사업자와 소비자) 2종류의 고객이 있으므로, 각각의 거래 상대에게 서로 다른 가치를 제공할 수 있어야 합니다.

- [광고주가 원하는 가치] 더 많은 소비자에게 자사 광고 노출
- [소비자가 원하는 가치] 질 높은 서비스를 무료로 이용

광고 모델의 함정

서비스를 무료로 이용할 수 있는 점이 소비자에게는 광고 모델의 큰 가치입니다만, 한편으로 무료 제공으로 말미암아 관계자가 소유한 가치를 훼손할 염려가 있습니다. 예를 들어, 음악 스트리밍 서비스에서 음악을 무료로 서비스하는 것이 예술의 가치를 파괴한다는 이유로 세계적인 음악가가 음원 제공을 거부하는 예도 있습니다. 무료로 제공할 때는 그 근간이 되는 제품이나 서비스의 관계자가 이 비즈니스 모델을 이해해 주는지 여부가 관건이 됩니다.

적용을 위한 질문

- ☑ 네트워크 외부성을 단기간에 구축할 수 있는가?
- ☑ 무료 서비스를 제공하는 것이 상품의 가치를 해치지는 않는가?

Chapter

06

콘텍스트

비즈니스 모델의 각 요소를 설정할 때 전체적으로 이 비즈니스가 성립하는가를 결정하는 전제 또는 가설을 '콘텍스트'라 합니다. 이는 다음 질문에 대한 대답이라 할 수 있습니다.

- 자사의 비즈니스가 경쟁사 또는 대체품보다 고객에게 매력적인가?
- 고객이 자사를 선택할 때의 기준이 되는 매력을 자원과 활동으로 나눌 수 있는가?
- 이 비즈니스는 자사가 추구하는 가치나 사회가 원하는 가치관에 어울리는가?

단, 이 장에서 다루는 것은 각 기업의 '전략 모델 캔버스'의 콘텍스트 부분에 그대로 써넣을 수 있는 것은 아닙니다. 이를 추상화하여 성공 원리로서 표현한 것으로 이해하기 바랍니다.

48

커질수록 득이 되는
규모의 경제

Economies of Scale

Case Study

YKK
마이크로소프트 365

KEY POINT

○ 사업 규모 확대와 함께 제품 단가가 저렴해지는 경제성 원리
○ 대량 조달에 따른 원재료비 절감이나 기업 이미지 확대 등의 효과
○ 규모를 지나치게 확대하면 비용이 상승함(규모의 불경제)

기본 개념

규모의 경제란 **사업 규모 확대에 따라 제품이나 서비스의 1단위당 비용(평균 비용)이 감소하는 경제성 원리**입니다. 협의로는 사업 규모 확대에 따라 사업에 필요한 고정비가 분산되므로 제품·서비스 하나를 생산하는 데 필요한 비용이 저렴해지는 것을 가리킵니다. 왜냐하면, **보통 생산 규모와 상관없이 고정비는 일정하므로 많이 만들수록 '하나의 제품·서비스를 생산하는 데 드는 고정비'는 저렴해지기 때문입니다.**

음료나 식품과 같은 소비재 업계나 제약 업계 등 생산 설비비나 판매관리비(연구개발이나 광고홍보비)에 큰 비용이 드는 업계에서는 이 협의의 규모의 경제를 실현하고자 기업 간 인수·합병을 통해 사업 규모를 확대하려는 경우를 볼 수 있습니다.

한편, 규모의 경제에서는 이런 협의의 효과뿐 아니라 다음과 같은 광의의 효과도 있습니다. 먼저, 생산량이 늘어날수록 원재료비와 같은 변동비에 대해서도 **규모의 경제**가 작동합니다. 예를 들어, 대량 조달에 따라 원재료 구매 단가가 저렴해지는 경우나 소비 효율의 향상에 따라 원재료 소비가 줄어드는 경우가 있습니다. 그 밖에도 사업 규모가 커질수록 다음과 같은 효과를 볼 수 있습니다.

(1) 중소 규모 기업에서는 도입할 수 없는 고가의 대형 설비를 이용한 생산 효율 향상
(2) 중소 규모 기업보다 광범위한 제품 라인이나 판매망의 정비
(3) 신용이나 안심감 등 고객에 대한 기업 이미지 제고

이처럼 사업 규모 확대에 따라 기업이 얻을 수 있는 다양한 장점을 '규모의 경제'라 합니다.

규모의 경제와 유사한 개념으로 경험곡선효과가 있는데, 이는 과거부터의 '누적 생산량'이 증가할수록 일정 비율로 제품 1단위당 비용이 감소하는 현상을 일컫습니다.

사례 1: YKK

최대 지퍼 생산 기업인 **YKK**의 전 세계 시장 점유율은 45%에 이릅니다만, 이를 떠받치는 것은 **압도적인 점유율을 살린 비용 경쟁력**입니다. 이 회사는 소비자에게 높은 품질의 지퍼를 제공하고자 지퍼를 만들 때 필요한 천이나 부품, 체인 머신을 모두 자사에서 생산·제조합니다. 이를 통해 자사의 높은 점유율에 따른 규모의 경제를 이용하여 생산설비비나 판매관리비 등의 고정비를 절감했습니다.

사례 2: 마이크로소프트 365

컴퓨터 소프트웨어에서도 규모의 경제를 확인할 수 있습니다. 예를 들어, **마이크로소프트 365와 같은 소프트웨어는 비용 대부분을 개발비가 차지하므로 규모를 확대할수록 규모의 경제에 따른 수익성 향상을 기대할 수 있습니다.**

또한, 이러한 소프트웨어는 이전에는 CD나 DVD와 같은 물리적 기록 매체에 담아 판매했지만, 최근에는 웹사이트에서 내려받도록 하여 직접 제공하고 있습니다. 따라서 소프트웨어를 복제하는 비용이 판매 규모에 비례하지 않기에 규모의 경제 효과를 한층 더 누릴 수 있게 되었습니다.

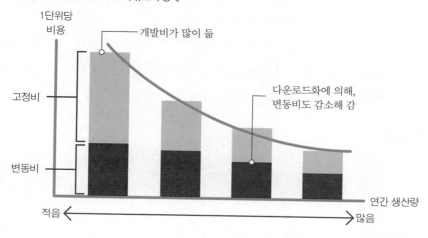

그림 6-1 마이크로소프트 365의 규모의 경제

MEMO

마이크로소프트 365의 예처럼 노동이나 자본 등의 생산 요소(비용)를 1단위씩 투자한 결과 얻을 수 있는 생산량(수익)의 증가분이 증폭되어 가는 것을 수확 체증의 법칙이라 부릅니다. 이는 주로 제품 증산 비용의 절감에 의해 발생한다고 알려져 있습니다.

규모의 경제의 성립 조건

사업 규모의 확대에 따라 제품이나 서비스의 1단위당 평균 비용은 저렴해집니다만, 어느 단계가 되면 비용 감소가 멈춘다고 합니다. 더욱이 이 지점에서 더 규모를 확대하면 평균 비용이 오히려 상승한다고 합니다. 이는 즉, 일정 규모를 넘어서면 평균 비용이 높아진다는 것을 의미합니다(규모의 불경제). 이 경향은 특히 제조업에서 볼 수 있습니다.

이것이 시사하는 바는 '비용을 최대로 낮출 수 있는 지점'을 가능한 한 정확히 예측한 다음, 얼마나 빨리 이 지점에 도달하는가가 중요하다는 것입니다. 또한, 기술이 변화하면 규모의 경제 곡선도 변화하기 때문에 채산이 맞는 지점이 어디인지는 계속 검토해야 합니다.

그리고 '비용을 최대로 낮출 수 있는 지점'까지 도달했다면 그다음 필요한 것은 비용 경쟁이 아니라 차별화에 의한 경쟁입니다. 비슷한 제조 비용을 실현할 수 있는 기업이 여러 곳 존재하는 경우에는 차별화가 성패를 가릅니다.

MEMO

규모의 경제에는 규모 창발성 효과라는 개념이 있습니다. 이는 '일정 사업 규모'에 이르러야 비로소 처음으로 실시할 의미가 생기는 효과입니다. 예를 들면 TV 광고를 이용한 프로모션 등입니다.

적용을 위한 질문

☑ 고정 비용 분산이나 각종 비용 절감 이외에 규모 확대에 따라 누릴 수 있는 다른 효과가 있는가?

☑ 자사 비즈니스가 규모의 경제에 따라 비용을 최대한으로 줄일 수 있는 지점은 어디인가?

☑ 기술 변화가 규모의 경제에 영향을 주지는 않는가?

☑ 규모의 경제 외의 요인으로 경쟁할 수는 없는가? 차별화 요인을 만들 수 있는가?

📖 참고문헌

데이비드 베산코. (2003). 전략경제학(박원규 옮김). 시그마프레스

根来龍之. 『ビジネス思考実験』(日経BP, 2015)

大林厚臣. 『ビジネス経済学:勝ち続ける戦略をいかに策定するか』(ダイヤモンド社, 2019)

49

넓힐수록 득이 되는
범위의 경제

Economies of Scope

Case Study

식품 제조사
카오
아스타리프트
야후 재팬

KEY POINT

- 제품이나 사업의 수를 늘리면 비용이 감소하는 경제성 원리
- 여러 사업 간의 생산 설비나 브랜드, 노하우 등을 공유하여 비용을 절감
- 제품이나 사업을 지나치게 늘리면 관리 비용이 증가할 수 있음(범위의 불경제)

기본 개념

범위의 경제란 제품이나 사업 종류(범위)의 증가에 따라 제품이나 서비스의 1 단위당 비용이 감소하는 경제성 원리를 말합니다. 다른 말로 하면, 여러 기업이 개별 생산 설비나 물류망을 정비하여 하나의 제품을 제조할 때보다, 한 회사 가 여러 사업을 운영하며 경영 자원을 함께 사용하는 편이 1단위당 비용이 줄어든다는 것입니다.

예를 들어, **식품 제조사**가 여러 종류의 제품을 하나의 공장에서 생산하거 나 여러 제품을 한꺼번에 배송하는 경우입니다. 이는 하나의 제품을 따로 생 산·배송하는 것보다 여러 가지 제품을 동시에 생산·배송하는 것이 비용을 억 제하는 데 유리하기 때문입니다.

범위의 경제는 생산 설비나 물류망 바깥에서도 유효합니다. 예를 들어 브 랜드 공용을 들 수 있습니다. 생활용품 제조사 **카오**는 식품 '헬시아 녹차'를 출 시할 때 종래의 세제나 샴푸 등 생활용품을 통해 알려온 **카오 브랜드**를 함께 사용할 수 있었습니다. 그 밖에도 기술 및 노하우의 사업 간 공용도 범위의 경제의 한 사례라 할 수 있습니다.

또한, **제철사**가 제철 사업의 코크스 용광로에서 배출된 콜타르를 이용한 탄소 섬유를 판매하는 것처럼, 특정 사업의 '부산물'을 다른 산업에 활용하는 것도 범위의 경제의 예가 됩니다.

MEMO

범위의 경제에서는 비용뿐 아니라 '정성적인 효과'도 고려하므로, '시너지 효과'와 거의 같은 개념으로 사용하기도 합니다. 시너지 효과란 기업 내 서로 다른 사업 부문 간에 경영 자원을 공용하거나 여러 기업이 상호 제휴하여 새로운 사업을 시작할 때의 상승효과를 말합니다.

사례 1: 아스타리프트(ASTALIFT)

후지필름이 운영하는 화장품 브랜드 아스타리프트에서는, 이 회사가 사진 필름 사업을 통해 얻은 항산화 기술이나 나노 기술을 활용하고 있습니다. 또한, 사진 필름에 사용하는 콜라겐(단백질)을 화장품 성분으로 이용합니다.

그리고 상품 패키지에 "후지필름이 제조했습니다"라는 사실이 대대적으로 드러나 있진 않지만, 후지필름이 오랫동안 키워왔던 기업 이미지나 브랜드 역시 아스타리프트의 약진에 이바지하고 있다고 생각할 수 있을 것입니다.

사례 2: 야후 재팬(Yahoo! JAPAN)

종합 인터넷 서비스를 제공하는 야후 재팬은 포털 사이트뿐 아니라 쇼핑몰, 옥션, 여행 예약 사이트, 부동산 정보 사이트, 자동차 정보 사이트 등 다양한 서비스를 운영하고 있습니다.

이처럼 다방면의 서비스를 통해 **고객 데이터베이스**나 **포인트 서비스**를 일원화하거나 결제 서비스를 함께 사용하는 등 사업 비용을 절감할 수 있습니다.

또한, 인수한 다른 서비스에도 'Yahoo!' 브랜드를 붙임으로써, 고객에게 안심감을 주는 데 성공하고 있습니다.

그림 6-2 야후 재팬이 운영 중인 범위의 경제

사업 범위 확대
(고객 서비스, 결제 서비스, 브랜드 등을 공용)

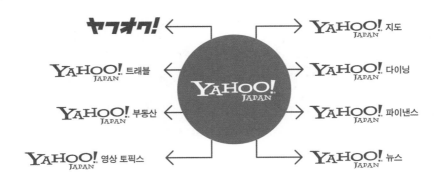

범위의 경제의 성립 조건

취급하는 제품이나 사업의 수를 늘리면 범위의 경제 효과가 생길 수 있으나 이때는 '**공용하는 자원이 제품 간이나 사업 간에 함께 쓸 때 공용 효과를 볼 수 있는 것인지**' 여부가 중요합니다. 가령 제품이나 사업 수를 늘리더라도 생산 설비나 물류망, 노하우 등을 공용할 수 없다면 범위의 경제 효과는 나타나지 않습니다.

의류 브랜드 유니클로를 운영하는 **퍼스트 리테일링**은 이전에 SKIP이라는 식료품 판매 사업에 진출했던 적이 있었습니다만, 단기간에 철수하고 말았습니다. 이는 유니클로를 키우며 확보한 자원과 공통된 부분이 그다지 없어 범위의 경제가 발휘되지 못한 예라 할 수 있습니다.

또한, 취급하는 제품이나 사업의 수를 지나치게 늘리면 사업 간의 관리 비용이 증가(범위의 불경제)해 버리는 경우도 있습니다. 다각화(특히 사업 성질이 서로 다른 비관련 다각화)를 추진하면 할수록 조직 간의 사업 특성이 달라 관리 비용이 상승합니다. 그러므로 제품이나 사업 간에 공용할 수 있는 자원이 범위의 경제를 이룰 수 있는 것인가를 비즈니스 모델 구상 초기부터 판단해야 합니다.

이와 함께 생산 설비나 물류망과 같은 자원에 대해 기존 사업의 규모를 감안하여 공용 가능성을 판단하는 것도 중요합니다. 자원을 공용한 결과 기존 사업의 수익이 감소한다면 의미가 없습니다.

 적용을 위한 질문

☑ 제품이나 사업을 늘릴 때, 기존 사업에서 비롯한 자원을 활용할 수 있는가?

☑ 여러 제품·사업 간 자원을 공용할 때 어떤 효과(비용 절감, 정성적 효과)가 있을 것인지 예상할 수 있는가?

☑ 한 사업의 부산물을 다른 사업에 활용할 수 있는가?

☑ 제품이나 사업을 너무 늘린 나머지 관리나 조정에 드는 비용이 과도하지는 않은가?

참고문헌

데이비드 베산코. (2003). 전략경제학(박원규 옮김). 시그마프레스

根来龍之. 『ビジネス思考実験』(日経BP, 2015)

大林厚臣. 『ビジネス経済学:勝ち続ける戦略をいかに策定するか』(ダイヤモンド社, 2019)

50

좁힐수록 득이 되는
밀도의 경제

Economies of Density

KEY POINT

- 한 지역에 집중 출점하여 물류비나 광고홍보비 등을 줄이는 경제성 원리
- '도미넌트 전략'은 밀도의 경제를 살린 경영 방식의 대표 사례
- 매장 밀도가 너무 높으면 비용이 증가하거나 매출이 한계점에 다다를 수 있음

기본 개념

밀도의 경제란 한 지역에 매장이나 물류 센터 등의 단위를 집중적으로 운영하면 사업 비용이 감소한다는 경제성 원리입니다.

예를 들어, 편의점이 한 지역에 집중된 경우를 생각해 봅시다. 여러 지역에 분산되어 있을 때와 비교하여 매장을 집중하는 편이 물류 센터에서 각 매장까지의 상품 배송이 효율적이므로 물류비를 줄일 수 있습니다. 또한, 지역을 한정하여 광고홍보를 시행하므로 광고홍보비를 줄일 수도 있습니다. 이처럼 특정 지역에 비즈니스 단위를 집중하여 단위 간의 공유 비용을 줄일 수 있다는 것이 밀도의 경제 특징입니다.

밀도의 경제를 살린 경영 전략은 도미넌트 전략입니다. 도미넌트 전략이란 특정 지역에 집중 출점하여 입지나 해당 지역의 수요 등 희소 자원을 확보하여 타사의 진입을 저지하는 방법입니다. **프랜차이즈**(p.227)라면 도미넌트 전략을 취하여 사업 비용을 절감할 뿐 아니라 본사의 영업 지도도 효율화할 수 있습니다.

그러므로 소매나 외식 체인에서는 이 경영 전략을 이용합니다.

MEMO

도미넌트 전략을 이용하면 특정 지역의 특성이나 수요에 맞춘 모델 점포를 개발할 수 있으므로 같은 지역에서 새로운 매장을 출점할 때 비용을 줄일 수 있습니다. 이 역시도 밀도의 경제가 가져오는 효과입니다.

사례 1: 야마토 운수

야마토 운수가 운영하는 '가정 일반 소화물 배송'은 노동력이나 비용이 매

351

우 많이 드는 비즈니스입니다. 이에 야마토 운수가 생각한 것이 **특정 지역의 소규모·다점포화 전략**입니다. 이 회사는 **특정 지역에 배송 센터를 여러 곳 설치하고 화물을 운송하는 방식**을 택했습니다. 이때 **자사가 운영하는 센터뿐 아니라 기존의 쌀가게나 주점도 지점으로서 이용**했습니다.

이 방식에서는 센터를 유지하는 시설비나 인건비 등의 관리 비용이 들기 때문에, 동종 업체는 이 방식을 채택하지 않았습니다. 그러나 야마토 운수는 이 방식을 통해 **화물 배송 횟수나 응답 속도를 향상시켜 고객 만족도를 제고**하는 데 성공했습니다. 그 결과, 화물 수주 건수가 증가하여 매출이 신장되었습니다.

또한, 야마토 운수가 도입한 **운임 균일 요금** 역시 일반 고객이 이해하기 쉬운 것이었으므로 화물 수주 건수 증가로 이어졌습니다.

그림 6-3 야마토 운수의 밀도의 경제

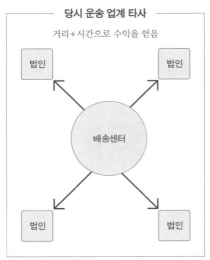
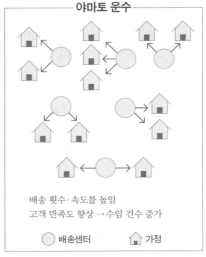

사례 2: 세븐일레븐

앞서 살펴본 대로 편의점은 밀도의 경제가 잘 어울리는 비즈니스입니다. 대형 편의점 업체인 **세븐일레븐**은 1974년 일본 국내 첫 매장 출점 이후 **도미넌트 전략**을 통해 지금까지 일본 46개 지역에 2만여 곳의 매장을 운영하며, 지역별 매장 운영 노하우를 축적해 왔습니다.

도미넌트 전략의 대상지가 아니었던 오키나와에서는 2019년까지 하나의 매장도 내지 않았습니다만, 최근 전략을 바꿔 2019년 7월에 첫 매장을 시작으로 2024년까지 오키나와 내에 250개 매장을 열 계획을 발표했습니다. 게다가 도시락이나 반찬류를 제조하는 전용 공장 건설과 배송 센터 정비도 예정하고 있습니다. 이 회사가 지금까지 축적한 노하우를 바탕으로 검토한 결과 '오키나와에서도 밀도의 경제를 실현할 수 있다'고 판단했다고 해석할 수 있는 사례라 할 수 있습니다.

> **MEMO**
>
> 밀도의 경제라고 하면 소매업을 떠올리기 쉽습니다만, 항공 업계에서도 그 사례를 볼 수 있습니다. 특정 노선에 기자재나 승무원을 집중함으로써 승객의 탑승률을 높이고 이익을 얻는 전략은, 밀도의 경제 특성을 살린 경영 전략이라 할 수 있습니다.

밀도의 경제의 성립 조건

밀도의 경제가 성립하기 위해서는 매장이나 배송 센터 등의 '단위 운영비'를 상회하는 매출을 확보할 수 있어야 합니다(예를 들어, 야마토 운수라면 배송 건수 확보).

또한, 밀도를 높인다고 해서 반드시 매출이나 이익이 오르지는 않습니다.

예를 들어, 최근의 인터넷 쇼핑 발달에 따른 물류 포화가 화젯거리입니다만, 배송 업자에 의한 배송 건수가 폭발적으로 증가함으로써 인건비나 배송 위탁비 등의 비용이 사업을 압박하고 있다고 합니다.

소매나 외식 체인의 도미넌트 전략에서는, 매장을 지나치게 집중시키면 매장 간 매출 잠식이 발생할 수도 있습니다. 그 밖에도 집중하여 단위를 운영하므로 노하우 정립(예를 들어, 특정 지역에서의 매장 모델 확립)도 밀도의 경제 성립에 꼭 필요합니다.

적용을 위한 질문

☑ 단위(예: 매장이나 배송 센터)를 집중적으로 운영할 수 있는 희소 자원(예: 장소)를 확보할 수 있는가?

☑ 집중하여 단위를 운영함으로써 절감할 수 있는 비용은 무엇인가?

☑ 단위를 늘릴 노하우는 확립되었는가?

☑ 밀도를 높이는 바람에 비용이 늘어나거나 매출이 한계에 다다르지는 않는가?

 참고문헌

小倉昌男. 『小倉昌男 経営学』(日経BP, 1999)

51

빨리 움직일수록 득이 되는
속도의 경제

Economies of Speed

Case Study

하니즈
일본 맥도날드

KEY POINT

- 비즈니스의 속도를 향상시켜 이득을 얻는 경제성 원리
- ①고객 체험 가치 향상, ②수익률 개선, ③남은 재고·폐기손실 삭감, ④쉬운 제품 개발·시험 판매라는 4가지 장점이 있음

기본 개념

  속도의 경제란 사업이나 그 운영에 필요한 속도를 올려 경제적 편익을 얻는 경제성 원리를 말합니다. 구체적으로는 제품의 개발·생산·판매의 회전 속도를 올리거나(리드 타임 단축), 정보 획득 속도나 처리 속도를 향상시키는 것을 통해 기업이 이득을 누리는 것을 가리킵니다.

  기업 쪽에서는 사업이나 운영을 빠르게 진행하여 일찌감치 팔리는 상품과 그렇지 않은 상품을 구분하고 팔리는 상품을 현장에 신속하게 추가 투입하여 수익을 확보할 수 있습니다. 또한, 고객 쪽에서는 상품이나 서비스를 빠르게 신선한 상태로 얻음으로써 만족도나 편리성을 높일 수 있습니다.

  속도의 경제에는 다음 4가지 장점이 있습니다.

[1] 고객 체험 가치 향상

  첫 번째 장점은 **고객에 대한 장점**입니다. 예를 들어, 인터넷 쇼핑몰에

서 구매한 상품이 빠르게 고객 손에 쥐여진다면 고객 만족도가 높아지듯이, 속도 향상 자체가 '고객 체험 가치'를 향상시켜 그 결과 기업의 수익을 신장시키게 되는 것입니다.

[2] 기업 수익률 개선

두 번째 장점은 **기업 수익률 개선**입니다. 예를 들어, 현장에 인기 상품의 재고가 적다 하더라도, 그 상품의 회전 속도(투입 속도)를 빠르게 하여 이익률을 높이거나 기회 손실을 줄일 수 있습니다. 또한, 팔리는 상품과 안 팔리는 상품을 빠르게 알 수 있으므로 쓸데없는 비용이나 투자를 줄일 수 있습니다.

[3] 남은 재고·폐기손실 감소

세 번째 장점은 수주와 발주 프로세스나 생산에서 판매까지의 프로세스 중 상품의 회전율 향상에 따른 **남은 재고나 폐기손실의 감소**입니다. 이는 유니클로 같은 의류 비즈니스나 슈퍼마켓의 신선 식품 판매에서 효과가 있습니다.

[4] 제품 개발·시험 판매 용이

네 번째 장점은 **제품 개발·시험 판매가 용이**하다는 점입니다. 최근에는 IT를 활용하여 고객의 니즈나 실제 판매 상황을 정확하게 파악할 수 있습니다. 또한, 상품을 시장에 투입할 때 시장 조사도 빠르게 실행할 수 있습니다. 그러므로 성공 확률이 높은 상품을 개발하는 것이 가능해집니다.

사례 1: 하니즈(Honeys)

하니즈는 저렴한 여성용 의류나 가방, 장신구 등을 취급하는 SPA(p.188) 회사입니다. 이 회사의 특징은 **유행에 따라 확실하게 팔릴 상품을 판다는** 것입니다. 하니즈에서는 전국 매장의 인기 상품에 관한 데이터를 축적·분석하고 이와 함께 사원이 주 1회 도쿄 시부야나 하라주쿠로 나가 유행하는 패션이나 동종 업계의 동향을 직접 조사하고 있습니다.

사원이 **도쿄에서 조사하여 기획을 입안**하고 나서 제조 위탁 공장과 직접 상담하기까지 걸리는 시간은 겨우 1주일이라 합니다. 이러한 구조를 통해 유행 의류를 30~40일 만에 제작하므로 최신 유행의 '확실히 팔리는 상품'을 빠르고 다양하게 갖추고 있는 것입니다.

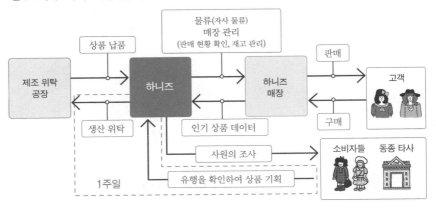

그림 6-4 하니즈의 속도의 경제를 떠받치는 운영

사례 2: 일본 맥도날드

일본 맥도날드는 2001년 주문받은 햄버거를 약 50초에 만드는 시스템인 MFY(Made For You)를 도입하여 식품 손실을 줄이고자 했습니다. 이런 구조에 따라 실제로 식품 폐기물을 반감시켰을 뿐 아니라, 동시에 이산화탄소 절감도 실현하고 있습니다. 또한, 고객에게 상품을 제공하는 시간을 단축하여 고객 만족도를 제고했습니다.

속도의 경제의 성립 조건

(1) 치밀하게 구축된 정보 시스템과 운영 구조

속도의 경제는 사업 및 운영 속도를 향상해야 실현할 수 있습니다만, 이를 지탱하는 것은 대부분 치밀하게 구축된 정보 시스템과 운영 구조입니다.

예를 들어, 인터넷 쇼핑몰에서 주문받은 상품을 빠르게 고객에게 전달하려면 정보 시스템을 이용한 수주와 발주 정보 처리나 물류망을 활용한 효율적인 배송이 필요합니다.

(2) 속도 향상이 필요한 부분의 정확한 판별

사업이나 운영 속도를 올리고자 할 때에는, **어느 부분의 속도를 향상시켜야 할지를 정확하게 파악해야 합니다.** 예를 들어, 하니즈는 '패션 유행 파악에서부터 상품 기획, 생산 위탁까지 걸리는 시간'이 속도를 올려야 할 부분이라 할 수 있습니다. 한편, 일본 맥도날드의 경우 '주문을 받고 제공할 때까지의 조리 시간'입니다.

아울러 **이 부분은 경영에서 병목이 될 때도 흔합니다.** 속도의 경제를 의식하려면 이러한 병목을 발견하고 업무 개선으로 연결하는 능력이 필요합니다.

적용을 위한 질문

☑ 자사의 사업이나 운영 측면에서 '속도'가 발목을 잡은 부분이 있는가?

☑ 고객은 자사의 제품·서비스에 대해 어느 정도의 '속도'를 원하는가?

☑ 신제품 개발·판매 시 고객의 니즈를 빠르게 확인할 수 있는가?

☑ 속도의 경제에 따른 장점을 누릴 수 있는 시스템이 정비되어 있는가?

 참고문헌

加護野忠男. 『〈競争優位〉のシステム:事業戦略の静かな革命』(PHP研究所, 1999)

「廃棄物対策」(http://www.mcdonalds.co.jp/scale_for_good/our_planet/waste/)

日本マクドナルドホールディングス 品ロスの「見える化」徹底 (https://project.nikkeibp.co.jp/ESG/atcl/emf/239627/060600022/)

Boston Consulting Group. (1990). *Time-Based Competition*. BCG

52

이용자 수가 제품 가치를 정하는
네트워크 외부성

Network Externality

KEY POINT

- '이용자 수'가 제품이나 서비스의 이용 가치에 영향을 줌
- '직접 네트워크 외부성'과 '간접 네트워크 외부성' 2종류
- 임계 질량을 돌파하는 이용자 수를 확보하는 것이 중요

기본 개념

네트워크 외부성이란 이용자 규모나 이용 빈도가 해당 제품이나 서비스의 이용 가치에 영향을 주는 것을 뜻하는 용어입니다. 예를 들어, "여러분은 왜 카카오톡이나 이메일을 사용하나요?"라고 물으면, 많은 사람이 **"주위 사람이 쓰니까요.", "이용하지 않으면 친구와 연락할 수가 없어요."** 등의 이유를 들 것입니다. 이 경우는 그 제품이나 서비스의 기능 또는 품질이 아니라, 이용자 수나 단말기 수 등에 따라 이용 가치가 정해진 것이라고 할 수 있습니다. 여기서 이용자 수나 단말기 수를 네트워크 규모라 합니다.

네트워크 외부성은 특히 **불특정 다수와의 의사소통을 전제로 하는 제품·서비스**에 적용될 때가 많습니다. 이와는 달리 식료품이나 화장품을 살 때는 그 제품의 기능이나 품질, 가격 등을 기준으로 구매를 검토할 때가 대부분입니다. 이런 점에서 이런 특성이 있는 제품·서비스에는 네트워크 외부성이 작용하지 않는다고 생각할 수 있습니다.

네트워크 외부성에는 '직접 네트워크 외부성'과 '간접 네트워크 외부성'이 있습니다.

[1] 직접 네트워크 외부성

직접 네트워크 외부성이란 네트워크 규모 그 자체가 이용자의 이용 가치를 좌우하는 성질을 말합니다. 예를 들어, 이용자가 증가할수록 편리해지는 카카오톡이나 이메일이 이에 해당합니다.

[2] 간접 네트워크 외부성

간접 네트워크 외부성이란 특정 제품·서비스의 네트워크 규모에 따라 관련 보완재의 양과 질이 결정되고, 그 결과 이용자의 이용 가치가 정해지는 성질을 말합니다.

예를 들어, 블루레이레코더가 보급될수록 보완재인 블루레이 지원 소프트웨어가 늘어나고, 그 결과 블루레이레코더의 선택 가치가 높아지는 현상이 이에 해당합니다.

> **MEMO**
>
> 결제 서비스(페이)나 교통카드 보급에는 간접 네트워크 외부성이 작용합니다. 이때 보완재가 되는 것이 결제 서비스·카드 이용 단말기(설치 점포) 등입니다.

사례 1: Windows

예전에 마이크로소프트의 **Windows**가 시장을 석권했을 때, 그 성장 원리로 네트워크 외부성이 주로 거론되었습니다.

즉, Windows를 운영체제로 사용하는 컴퓨터 이용자 수가 늘면 늘수록, 데이터 주고받기 등에서 Windows 컴퓨터를 이용하는 쪽이 편리해지는 직접 네트워크 외부성이 작용합니다. 그리고 Windows가 보급될수록 문서 작성 소프트웨어나 백신 소프트웨어 등의 Windows용 소프트웨어(보완재)가 늘어나는 간접 네트워크 외부성도 작용합니다.

이 두 가지 네트워크 외부성이 작용했기 때문에 Windows는 압도적인 시장 점유율을 차지할 수 있었다는 것입니다.

그림 6-5 Windows의 네트워크 외부성

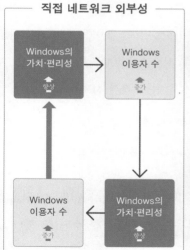
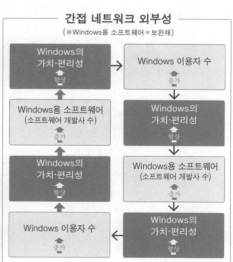

사례 2: 페이스북

SNS도 네트워크 외부성이 작용하는 대표적인 예입니다. 예를 들어, **페이스북**에는 직접 네트워크 외부성과 간접 네트워크 외부성 모두가 작용합니다. **이용자 수가 늘어날수록 이용자 사이의 의사소통 편리성이나 매력이 증가하는 것**은 전자의 예이며, **페이스북에서 제공하는 게임(보완재) 수가 늘수록 페이스북의 가치가 상승하는 것**은 후자의 예입니다.

네트워크 외부성의 성립 조건

네트워크 외부성이 작용하는 제품·서비스에는 **이용자 수가 늘어날수록 제품·서비스의 가치가 높아지고, 그 결과 더욱 이용자가 늘어 다시 가치가 높아지는 정적 피드백**이 작용합니다.

또한, 이러한 제품·서비스에는 보급률이 한순간에 뛰어오르는 임계 질량(critical mass)이 존재한다고 합니다(일반적으로 시장 점유율 16% 정도).

그러므로 다음 2가지가 네트워크 외부성 활용 조건이 됩니다.

- 임계 질량을 돌파할 수 있는 이용자 수를 확보할 것
- 다양한 보완재를 확보할 것(간접 네트워크 외부성이 작용하는 제품일 때)

특히 이용자 수 확보와 관련해서는 **한시적으로 제품이나 서비스를 무료로 제공(프리)**하여 적극적으로 이용자를 모집하는 것도 유효한 수단 중 하나입니다.

임계 질량 개념은 미국의 사회학자인 에버렛 로저스(Everett M. Rogers)가 주창한 것으로, 새로운 아이디어나 기술의 사회 보급 모델(이노베이터 이론)의 핵심입니다.

적용을 위한 질문

☑ 자사의 비즈니스는 이용자의 규모나 이용 빈도가 중요한가?

☑ 간접 네트워크 외부성을 가진 보완재를 제공하는 기업과 제휴할 수 있는가?

☑ 임계 질량을 돌파하기 위해 어떤 전략을 구상했는가?

☑ 유사 서비스(경쟁사)의 이용자 확보 상황은 어떠한가?

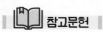 참고문헌

에버렛 로저스. (2005). 개혁의 확산(김영석 등 옮김). 커뮤니케이션북스

칼 샤피로, 힐 배리언. (1999). 정보법칙을 알면 .COM이 보인다(임세윤 옮김). 미디어퓨전

53

누구도 정한 적 없는 '표준'
데 팍토 스탠더드
De Facto Standard

Case Study

QWERTY 키보드
블루레이 디스크

KEY POINT

● 공적 기관의 승인 여부와 상관없이 성립된 업계 표준 규격
● 데 팍토 스탠더드가 되면 고객을 록인할 수 있음
● 데 팍토 스탠더드를 획득하려면 '네트워크 외부성'을 이해해야 함

기본 개념

데 팍토 스탠더드(de facto standard)란, **시장에서 경쟁을 통해 지배적인 지위를 얻고 그 결과 '사실상의' 업계 표준이 된 표준**을 일컫습니다. 애당초 업계 표준이란 특정 업계나 산업에서 인정한 표준을 말합니다. 예를 들어, **나사 규격**은 국제적으로 표준이 정해진 것입니다.

업계 표준 중에는 공적 기관이 정한 것도 있습니다. 앞서 예를 든 '나사 규격'은 ISO(국제 표준화 기구)가 제정한 ISO 68이라는 표준 규격에 따라 정해지고, '비상구 표시'는 ISO 7010이라는 표준 규격에 따라 정해집니다. 또한, AA나 AAA와 같은 '전지 규격'은 ANSI(미국국립표준협회)가 표준화한 것입니다. 이처럼 표준화 기관이 정한 표준 규격을 데 유레 스탠더드(de jure standard)라 합니다.

데 팍토 스탠더드는 이런 데 유레 스탠더드와는 달리 **표준화 기관의 승인이 필요 없습니다.** 예를 들어, 스마트폰 운영체제의 하나인 **안드로이드**는 윈도폰이나 블랙베리OS와의 경쟁 끝에 지배적인 위치를 차지하고 스마트폰 운영체제의 데 팍토 스탠더드가 되었습니다.

일단 데 팍토 스탠더드가 된 제품은 고객에 대한 록인 효과(p.255)를 발휘합니다. 즉, 데 팍토 스탠더드가 된 제품을 한번 구매한 고객은 타사 제품으로 갈아타기가 어렵습니다.

MEMO

최근에는 기업 간 경쟁이 아닌 합의(컨센서스)를 통해 형성된 컨센서스 표준이라는 방식도 주목받고 있습니다. 컨센서스 표준에는 EU의 차량 탑재 소프트웨어 표준인 'AUTOSAR' 등이 있습니다.

사례 1: QWERTY 키보드

컴퓨터 키보드 자판 배열인 QWERTY(쿼티)는 데 팍토 스탠더드의 한 예입니다. QWERTY 자판은 원래 수동 타자기의 조작 속도 평준화를 목적으로 자주 등장하는 문자열을 왼손 새끼손가락 위치에 배치했던 데서 탄생했습니다. 그것이 타자기가 사라진 지금도 컴퓨터 키보드의 표준 배열로 존속되고 있는 것입니다.

QWERTY 자판이 다른 자판에 비해 기술적으로 반드시 더 우수한 것은 아닙니다. 수동 타자기를 사용했던 전보 오퍼레이터의 니즈에 적합했기 때문에 채택되었던 것뿐입니다. 이 자판 외에도 더 효율적으로 입력할 수 있다고 하는 **Dvorak(드보락) 자판**도 있습니다. 그러나 보급률에서는 QWERTY 자판이 압도적입니다.

그림 6-6 QWERTY 키보드 배열

사례 2: 블루레이 디스크(Blu-ray Disc)

블루레이 디스크는 고화질 HD 방송 녹화를 위해 태어난 차세대 DVD 규격입니다. 이 규격을 둘러싸고 소니와 파나소닉이 제안한 'Blu-ray Disc'와 도시

바가 제안한 'HD DVD' 규격 간에 업계 표준 경쟁이 펼쳐졌습니다만, 도시바가 2008년에 HD DVD 판매를 종료함으로써 블루레이 디스크가 데 팍토 스탠더드 지위를 얻었습니다.

양 진영의 디스크는 각각의 일장일단이 있었으며 결코 블루레이 디스크가 압도적으로 우수했던 것은 아닙니다. 결과적으로 블루레이 디스크가 데 팍토 스탠더드가 된 승리 요인 중 하나는 소프트웨어 및 하드웨어의 공급처 확보였다고 합니다.

블루레이 디스크 진영은 미국의 **워너 브라더스**나 **월마트** 등의 대형 콘텐츠 제작 기업이나 소매 기업을 자사 진영에 끌어들이는 데 성공했고, 마침내 미국 대형 영화사 6곳 중 4곳이 블루레이 디스크를 지지하게 되었습니다. 이에 따라 **많은 소프트웨어를 공급할 수 있게 된 블루레이 디스크가 시장에서 지배적인 지위를 굳히는 데 성공했던 것입니다.**

데 팍토 스탠더드의 성립 조건

데 팍토 스탠더드를 노리는 제품이나 서비스는 충분한 기술력이나 기능, 품질이 있다는 것을 전제로 합니다만, 앞서 살펴본 대로 **기술력이나 기능, 품질의 우위가 반드시 데 팍토 스탠더드로 이어지지는 않습니다.**

데 팍토 스탠더드를 획득하려면 네트워크 외부성(p.360) 원리를 이해한 다음, **제품이나 서비스의 인스톨드 베이스(Installed Base, 전체 이용자 수) 향상을 목표로 하는 것이 중요합니다.**

QWERTY 자판은 당시 주된 이용자였던 전보 오퍼레이터의 니즈에 따라 설계·발전한 것으로, 이용자가 많다는 것이 편리성으로 이어진다는 점에서 직접 네트워크 외부성의 특징을 살려 데 팍토 스탠더드를 얻은 것이라 할 수 있습니다.

한편, 블루레이 디스크는 블루레이레코더의 보완재인 소프트웨어를 더해 가치를 높였다는 점에서 간접 네트워크 외부성의 특징을 살려 데 팍토 스탠더드를 얻은 예라 할 수 있습니다.

이처럼 기술 우위 확보나 특허 전략보다는, 오히려 고객 니즈를 이해하고 관련 사업자와 협력하여 이용자 수를 늘리는 것이 데 팍토 스탠더드를 얻는 데 필요한 조건이라 할 수 있습니다.

 적용을 위한 질문

☑ 공적 기관을 통하지 않아도 사실상의 업계 표준을 목표로 할 수 있는 환경인가?

☑ 필요한 기술력이나 기능, 품질이 있는가?

☑ 인스톨드 베이스를 확보하기 위한 구조를 마련했는가?

☑ 전환 비용(Switching cost)이 높은 사실상의 업계 표준인가?

 참고문헌

山田英夫. 『デファクト・スタンダードの競争戦略』(白桃書房, 2008)

54

밀려오는 디지털 물결
디지털화

Digitalization

Case Study

다임러
스트라이프 인터내셔널

KEY POINT

● IT나 웹 기술에 따라 기존 비즈니스가 변화하는 것을 가리키는 용어

● 모듈화, 소프트웨어화, 네트워크화가 그 원인

● 자사의 가치 제안을 재검토하거나 기존 사업과의 충돌에 관해 살펴보아야 함

기본 개념

디지털화란 IT나 웹 기술 등 디지털 관련 기술이나 방법을 활용하여 기존의 비즈니스(특히 물리적인 비즈니스)가 변화하는 것을 뜻합니다.

디지털화의 대상에는 크게 2가지가 있습니다. 첫 번째는 제품·서비스 그 자체의 디지털화입니다. 예를 들어 스포티파이와 같은 음악 스트리밍 서비스가 보급됨에 따라 LP나 CD 등 물리적인 매체의 수요가 감소했습니다. 디지털화된 제품·서비스 보급은 소비 행동(예: 음악 감상)도 변화시킵니다.

또 한 가지는 비즈니스 프로세스의 디지털화입니다. 여기서 말하는 '**프로세스**'란 제품·서비스를 제공할 때 이용되는 전반(**자동화나 설비 보호·관리, 생산 관리, 고객 행동 분석 등**)을 가리킵니다. 예를 들어, 편의점에서 상품을 관리하는 정보 단말기는 매년 발전하며, 공연 티켓을 살 수 있는 키오스크도 발전을 거듭합니다.

그림 6-7 편의점의 디지털화로 살펴본 2가지 디지털화

오늘날 이러한 디지털화는 IT 관련 산업뿐만 아니라 온갖 산업을 둘러싸고 이루어지고 있습니다. 디지털화가 의미하는 바를 구체적으로 살펴보면, 그 원인을 '모듈화', '소프트웨어화', '네트워크화' 3가지로 분류할 수 있습니다.

[1] 모듈화

인터페이스를 표준화하여 각 부품을 따로 설계할 수 있도록 한 것입니다. 예를 들어, 전자책에서는 통신 네트워크, 하드웨어·운영체제, 뷰어 앱, 콘텐츠 스토어, 콘텐츠 등을 각각 따로 설계할 수 있습니다.

[2] 소프트웨어화

하드웨어의 성질을 지닌 제품·서비스가 소프트웨어로 전환하는 것입니다.

'종이책이 전자책으로 바뀌는 것'이나 '인간 대신 인공지능이 판단을 수행하는 것' 등이 소프트웨어화의 구체적인 예입니다.

[3] 네트워크화

제품·서비스를 인터넷에 연결하는 것을 말합니다. 최근 자동차에서도 도로 교통정보·뉴스·음악 등의 정보 제공 서비스(텔레매틱스) 탑재가 일반화되었습니다.

지금부터의 기업은 앞의 3가지 원인이 서로 발전하면서 진행되는 디지털화에 적절하게 대응해 나가야만 합니다.

사례 1: 다임러

자동차 생산은 현재 다음 4가지 변화에 직면했으며 디지털화의 영향을 강하게 받고 있습니다.

- 접속성(Connectivity)
- 자율주행(Autonomous)
- 공유(Shared)
- 전자화(Electric)

이 변화를 각 용어의 머리글자를 따 CASE라 부릅니다. 이 CASE라는 개념을 의식하며 중장기 경영 방침을 모색하는 것이 독일의 자동차 제조사 **다임러**입니다.

이 회사는 **10년 전부터 셰어링이나 모빌리티 서비스 등에 진출**했습니다. 예를 들어, 다임러의 자동차를 공유할 수 있는 자동차 공유 서비스 Car2go는 다임러가 직접 제공합니다. Car2go에 한번 등록하면, 그 후로는 스마트폰이나 컴퓨터로 간단히 차량을 예약하거나 대여할 수 있습니다. 이용한 차량은 역이나 공항에 반납하면 되며, 요금 체계도 단순합니다(시간 단위 과금).

또한, 이 회사에서는 전차나 버스 등의 대중교통이나 배차 서비스, 공유 자동차 등 다양한 이동 수단을 조합하여 목적지까지 최적의 이동 경로를 검색하고 예약할 수 있는 moovel이라는 서비스에도 힘을 쏟고 있습니다.

그림 6-8 Car2go의 전략 모델(중요 부분)

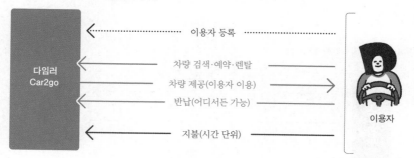

사례 2: 스트라이프 인터내셔널

일본의 **스트라이프 인터내셔널**은 의류를 제조·판매하는 기업입니다. 이 회사는 원래 오카야마시에 개점한 편집숍이었습니다만, 1999년 나중에 주력 브랜드가 되는 'earth music & ecology' 설립을 계기로 SPA(p.188)로 전환하고 실적을 늘렸습니다.

지금까지 의류는 백화점이나 길거리 매장 등 소매점 중심의 비즈니스였습니다만, 최근에는 ZOZO와 같이 온라인 쇼핑 사이트를 이용하는 기업이 약진하는 분야이기도 합니다.

이에 스트라이프 인터내셔널은 의류 비즈니스의 디지털화를 진행하여 **정액으로 마음껏 의류를 빌릴 수 있는 구독 모델**(p.292)인 메챠카리를 시작했습니다. 메챠카리에서는 기본요금 월정액 5,800엔으로 이 회사의 브랜드를 중심으로 한 다양한 의류를 몇 번이든 빌릴 수 있습니다(1회 3벌까지. 반납하면 또 빌릴 수 있음).

또한, 메챠카리 회원의 약 70%는 스트라이프 인터내셔널의 기존 고객이 아니므로 기존 비즈니스와 상호 잠식되는 부분이 거의 없습니다. 게다가 이용자가 반납한 아이템은 중고품으로 자사 온라인 쇼핑 사이트 등에서 판매하여 수익을 얻습니다.

그림 6-9 메챠카리의 전략 모델(중요 부분)

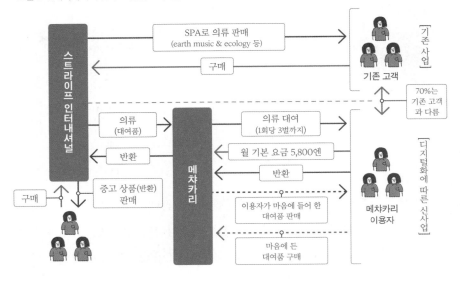

디지털화의 성립 조건

산업이나 비즈니스에 디지털화가 밀려오는 이유(성립 조건)로는 앞서 이야기한 3가지 원인(모듈화, 소프트웨어화, 네트워크화)을 들 수 있습니다만, 여기서는 기업이 디지털화를 준비할 때의 조건을 살펴보겠습니다.

(1) 가치 제안 및 비즈니스 모델 재검토

첫 번째로, 기존 사업의 가치 제안(value proposition)이나 비즈니스 모델을 다시 검토해야 합니다. 다임러나 스트라이프 인터내셔널의 예를 보더라도 자사의 기존 사업에 얽매이지 않고 디지털화에 대응하는 새로운 비즈니스를 시작했다는 것을 알 수 있습니다.

(2) 기존 사업과의 관계성 검토

두 번째로, 새로운 서비스와 기존 사업과의 관계성을 검토해야 합니다. 예를 들어, 다임러는 Car2go에서는 자사의 자동차를 이용하는 한편, moovel에서는 자사의 자동차에 한정하지 않고 다양한 교통수단을 제안합니다. 또한, 메챠카리의 경우 기존 사업과는 다른 고객층을 대상으로 하여 기존 사업과의 충돌을 최소화합니다.

디지털화를 준비할 때는 **(1) 기존 사업에서 독립, (2) 기존 사업을 대체, (3) 일부분만 대응하고 기존 사업을 대부분 존속**(예를 들어 프로세스의 디지털화) 등의 의사결정이 필요합니다. 그리고 이때 기존 사업과 새로운 사업을 어떤 조직 형태로 운영할 것인가도 검토해야 합니다.

적용을 위한 질문

☑ 자사에 밀려오는 디지털화의 물결은 '제품·서비스 그 자체의 디지털화', '비즈니스 프로세스의 디지털화' 중 어느 쪽인가?

☑ 디지털화에 따라 자사의 가치 제안이 어떻게 바뀌는가?

참고문헌

根来龍之. 『集中講義デジタル戦略:テクノロジーバトルのフレームワーク』(日経BP, 2019)

Jeff Loucks, J., Macaulay, J., Noronha, A., Wade, M. (2016). *Digital Vortex: How Today's Market Leaders Can Beat Disruptive Competitors at Their Own Game.* DBT Center Press

55

부품을 조합하여 부가가치를 창출하는
모듈화
Modularization

Case Study

폭스바겐 MQB
애플 앱스토어

KEY POINT

- 플랫폼을 표준화하고 각 부품을 독립으로 설계하여 기능 확장
- 제조업에서는 제조 비용 절감과 생산 효율화 모두가 가능
- 디지털 산업에서는 새로운 서비스를 탄생시킴

기본 개념

모듈화란 '각각 독립적으로 설계할 수 있으며 전체가 통일된 기능을 발휘하는 작은 서브시스템'을 이용하여 복잡한 제품이나 업무 프로세스를 구축하는 것(발드 윈·클라크, 2002)을 말합니다. 모듈화의 반대는 통합화입니다.

문서 작성 소프트웨어와 컴퓨터를 예로 들면, 문서 작성 소프트웨어는 문서를 작성하고자 입력·편집·출력 기능을 하나로 모은 통합화 제품입니다. 반면 컴퓨터는 고정된 '운영체제'와 '문서 작성 소프트웨어', '표 작성 소프트 웨어', '게임 소프트웨어'를 따로 만들어(모듈화) 사용할 수 있습니다. 문서 작성 소프트웨어는 문자를 출력할 때는 무척 편리하지만, 그 외의 기능을 추가할 수는 없습니다. 즉 모듈화의 특징은 **나중에 기능을 추가하고 확장할 수 있다**는 데 있습니다.

모듈화는 자동차나 전자 제품과 같은 제조업의 각 부품을 시작으로, 운영 체제와 소프트웨어 독립 설계 등 다양한 산업에서 적용되고 있는 개념입니다.

모듈화와 관련된 개념으로 레이어화(p.383)가 있습니다. 레이어는 '산업 내 보완 관계를 종으로 쌓아 만든 구조'를 말하며, 모듈은 '기능 하나하나를 독립하여 만든 것'을 말합니다.

사례 1: 폭스바겐 'MQB'

폭스바겐은 2012년 차체의 종류나 크기와 상관없이 부품을 통일하는 모듈화 전략 MQB(Modulare Quer Baukasten)를 발표했습니다. 영어로는 'Modular Transverse Matrix'입니다.

기존 자동차 제조에서는 차체나 디자인에 따라 부품의 사양이 달라 차종마다 특별 주문 형식으로 제조가 이루어졌으므로 비용이 많이 들었습니다. 또한, 먼저 개발한 부품을 나중에 개발한 차종에 적용하려면, 그 디자인이나 독자 기능 개발에 제약이 생겼습니다. 이것이 자동차 제조에 있어서의 비효율 요소 중 하나였습니다.

폭스바겐의 MQB는 90여 가지에 이르는 **부품을 공통화한** 다음, 이를 조합하여 엔진만으로도 흡기 모듈이나 배기 모듈 같은 변형을 만들 수 있도록 했습니다. 통일된 차대 위에 부품을 조합하는 모듈화는, 기업으로서는 **비용 절감, 개발 기간 단축, 생산 기간 단축 등의 비용 효율화**가 가능하다는 장점이 있습니다. 또한 상위 차종에 사용하는 부품을 대중 차종에도 사용하게 됨으로써, 고객에게도 **저가격·고품질 제품을 제공**할 수 있게 되었습니다. 그리고 차체·차내 공간 디자인이나 시트의 쾌적함 등에서 차종마다 차별화를 실시하여 고객 만족도 향상을 도모하고 있습니다.

그림 6-10 폭스바겐의 모듈화

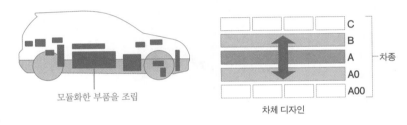

모듈화한 부품을 조립

차종

차체 디자인

[출처] 존 크로포드(John Crawford), <MQB가 정확히 뭔가요?(SO, WHAT EXACTLY IS MQB?)>
(http://www.drivingandlife.com/2016/05/)를 참고로 필자가 일부 수정

사례 2: 애플 앱스토어

앱스토어는, 애플의 아이폰·아이패드 앱을 판매·제공하는 내려받기 서비스입니다. 기본적으로 아이폰과 아이패드 이용자는 앱스토어에서 필요한 앱을 내려받아야 합니다. 또한, 앱 개발자는 누구든 자신이 만든 앱을 앱스토어에서 판매할 수 있으며 판매에 따른 대가를 얻을 수 있습니다(**개방화 전략**).

앱스토어는 첫 아이폰 발매 1년 후인 2008년에 서비스를 시작했으며, 그때부터 지금까지 약 12년간 앱 개발자에게 지급한 수익 누계는 1,550억 달러에 달하는 것으로 알려져 있습니다.

스마트폰의 기본 기능은 전화와 인터넷, 문자였지만, 이제는 외부 앱 개발자가 만든 온라인 쇼핑 앱, 결제 서비스, 인스타그램과 카카오톡 등의 SNS, 스포티파이와 같은 음악 스트리밍 앱 등 지금까지는 볼 수 없었던 다양한 서비스나 비즈니스 모델이 생겼습니다.

모듈화의 성립 조건

(1) 응용할 수 있는 '표준화 전략'

모듈화 비즈니스 모델에서는 부품이나 서비스를 표준화하고 이를 조합하여 다양한 변형을 만들 수 있는가가 비용 효율과 생산 효율을 결정합니다.

(2) 다른 참가자에 대한 '개방화 전략'

모듈화 비즈니스 모델에서는 자사의 플랫폼을 개방화하여 외부 파트너와 함께 새로운 비즈니스를 구축하는 것이 중요합니다. 개방화를 진행할 때는 이용자의 니즈를 조사하여 파트너를 선정하고, 그에 대한 수익 배분의 타당성도 함께 검토해야 합니다.

(3) 높은 모방곤란성

동일 플랫폼에 기반을 둔 모듈은 타사가 쉽게 모방할 수 있다는 위험이 있습니다. 이와는 달리 앱 서비스 등에서는 자사가 만든 모듈의 독자 기술이 뛰어나 모방곤란성이 높을수록 유료 과금을 통해 수익을 얻을 가능성이 커집니다.

적용을 위한 질문

☑ 제품·서비스 일부를 모듈화하여 큰 폭의 비용 절감, 생산 기간 단축을 이룰 수 있는가?

☑ 자사의 제품·서비스에 적용할 수 있는 모듈 조합을 설계할 수 있는가?

☑ 모듈을 만드는 외부 파트너에게 충분한 이익을 분배할 수 있는가?

☑ 이용자 니즈에 따라 기능을 확장할 수 있는가?

 참고문헌

〈Apple, 기념비적인 한 해를 잇는 서비스 부문의 새로운 시대를 알리다〉(https://www.apple.com/kr/newsroom/2020/01/apple-rings-in-new-era-of-services-following-landmark-year/)

藤本隆宏. 『日本のもの造り哲学』(日本経済新聞出版, 2004)

Baldwin, C. Y., Clark, K. B. (2000). *Design Rules: The Power of Modularity*. MIT Press

56

서비스 내의 위치와 수익성을
예측하는

레이어화

Layer Stack Model

KEY POINT

- 소비자가 원하는 제품이나 서비스를 취사선택 가능
- 제공하는 상품이나 서비스는 여러 사업자의 조합에 의해 완성
- 같은 레이어의 다른 경쟁사보다 매력적이어야 함

기본 개념

레이어화란 산업 내의 제품이나 서비스를 소비자가 원하는 대로 조합할 수 있는 것을 뜻합니다. 레이어화가 진행된 제품·서비스의 대표적인 예로는 여러 가지 장치에서 이용할 수 있는 앱이나, 다양한 책과 잡지를 읽을 수 있는 전자책을 들 수 있습니다.

전자책 서비스 **킨들**을 예로 살펴보겠습니다. 자세한 내용은 뒤에서 설명하겠습니다만, 아마존은 소비자에게 제공하는 서비스를 모두 자사에서 개발·제공하는 것이 아니라, 제품을 만드는 제조사나 출판사, 운영체제를 개발하는 기업과 협력합니다. 각 서비스를 계층으로 조합하여 하나의 가치를 만들어 내는 것이 레이어화의 특징입니다.

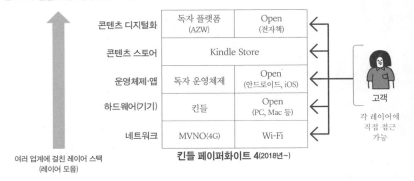

그림 6-11 킨들로 본 레이어화의 개념

[출처] 네고로·후지마키(2013)를 참고로 필자가 일부 수정

레이어화의 주요 특징은 다음과 같습니다.

- 서비스를 구성하는 각 레이어의 어디를 독점하고 어디를 개방화할 것인가에 따라 얻을 수 있는 수익 변동
- 자사 이외의 레이어에 속하는 참가자와 고객 양쪽에 필요한 가치를 제공하여 수익 확대

레이어화가 진행된 산업에서는 수직통합(p.64)과 달리 조달·제조·영업 모두를 자사에서 수행하지 않기 때문에 고정비를 줄이면서 서비스를 제공할 수 있지만, 한편으로 **자사가 어떤 레이어에 참여했는가에 따라 경쟁이 심해지거나 수익성이 변화할 수 있으므로 어떤 레이어를 선택할 것인지가 중요합니다.**

또한, 제품이나 서비스를 만드는 과정에서 여러 기업과 제휴하는 경우는 이전부터 있었습니다만, 레이어화가 진행된 산업에서는 **소비자가 직접 사업자를 선택합니다.** 이것이 레이어화의 특징입니다. 따라서 '자사와는 다른 레이어에 있는 기업의 서비스와 조합했을 때 더 편리해지는가?'와 '자사가 참여한 레이어의 경쟁 상대보다 더 매력적인 서비스를 제공할 수 있는가?'에 따라 사업의 성패가 크게 좌우됩니다.

사례 1: 킨들

아마존이 제공하는 전자책 서비스 킨들은 불과 2, 3년 만에 세계 전자책 시장을 급속히 팽창시켰습니다. 킨들의 매출은 2008년부터 2010년까지 1,260%라는 경이로운 성장률을 기록했습니다. 아마존은 전자책 리더 소프트웨어 시스템뿐 아니라 킨들 전용 태블릿(하드웨어) 사업도 시작했습니다(그림 6-11 참조).

아마존이 전자책 시장 확대에 성공한 원인은 2가지입니다.

첫 번째는 킨들로 제공하기 위해서 '**출판사의 도서 콘텐츠를 직접 디지털화**'했다는 것입니다. 이로써 콘텐츠 제공자의 부담을 덜고, 서비스하는 책 종류를 늘려 고객에 대한 매력을 높였습니다.

두 번째는 '**다른 기업 기기와의 제휴를 일찍 시작**'했다는 것입니다. 2009년에 이미 아이폰용과 Windows용 킨들 앱을 제공하여, 소비자가 직접 하드웨어(기기)를 선택할 수 있도록 했습니다.

아마존이 독점하는 레이어는 킨들용 전자책을 판매하는 '**콘텐츠 스토어**'뿐으로, 그 밖의 레이어에는 타사도 진입할 수 있습니다. 이처럼 각 레이어 참여자와 제휴하여 고객에게 선택의 자유를 제공함으로써 고객 기반을 다지고 디지털화를 이용한 새로운 시장 창출에 성공했습니다.

사례 2: 닌텐도 스위치

2017년 3월 출시 이후 약 3년 만에 전 세계 누적 판매 6,144만 대를 달성한 닌텐도 스위치는, 지금까지의 닌텐도 제품 중에서도 가장 레이어화가 진행된 게임기입니다. 이 게임기는 본체의 매력도 물론 있지만, **다양한 게임 제작사와의 제휴를 통해 콘텐츠(게임 소프트웨어)가 매우 풍부**하다는 것이 특징입니다.

닌텐도는 원래 게임 제작사가 개발한 소프트웨어 역시 자사의 콘텐츠로 판매할 것을 조건으로 삼고 있었습니다만, 스위치에서는 게임 소프트웨어의 판매를 개방화하여 타사와의 제휴 방침을 바꿨습니다. 그러자 2017년 발매 시점 7개였던 타사 타이틀은 2019년에는 201개로 늘어나 고객에게 큰 매력을 주고 있습니다.

그뿐만 아니라 닌텐도는 닌텐도 스위치 온라인이라는 회원 서비스(1개월 306엔, 12개월 2,400엔)•를 통해 온라인 플레이나 게임 데이터 저장, 온라인 스토어 타이틀 구매 등을 제공하며 이용자 편의를 도모하고 있습니다.

이처럼 닌텐도 스위치는 **인터넷 환경과 콘텐츠(게임 소프트웨어 개발·판매)**

• 한국닌텐도의 경우, 1개월 4,900원, 12개월 19,900원의 가격으로 제공됩니다(이 책 출간 시점 기준). 그 밖에 2인 이상을 위한 패밀리 플랜(12개월 39,900원)도 마련하고 있습니다. -편집주

를 개방화하고 자사는 게임기와 서비스를 수익원으로 하는, 레이어화를 전제로 한 모델이라 할 수 있습니다.

그림 6-12 닌텐도 스위치의 레이어화

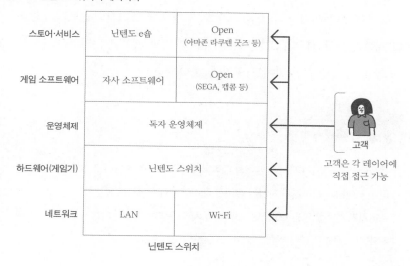

닌텐도 스위치

레이어화의 성립 조건

(1) 참여할 레이어의 적절한 결정

서비스를 이루는 구조 안에서 **어떤 부분에 참여해야 최대의 수익**을 얻을 수 있는가를 적절하게 판별하는 것이 중요합니다.

(2) 협력업체와의 가치 창출을 통한 차별화

레이어화를 전제로 한 비즈니스 모델에서는 자사의 제품·서비스만으로는 비즈니스가 불가능하기 때문에, **협력업체와 제품이나 서비스를** 조합하여 가치를 높이고, 이로써 **경쟁 상대와의 차별화**를 이룰 수 있어야 합니다.

(3) 제품이나 서비스의 개방

타사에 제품이나 서비스를 개방하면 할수록 소비자의 선택지가 늘어나 매력이 향상됩니다. 또한, 이때 어떤 기업과 제휴하는지(제휴처 선택과 그 범위)가 경쟁 우위에도 영향을 줍니다.

 적용을 위한 질문

☑ 제품·서비스 안에서 자사가 참여할 레이어의 수익성이 충분하다고 예측되는가?

☑ 다른 레이어의 참여자가 자사가 참여한 레이어를 대체하지는 않는가?

☑ 소비자가 선택할 만한 매력적인 서비스를 개발·운영할 수 있는가?

📖 참고문헌

根来龍之, 藤巻佐和子. 「バリューチェーン戦略論からレイヤー戦略論へ-産業のレイヤー構造化への対応-」

『早稲田国際経営研究』No.44, 145-162(2013)

The Plot Twist: E-Book Sales Slip, and Print Is Far From Dead. *The New York Times*. (https://www.nytimes.com/2015/09/23/business/media/the-plot-twist-e-book-sales-slip-and-print-is-far-from-dead.html?searchResultPosition=1)

57

고객의 데이터에 부가가치를
더해 돈을 버는

클라우드화

Cloud Migration

KEY POINT

- 데이터 관리나 데이터 분석을 수행하는 시스템을 제공하여 수익 획득
- 클라우드상의 데이터를 여러 가지 서비스와 제휴하면 고유의 비즈니스 구축
  가능
- 머신러닝이나 AI를 활용하여 데이터 관리에 부가가치를 더할 수 있는가가
  차별화의 열쇠

기본 개념

클라우드화란 하드디스크나 자체 서버에 저장하고 관리하던 각종 시스템이나
데이터를, 인터넷 등의 컴퓨터 네트워크를 통해 이용하는 것입니다.

클라우드를 이용하면 다음과 같은 장점이 있습니다.

- 서버를 직접 소유할 때 드는 비용 절감
- 데이터 유지에 필요한 보안 관리 간편화

클라우드화라는 용어가 등장한 것은 1996년으로, 인터넷 회사 넷센트릭
(Netcentric)의 창업자가 컴퓨터 제조사 컴팩(Compaq)에 보낸 문서에 처음으로
쓰였다고 합니다. 그 후 2008년 구글은 구글 클라우드 플랫폼(GCP)이라는 클라
우드 서비스를 시작했습니다. 이 서비스는 구글 사내와 동일 사양의 네트워
크를 사용하여 고객 기업의 시스템을 클라우드화한 것입니다. 고객 기업은 데
이터 저장소나 데이터 분석, 머신러닝 등의 서비스를 구글 클라우드 플랫폼을 통해

이용할 수 있습니다.

또한, 구글 클라우드 플랫폼의 응용 서비스 중 하나로 2012년부터 제공하기 시작한 **구글 드라이브**에서는, 개인 이용자도 구글의 네트워크 저장소를 사용하여 문서나 사진, 동영상 등의 데이터를 관리하거나 다른 이용자와 데이터를 공유할 수 있습니다. 구글 드라이브는 초기 저장소 용량은 무료로 제공하고 이후는 데이터 용량에 따라 요금을 매기는 **종량 과금 모델**(p.274)을 채용하고 있습니다.

사례 1: 머니 포워드 클라우드

일본의 **머니 포워드**는 개인 고객을 대상으로 하는 자산·가계 관리 서비스입니다. 머니 포워드에서는 이용자가 제공한 은행 계좌, 신용카드, 온라인 쇼핑 사이트의 구매 이력, 증권 계좌 등의 **개인 금융 데이터를 관리하고** 이용자의 **자산 현황을 자동으로 생성합니다.**

머니 포워드는 2012년 창업 이후 순조롭게 이용자를 늘려 왔으며, 현재 회원수는 750만 명을 넘습니다. 사업주부터 가정주부까지 다양한데, 머니 포워드는 이용자 전원에게 **기본 서비스인 머니 포워드 ME를 무료로** 제공합니다.

한편, 법인을 대상으로 한 클라우드 서비스 머니 포워드 클라우드에서는 법인의 관리 업무를 일원화하고, 주민번호나 근태 정보 등의 데이터를 제휴하도록 하여 **기업의 재무나 인사 업무의 자동화를** 실현하고 있습니다. 클라우드 서버와 머신러닝 기능이나 AI 기능을 연계함으로써 축적한 **데이터에 기반한 계정과목 제안이나 자동 입력도** 제공합니다. 이 법인용 클라우드 서비스가 머니 포워드의 주된 수익원입니다.

그림 6-13 머니 포워드 클라우드의 서비스 개념도

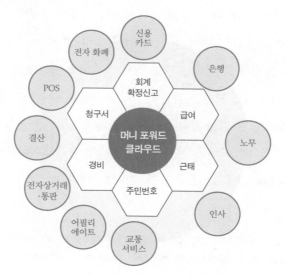

[출처] 머니 포워드 홈페이지(https://moneyforward.com/)를 참고로 필자가 일부 수정

사례 2: Sansan

2007년에 서비스를 시작한 **Sansan**은 기업 내에서 개인이 관리하던 **명함 정보를 데이터화하고 이를 공유하여** 클라우드를 이용한 외부 협력업체와의 인맥 구축이나 고객 관리 서비스를 제공하는 회사입니다. 일본 국내에서 이를 도입한 기업은 덴츠, 스미토모상사, 시미즈건설 등의 대기업을 비롯해 6,000개사에 달하며, 시장 점유율은 82.8%입니다.

압도적인 인기를 자랑하는 것은 간단하게 명함을 데이터화하는 서비스입니다. 명함 데이터를 등록하려면, 스마트폰으로 명함을 촬영하거나 스캔하여 읽어 들이기만 하면 됩니다. 명함에 적힌 문자 정보는 AI의 문자 인식 기술과 Sansan의 전문 운영 인력에 의해 데이터로 만들어집니다.

이 서비스의 수익 모델은 구독(p.292)이며, 이용료는 명함 데이터의 활용 내용에 따라 달라집니다. 축적한 명함 데이터를 기업에서 공유·관리할 수 있는 'Lite 에디션'이 기본인데, 상위 에디션에서는 명함 정보에 매출이나 지급 데이터를 연결하여 수익 내용을 시각화하는 서비스를 추가할 수도 있습니다. 또한, 이와는 별도로 명함을 읽는 전용 스캐너도 월정액으로 대여합니다.

Sansan의 비즈니스 모델은 직원 각자가 보관하고 관리하던 **종이 명함을 클라우드화를 통해 전환, 경영 관리나 신규 고객 개척으로 이어지도록** 한 것입니다. 또한, 이 비즈니스 모델은 한번 서비스를 도입하고 **데이터를 축적할수록 다른 서비스로의 전환 비용이 커진다**는 특징이 있습니다.

> **MEMO**
>
> 전문 운영 인력을 통한 명함 데이터 입력 작업은 AI 기술 도입 후에도 계속 병행합니다. 명함에 적힌 문자는 명함마다 서식이나 문자 크기가 다르므로 AI 기술만으로는 충분히 식별되지 않을 때가 잦습니다. 그러므로 마지막은 사람의 눈으로 확인하여 입력 실수를 줄입니다.

클라우드화의 성립 조건

(1) 데이터 서버에 대한 투자 전략 수립

클라우드화는 대용량의 데이터를 저장하는 것에 가치가 있으므로, 직접 서버를 구축하든 AWS 등의 가상 서버를 이용하든 간에 데이터 서버에 대한 투자가 전제입니다.

(2) 데이터를 활용한 부가가치 창출

모든 데이터는 단순 보관에서 그치는 것이 아니라 서로 다른 정보끼리 조합하여 **경영을 가시화**하거나 **백오피스 업무 비용을 절감**하는 등, 부가가치 창출이 필수입니다.

(3) 강력한 보안 관리

클라우드가 편리한 이유 중 하나는 다양한 장치에서 언제든지 데이터에 접근할 수 있다는 것입니다만, 한편으로 경영 정보, 고객 정보를 자사 외부에 보관하기 때문에 정보 유출 위험이 존재합니다. 그러므로 클라우드화를 추진할 때는 강력한 보안을 구축하는 것이 중요합니다.

적용을 위한 질문

☑ 대용량 데이터를 관리하는 서버에의 투자가 가능한가?

☑ 데이터를 조합하거나 외부 서비스와 제휴하여 지금까지 없었던 가치를 만들 수 있는가?

☑ 데이터 축적에 따라 전환 비용이 많아지는 서비스인가?

☑ 보안 유지관리에 대한 준비는 철저히 되어 있는가?

 **참고문헌**

「2018年 クラウドストレージサービス市場動向調査(ICT総研:回答者はインターネットユーザー 4,169人)」(https://ictr.co.jp/report/20180913.html)

「Sansanニュースリリース」(https://jp.corp-sansan.com/news/2020/marketshare2020.html)

Antonio Rigalado. (2011). Who Coined Cloud Computing? *MIT Business Review*. (https://www.technologyreview.com/s/425970/who-coined-cloud-computing)

58

함께 갈고 닦는
오픈소스

Open Source

KEY POINT

● 소스 코드를 공개하는 소프트웨어 개발 방법
● 대부분의 경우 무료이며, 이용 상황에 따라 커스터마이징 가능
● 관심 있는 개발자와 이용자를 끌어들이는 매력이 있거나 활용 범위가
  넓어야 함

기본 개념

오픈소스란 공개된 소스 코드(컴퓨터 프로그램)를 이용하여 불특정 다수의 관
심 있는 개발자가 프로그램을 만드는 소프트웨어 개발 방법입니다. 오픈소스로
개발한 소프트웨어를 OSS(Open Source Software)라 부릅니다.

소프트웨어의 소스 코드는 기술력이나 노하우의 결정체이므로 대부분
기업은 이를 공개하지 않습니다. 예를 들어 애플은 대부분의 소프트웨어 소
스 코드를 공개하지 않습니다(iOS나 macOS의 일부 소스 코드는 공개).

반면 OSS는 대부분 무료로 이용할 수 있으며, 수정한 프로그램을 다시 배포할
수도 있습니다. 그리고 관심 있는 개발자들이 이를 계속 업데이트해 나갑니다.
대표적인 사례는 리눅스나 안드로이드와 같은 운영체제, 인터넷 브라우저
파이어폭스, 루비, 파이썬 등의 프로그래밍 언어 등 다방면에 걸쳐 있습니다.

기업이 무료로 소스 코드를 공개하는 행위에는 언뜻 보기에는 아무런 득
이 없을 듯합니다만, 오픈소스를 통해 외부 개발자를 끌어들이는 데는 다음

과 같은 장점이 있습니다.

- 이용자 니즈에 기반한 소프트웨어 개발과 기능 개선
- 자사가 전문이 아닌 분야에도 진입 가능
- OSS 이용자를 지원하고 이를 통해 수익을 얻을 수 있음

이처럼 오픈소스 활용은 기업에도 여러 가지 장점이나 의의가 있습니다만, 한편으로 충분한 자금력이나 개발력이 없는 이용자나 기업이 OSS를 이용하여 시스템을 구축하거나, 특정 상용 소프트웨어의 독점 횡포를 피할 수 있는 등, **사회적인 측면에서도 오픈소스의 존재의의**를 발견할 수 있습니다.

사례 1: 리눅스(Linux)

리눅스는 컴퓨터 운영체제 중 하나로, OSS의 대표 주자입니다. 리눅스는 리누스 토르발스(Linus B. Torvalds)가 개발한 것으로, 1991년에 공개되었습니다. 원래는 Windows나 macOS와 같은 개인 컴퓨터용으로 개발했으나, 지금은 주로 서버나 슈퍼 컴퓨터, 휴대전화, TV의 임베디드 시스템 등 다양한 곳에서 사용되고 있습니다.

리눅스는 거의 모든 버전이 무료일 뿐 아니라, 상업 이용도 가능하며 이용자가 자신의 목적에 맞게 수정·커스터마이징하기도 쉬워 전 세계에 널리 퍼졌습니다. 리눅스 개발에는 지금까지 1,500개가 넘는 기업, 1만 5,000명이 넘는 개발자가 참여했습니다.

리눅스를 이용하여 기업이 개발·배포하는 소프트웨어를 리눅스 배포판(Linux Distribution)이라 부릅니다. 예를 들어 기업의 데이터 센터에서 사용하는 **Red Hat Enterprise Linux**나 아마존 웹 서비스용 **Amazon Linux** 등이 대표적인 예입니다. Red Hat Enterprise Linux는 기술 지원이나 보안 관리로 라이선스 비용을 받는 모델로, 무료 OSS인 리눅스를 상업적으로 이용하는 대표적인 예입니다.

사례 2: 텐서플로(TensorFlow)

텐서플로는 AI(인공지능)의 기초 기술인 **머신러닝 OSS**입니다(2015년 11월 공개). 이용자는 이 OSS를 이용하여 **이미지 인식이나 음성 인식, 이미지 검색, 번역, 예술 작품 만들기 등을** 수행할 수 있습니다.

텐서플로를 공개한 곳은 영리 기업인 구글입니다. 텐서플로는 이 회사의 이메일 서비스인 Gmail에 탑재된 **스마트 답장 기능**(문맥에 따른 자동 회신)이나 **Google 번역**에서 사용되고 있습니다.

이 소프트웨어는 타사에도 OSS로서 제공되는데, 예를 들어 프랑스 게임 개발사 **유비소프트(UBISOFT)**는 텐서플로를 활용하여 'The Hieroglyphics Initiative'라는 이집트 고대 상형 문자 해독 프로젝트에 도전 중입니다. 또한, 구글은 이 텐서플로를 기반으로 한 **텐서플로 엔터프라이즈**(유료 사용 지원 및 관리 서비스)를 기업용으로 제공합니다.

향후 인터넷 비즈니스뿐 아니라 요식업이나 자율 주행 분야 등 각 산업에서 AI 활용이 진전될 것으로 예상되고 있는 가운데, 구글이 텐서플로를 오픈소스로 제공하는 배경에는 텐서플로를 통해 각 산업의 주요 프로젝트에 협력함으로써 AI의 기술 진화를 도모하고, 해당 분야에서 주도권을 장악하여 장기적으로 AI 관련 수익화를 추진하고자 하는 노림수가 있을 것입니다.

그림 6-14 오픈소스 텐서플로

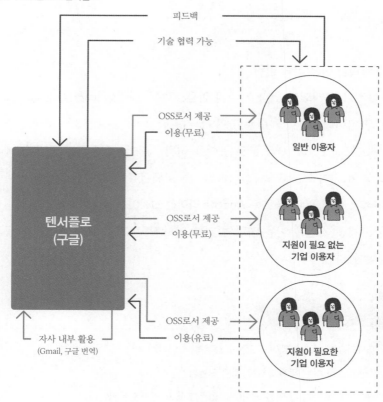

오픈소스의 성립 조건

(1) 관심 있는 개발자·이용자의 협력을 얻을 수 있는 OSS

OSS는 개발자나 이용자의 자주성에 따라 발전 여부가 결정되는 프로젝트라 할 수 있습니다. 그러므로 기업은 그들의 협력을 얻을 수 있는 유인책을 마련해야 합니다. 특히 소프트웨어의 활용에 대한 동기나 다른 개발자와의 교류와 같은 심리적인 헌신감(commitment)을 이용자가 갖게 하는 것이 중요합니다. 물론 활용 범위가 넓은 OSS여야 함은 말할 필요도 없습니다.

(2) 명확한 이용 허락 범위

OSS가 공개되어 있다고 해서 **이용자가 무제한의 권리를 갖게 되는 것은 아닙니다**. 일반적으로 OSS를 이용할 때는 오픈소스 라이선스(Open-source License)라 부르는 이용 허락 계약을 준수해야 합니다. 예를 들어 리눅스는 **GPL**(GNU Public License)이라는 라이선스에 기반을 둡니다. 또한, 텐서플로는 **Apache 라이선스(2.0)**를 이용합니다. 이처럼 OSS 제공 기업은 이용 허락 범위를 명확히 한 다음 이용자에게 제공해야 합니다.

적용을 위한 질문

☑ 자사의 어떤 소프트웨어를 오픈소스로 할 것인가?

☑ 오픈소스로 하는 목적과 그 장점은 있는가?

☑ 개발자·이용자를 끌 만한 매력이나 넓은 활용 범위가 있는가?

☑ OSS 이용 허락 계약은 정비되어 있는가?

참고문헌

에릭 레이먼드. (2015). 성당과 시장(정직한, 최준호, 송창훈, 이기동, 윤종민 옮김). 한빛미디어

「紀元前2000年の文字を機械学習で解読せよ。TensorFlowを用いた歴史的プロジェクト発足」(https://ledge.ai/ubisoft/)

「TensorFlowの海外活用事例〜生みの親のグーグルは何をしようとしているのか」(https://nissenad-digitalhub.com/articles/TensorFlow_case2/)

Corbet J, Kroah-Hartman. (2017). 2017 Linux Kernel Development(https://www.linuxfoundation.org/2017-linux-kernel-report-landing-page/)

59

누구도 만든 적 없는 가치를
창출하는

블루오션전략

Blue Ocean Strategy

Case Study
QB하우스
라이잡

KEY POINT

- 기존 산업에서 누구도 제공하지 않던 가치를 직접 창출
- 기존 제품에서 과잉 부분을 없애고 부족한 부분을 더해 새로운 가치를 제안
- 후발 기업에 대한 모방 장벽을 높이려면 특별한 지식이나 개발 능력이 필요

기본 개념

블루오션전략이란 '끊임없는 피투성이 싸움이 벌어지는 레드오션(경쟁이 심한 시장)에서 빠져나오도록 기업을 재촉하는' 전략입니다. 구체적으로는 '경쟁이 없는 시장 공간(블루오션)을 만들어 경쟁을 무의미하게 하는 것'입니다. 이는 프랑스 유럽경영대학원 인시아드(INSEAD)의 김위찬(W. Chan Kim)과 르네 마보안(Renée Mauborgne)이 주장한 개념입니다.

김과 마보안이 주장한 것은 경쟁사의 제품이나 서비스에서 과잉되어 있는 것을 '**줄이거나 빼고**', 고객의 잠재 니즈가 원하는 부족한 기능과 가치를 '**늘리거나 만들어**' 새로운 가치 제안을 하라는 것입니다. 이를 통해 종래의 경쟁 축을 변화시킴으로써, 기존 시장에서도 경쟁자가 없는 비즈니스가 가능해집니다. 이 책에서는 '경쟁의 축을 바꿀 때 가치 제안이 어떻게 성립할 것인가'라는 점을, 비즈니스 모델의 콘텍스트 관점에서 설명하겠습니다.

블루오션전략은 경쟁이 심한 시장(레드오션)에서 지속적인 우위성을 유지하는 마이클 포터(Michael E. Porter)의 전략론을 발전시킨 것입니다. 포터가 주장한 것은 '차별화'와 '저비용' 중 하나를 선택하는 양자택일 전략이었습니다. 그러나 블루오션 전략의 ERRC 그리드(뒤에 설명)는 왼쪽의 ER이 비용, 오른쪽의 RC가 차별화 요소이므로 양자를 동시에 추구할 수 있습니다.

블루오션전략을 토대로 한 비즈니스 모델을 만들 때는 ERRC 그리드와 전략 캔버스를 이용합니다.

표 6-1 ERRC 그리드

빼기(Eliminate)	늘리기(Raise)
업계에서 오랫동안 경쟁해 왔던 요소 중 빼야 할 것은 무엇인가?	업계 표준과 비교했을 때 과감하게 늘려야 할 것은 무엇인가?
줄이기(Reduce)	만들기(Create)
업계 표준과 비교했을 때 과감하게 줄여야 할 것은 무엇인가?	해당 업계에서 한 번도 제공하지 않은 것 중 만들어야 할 새로운 요소는 무엇인가?

[출처] 《블루오션전략》 (교보문고, 2005)

사례 1: QB하우스

1996년 도쿄 칸다에 제1호점을 연 QB하우스는 **큐비넷 주식회사**가 운영하는 미용 전문점입니다. 주로 주요 역 구내나 사무실 빌딩 등의 작은 공간에 입점합니다. 1996년 서비스 시작 이후 급속 성장을 이루어 일본 국내에 582개, 싱가폴, 홍콩, 대만, 미국 등 국외에 133개 지점을 보유하고 있습니다.

QB하우스는 **종래의 이발소나 미용실에서는 당연했던 서비스를 상당 부분 없애고, '단시간에 머리를 다듬을 수 있다'는 편리성에 집중했습니다.** 또한, 이 가게의 제공 가치는 새로운 헤어스타일이 아닌 '지금의 스타일을 유지하며 너무 자르지 않는다'는 것입니다. 그러므로 머리를 자르는 데 걸리는 시간이 **불과 10분**입니다. 예약이나 대기 시간도 거의 없습니다. 고객 회전율이 높으므로 1,200엔 균일(이 책 집필 시점) 요금임에도 충분히 채산성 있는 수익을 얻는다고 합니다.

표 6-2 QB하우스의 ERRC 그리드

빼기(Eliminate)	늘리기(Raise)
• 개성에 맞춘 헤어 커트 • 쾌적한 점포 공간	• 대기 시간이 없음 • 저렴한 가격
줄이기(Reduce)	만들기(Create)
• 예약 • 머리 감기와 말리기 • 면도	• 단시간(10분)에 머리를 다듬음

블루오션전략에서는 새롭게 제공하는 상품이나 노하우의 모방 장벽이 낮으면 후발 기업과의 경쟁이 생깁니다. 이에 QB하우스는 자른 머리를 청소하는 기기 **에어 워셔**와 '시스템 유닛'이라 불리는 좁은 공간에서 머리를 깎을 수 있는 **유닛 방식 설비**를 독자 개발하여 타사의 추격을 막았습니다.

또한, 블루오션전략에서는 전략 캔버스를 이용하여 자사와 경쟁사 간 경쟁 요인(가로축)과 고객이 누릴 장점의 정도(세로축)를 비교합니다.

그림 6-15 QB하우스의 전략 캔버스

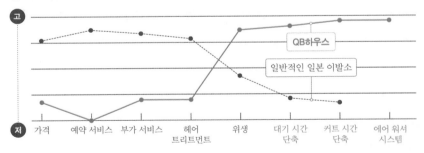

[출처] 《블루오션전략》 (교보문고, 2005)

사례 2: 라이잡(RIZAP)

희망하는 체중 감량을 확실하게 달성한다는 인상적인 광고로 유명한 개인 트레이닝 피트니스 클럽 라이잡은 2000년대에 사업을 시작한 후발 기업입니다.

라이잡에는 비슷한 가격의 회원제 피트니스 클럽이 제공하는 수영장이나 물방울 욕조, 바와 같은 호화 시설이 없습니다. 또한, 영양 지도나 자택에서의 운동 방법 등에 대한 세세한 조언도 다른 경쟁사와 비교해 후하지 않습니다.

그 대신 라이잡이 제공하는 것이 **목표를 달성할 때까지 함께 하는 코칭**입니다. 라이잡을 운영하는 **건강 코퍼레이션**의 세토 타케시(瀬戸健) 사장은 시설이나 설비는 모방할 수 있지만, 목적을 달성하는 노하우는 흉내 낼 수 없다고 보고 현재와 같은 가치를 제공할 것을 결단했다고 합니다.

표 6-3 라이잡의 ERRC 그리드

빼기(Eliminate)	늘리기(Raise)
• 스튜디오 설비 • 물방울 욕조 등의 설비 • 영양 지도 • 자택에서의 운동 방법 조언	• 개인 공간에서 트레이닝
줄이기(Reduce)	**만들기(Create)**
• 수영장 등의 시설 • 타올, 운동복 서비스	• 트레이너의 코칭 기술

블루오션전략의 성립 조건

(1) 경쟁 축의 변화

블루오션전략이 성립하려면 가장 먼저 기존의 제품이나 서비스의 과잉 기능과 부족 기능을 찾아내고, 경쟁사가 제공하는 것과는 다른 가치를 만들어낼 수 있는지가 관건입니다.

(2) 모방 장벽이 높은 고유의 기능

QB하우스의 '에어 워셔'나 라이잡의 '코칭 기술'과 같이, 타사가 흉내 내려면 많은 투자나 특수한 지식이 필요한 설비나 구조를 만들어 낼 수 없다면 쉽게 모방당하게 됩니다.

(3) 제공 가치에 대한 일정 수준의 니즈

'블루오션에는 물고기가 없다'라는 비판처럼, 너무 특수한 기능이나 극소수의 니즈만으로는 애당초 수익을 얻기 어렵습니다. 지금은 존재하지 않지만 많은 사람이 원하는 가치를 발견한다면 비즈니스로서 성공할 수 있지만, 동시에 그 니즈가 얼마나 지속될지를 신중하게 파악해야 합니다.

 적용을 위한 질문

☑ 기존 제품·서비스의 기능에서 '과잉'과 '부족'을 발견할 수 있는가?

☑ 자사가 제공할 새로운 가치는 일정한 시장 규모를 만들 수 있는가?

☑ 새로운 가치를 제공하는 구조나 도구의 모방 곤란성은 높은가?

 참고문헌

김위찬, 르네 마보안. (2005). 블루오션 전략. 교보문고

김위찬, 르네 마보안. (2015). 블루오션 전략 확장판(김현정, 이수경 옮김). 교보문고

김위찬, 르네 마보안. (2017). 블루오션 전략 시프트(안세민 옮김). 비즈니스북스

60 '경험'을 파는
경험 가치 마케팅
Experiential Marketing

KEY POINT

- 고객이 소비할 때의 '경험'과 '체험'을 중시
- 경험에는 'SENSE', 'FEEL', 'THINK', 'ACT', 'RELATE' 5가지가 있음
- 5가지 경험 모두를 만족하지 않아도 경험 가치 창출 가능

기본 개념

이전에는 고객이 소비할 때 중시하는 것이 **제품·서비스의 기본 기능이나 가격**이라 생각했습니다. 예를 들어, 화장품을 구매할 때 고객이 중시하는 것은 보습력이나 가격이라는 사고방식입니다. 이처럼 기본 기능이나 가격과 같은 제품의 속성을 잘 살펴보고 이를 소유하여 가치를 발견하는 소비 스타일을 물건 소비라 합니다.

이러한 소비 스타일과는 달리 최근에는 가치 소비라는 말을 자주 듣습니다. 가치 소비란 **제품이나 서비스를 구매할 때 얻는 '경험'이나 '체험'에서 가치를 발견하는 소비 스타일**을 말합니다. 예를 들어, 자연을 경험하고 싶은 사람이 농촌 체험 여행에 참가하거나 스펙 향상을 목표로 하는 사람이 영어 회화 교실에 다니며 그곳의 사람과 의사소통하는 것이 가치 소비의 모습입니다.

앞서 설명한 대로 화장품을 구매하는 것을 물건 소비로 생각할 때, 그 조건인 보습력, 가격에 더해 '화장품의 외관이 자신의 라이프 스타일이나 취향에 맞는가?', '백화점에서 화장품을 구매할 때, 평소와 다른 '특별한 자신'이 되는 듯한 메이크업을 받을 수 있는가?'와 같은 부분에 가치를 느끼고 소비 활동을 하는 것을 가리킵니다.

가치 소비는 마케팅 세계에서는 **경험 가치 마케팅**이라는 사고방식으로 이 해할 수 있습니다. 경험 가치 마케팅이란 **고객이 제품·서비스를 구매할 때의 경험이나 체험을 의도적으로 관리하여 고객 가치의 증대를 목표로 하는 수법**입니다. 더 구체적으로는 제품·서비스의 기본 기능이나 가격에 더해 정서적인 가치나 고객의 라이프 스타일과의 관련성 등을 고려하는 마케팅 방법입니다.

즉, 경험 가치 마케팅에서 소비는 단순히 니즈를 충족하는 행동이 아니라, 그 과정(또는 결과)을 통해 얻을 수 있는 경험이나 체험을 포함한 행동으로 이 해할 수 있습니다.

사례 1: 스타벅스커피

커피숍 체인인 **스타벅스커피**는 경험 가치를 의식한 비즈니스의 대표적인 성공 사례입니다. 스타벅스는 이전의 카페나 커피숍 체인과 같은 '단순한 커피 마시기'를 넘어서, '스타벅스에서 커피를 마시는 것 자체가 고객의 가치가 된다'는 것을 의식합니다.

이 회사는 이런 개념을 제3의 장소(The Third Place)라 하여, 직장이나 가정이 아닌 비일상적인 '제3의' 공간으로서 고객이 편히 쉬고 즐기는 장소가 되는 것을 목표로 합니다. 그러므로 이 회사는 각 점포마다 주변 지역의 라이프 스타일에 맞는 내부 장식이나 집기 등으로 디자인하고 있습니다.

그림 6-16 스타벅스의 경험 가치 마케팅

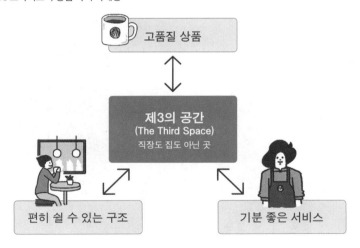

사례 2: 필사이클(FEELCYCLE)

필사이클은 미국 뉴욕에서 시작한 스피닝* 스튜디오입니다. 이 회사의 서비스에는 일명 어둠의 피트니스라는 특징이 있습니다. 주변의 시선을 의식하지 않는 어둠 속에서 원하는 음악을 크게 틀고 이에 맞춰 레슨을 진행하므로, 다른 사람을 신경 쓰지 않고 누구든지 마음껏 몸을 움직일 수 있습니다. 또한, 인스트럭터가 페달의 부하를 조정하는 등, 수강생 한 사람 한 사람에게 적합한 레슨을 제공합니다.

경험 가치 마케팅의 성립 조건

경험 가치 마케팅은 컬럼비아대학 경영대학원의 번트 H. 슈미트(Bernd H. Schmitt) 교수가 제안한 개념입니다. 슈미트 교수에 따르면 경험 가치는 다음 표에 나타난 5가지로 구성된다고 합니다.

표 6-4 5가지 경험 가치

경험 가치	설명
SENSE(감각적 가치)	오감을 통한 경험 가치
FEEL(정서적 가치)	즐겁고 매력적이라는 감정을 통한 경험 가치
THINK(인지적 가치)	지적 호기심이나 창조력 등 사고와 관련된 경험 가치
ACT(육체적 가치)	신체를 사용한 활동을 통한 경험 가치
RELATE(관계적 가치)	문화나 그룹에 대한 귀속감 등을 통한 경험 가치

• 실내에서, 음악에 맞추어 율동 따위를 하면서 고정식 자전거의 페달을 빠르게 돌리는 운동 -편집주

경험 가치 마케팅을 시행할 때 5가지 가치 모두를 만족할 필요는 없습니다. **5가지 중 한 가지 또는 두 가지 이상을 조합하여 제품·서비스를 설계하면 됩니다.** 이렇게 하면 경험 가치를 의식한 고객 가치를 제공할 수 있습니다. 예를 들어, 박물관에 가서 다양한 전시품을 보거나 학예원이 추천하는 워크숍에 참가하는 것은 'THINK'나 'RELATE'에 관련한 경험 가치라 할 수 있습니다.

5가지 경험 가치를 염두에 두면 **상품·서비스 설계를 근본적으로 개혁**할 수 있습니다. 또한, 기존 제품에 **경험 가치를 추가함으로써 새로운 수익원을 확보**할 수도 있습니다.

적용을 위한 질문

☑ 자사의 고객은 제품이나 서비스에서 무엇을 원하는가?

☑ 자사의 제품·서비스는 고객에게 어떤 가치를 제공할 수 있는가?

☑ 자사의 제품·서비스를 5가지 경험 가치 관점에서 재검토하고 경험 가치를 제공할 수 있는가?

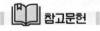

참고문헌

번트 슈미트. (2000). 체험 마케팅. 세종서적

제임스 길모어, 조지프 파인. (2019). 경험 경제: 경험을 비즈니스로 만드는 법(MX디자인랩 옮김). 유엑스리뷰

61

실패가 아닌 배움
린 스타트업

Lean Startup

KEY POINT

- 저비용으로 빠르게 비즈니스 가설 검증을 반복
- 고객의 반응을 얻는 데 필요한 최소한의 제품 이용
- 작은 실패를 허용하는 조직 풍토나 경영자의 자세가 필요

기본 개념

린 스타트업이란 창업이나 신규 사업 개발의 성공률을 높이고자 하는 방법론 중 하나로, 구체적으로는 비용을 많이 들이지 않고 빠르게 비즈니스 가설 검증을 반복하여 고객의 반응을 단기간에 파악하면서 비즈니스 아이디어나 상품 기획의 궤도를 몇 번씩 수정하는 것을 말합니다.

창업에 적극적인 미국에서도 창업 후의 스타트업 시기를 견디고 살아남는 기업은 1,000곳 중 3곳뿐이라 합니다. 이러한 배경에서 '신규 사업의 성공률을 어떻게 올릴 것인가?'에 대해 문제의식을 느낀 기업가 에릭 리스(Eric Ries)가 린 스타트업 개념을 개발·제창했습니다.

린 스타트업은 '린(lean, 군살 없이)'과 '스타트업(startup, 시작하다)' 두 단어로 만든 용어입니다. 일반적으로 창업을 하거나 신규 사업을 개발할 때는 (1) 기획·계획 입안, (2) 제품 개발, (3) 마케팅, (4) 판매와 같이 제품을 제공할 때까지 신중한 준비와 함께 상당한 비용이 필요합니다. 그런데도 불구하고 그 결과로

제공한 제품이 고객에게 받아들여지지 않는다면, 준비나 제조에 소모한 비용을 회수할 수 없게 됩니다.

이에 린 스타트업에서는 **낮은 비용과 빠른 가설 검증**에 의식을 집중합니다. 린 스타트업에서는 다음 3가지 단계를 거쳐 비즈니스 아이디어 개발과 상품 기획을 진행합니다.

(1) 구축 〈Build〉 단계

(2) 측정 〈Measure〉 단계

(3) 학습 〈Learn〉 단계

먼저 사업 아이디어나 가설을 수립하고, 상정된 고객층의 니즈를 파악합니다(구축 <Build>). 이때 가능한 한 비용이 들지 않는 '**실용 최소한의 제품**(MVP, Minimum Viable Product)', 즉 간이 시제품과 같은 것을 만듭니다.

다음으로, 만든 MVP를 소수의 **초기 고객**(얼리어댑터)에게 제공하여 반응을 살펴봅니다(측정 <Measure>). 긍정 반응뿐 아니라 고쳐야 할 점이나 금방 싫증이 나는 부분 등 부정적인 반응도 있을 것입니다. 린 스타트업에서는 이러한 반응을 주시합니다. 그리고 이 반응을 분석하여 MVP를 계속 수정해 갑니다(학습 <Learn>).

앞서 본 3단계의 핵심은 '**가능한 한 비용과 시간을 들이지 않고 빠르게 가설 검증을 반복하는 것**'입니다. 때로는 사업 초기 아이디어나 가설, 고객층 그 자체가 잘못된 때도 있습니다. 린 스타트업에서는 이럴 경우 비즈니스 방향을 전환하는 것도 주저하지 않습니다. 이 방향 전환은 농구 선수의 동작에 빗대 **피벗(pivot)**이라 불립니다. 피벗에는 제품 기능의 축소·확대나 다른 고객의 니즈 대응, 대상 시장 변경, 유통 경로 변경 등 다양한 패턴이 있습니다.

사례 1: 인스타그램

사진 공유 앱인 **인스타그램**은 원래 'Burbn'이라는 이름의 위치 정보 공유 SNS 앱이었습니다. 그러나 이 앱은 이용자의 반응이 그리 좋지 못했으므로, 회사는 이용자 조사나 시제품 제작을 통한 가설 검증을 반복하여, '사진 공유 기능'이 고객 니즈를 만족시키는 것임을 발견합니다.

Burbn에서 피벗하여 인스타그램을 다시 출시하기까지 걸린 시간은 겨우 8주 정도였다고 합니다. 발표 후에도 린 스타트업을 의식하며 계속 앱을 발전시켜 해시태그나 스토리 등의 인기 기능을 추가해 나갔습니다.

그림 6-17 인스타그램의 린 스타트업

사례 2: 시마네현

최근에는 기업뿐 아니라 **공공기관이나 지방자치단체도 린 스타트업 방법론**을 활용하여 산업 진흥을 도모하려는 움직임을 시작했습니다. 예를 들어 일본 **시마네현**에서는 2012년부터 린 스타트업 구조를 적용한 **신규 창업 지원 사업**에 임하고 있습니다.

가장 먼저 채택된 결혼 활동 지원 시스템 '메이트' 프랜차이즈 사업에서는 향토 기업이 가진 서비스나 기술을 활용하여 신규 창업 시 (1) MVP를 이용한 검증·평가, (2) 서비스 개발, (3) 서비스 제공, (4) 개선 단계를 통한 피드백 순환을 반복하도록 했습니다.

이곳에서는 지금도 현립 시마네 소프트웨어 연구개발센터와 시마네대학이 제휴하여 창업 지원 프로그램을 진행하는 등, 지속적인 행보를 보이고 있습니다.

린 스타트업의 성립 조건

(1) 실패를 용인하는 풍조

린 스타트업은 '거듭된 작은 실패를 통해 사업의 완성도를 높이는 방법'

입니다. 그러므로 먼저 조직 안에 사업 실패를 용인하는 풍조가 있어야 합니다. 개인이 창업할 때는 실패를 긍정적으로 바라볼 수 있는 경영자의 자세가 필요합니다.

(2) MVP 제작 능력 및 시장 조사 노하우 보유

린 스타트업에서는 MVP 제작과 고객을 대상으로 한 가설 검증이 필요합니다. 따라서 '검증'에 필요한 MVP를 제작할 수 있는 기술력이나 고객 조사·시장 조사 노하우가 있어야 합니다. 무턱대고 시행착오를 반복한다고 해서 사업의 성공률이 높아지지는 않습니다. 사업이나 기술에 대한 분명한 지식이 뒷받침되어야만 비로소 린 스타트업이 가능해진다고 할 수 있습니다.

적용을 위한 질문

☑ 신규 사업에 대해 가설이나 아이디어, 고객층이 있는가?

☑ MVP를 제작할 수 있는 기술력이 있는가?

☑ 고객 조사나 분석을 MVP에 반영할 수 있는가?

☑ 사업을 피벗할 때 충분히 검토할 수 있는가?

☑ 조직 풍조나 경영자의 자세가 작은 실패를 용인하는가?

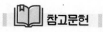 참고문헌

에릭 리스. (2011). 린 스타트업(이창수, 송우일 옮김). 인사이트

『「リーン・スタートアップ手法を取り入れる」, 島根県がビジネスモデル創出支援』(https://xtech.nikkei.com/it/article/NEWS/20120702/406943/)

62

자사 제품으로 사회 문제를 해결하는

BOP

Base Of the Pyramid

Case Study

그라민 은행
후마키라

KEY POINT

- 신흥국의 저소득층을 대상으로 한 비즈니스 모델
- 자사 제품으로 시장을 창출하여 현지의 사회 문제를 해결
- 현지의 저소득층이 참여하는 운영 구조 구축 필요

기본 개념

BOP란 'Base Of the (economic) Pyramid'의 약자로, 연소득 3,000달러 미만으로 생활하는 신흥국 저소득층을 대상으로 한 비즈니스를 말합니다. 이 BOP층에 속한 인구는 전 세계 인구의 72%인 약 **40억 명**, 시장 규모는 **5조 달러** 정도로 추산되며, 이는 일본의 실질 GDP와 비슷하다고 합니다. 신흥국의 BOP층은 인구 규모가 크므로 세계 경제에서 새로운 시장으로 주목받고 있습니다.

BOP의 주요 특징은 다음과 같습니다.

- 사회 문제(빈곤이나 위생 불량 등)의 해결과 비즈니스의 양립 추구
- 기업 수익뿐 아니라 저소득층에도 수익을 가져오는 구조 필요

'빈곤층은 원조의 대상이 아니라 소비자'라 주장하며 BOP 개념을 처음 주창한 사람은 미국 미시간대학 경영대학원의 C. K. 프라할라드(C. K. Prahalad)

교수입니다.

　프라할라드 교수는 BOP에 관해 '빈곤층과 파트너를 맺고 기술 혁신을 일으켜 지속 가능한 윈-윈 시나리오를 달성하는 것'이 필요하다고 주장합니다. 단순히 상품이나 서비스를 제공하여 이익을 얻는 데서 그치는 것이 아니라, 빈곤층의 소득을 늘리는 구조를 만들어 계속 소비하도록 하는 지속적인 시장을 목표로 하는 것입니다.

사례 1: 그라민 은행

　BOP 사례로 잘 알려진 것은 노벨 평화상을 받은 경제학자 무하마드 유누스(Muhammad Yunus)가 1983년에 설립한 방글라데시 **그라민 은행**입니다. 그라민 은행은 **토지나 예금 등의 담보가 없는 빈곤층도 금융기관에서 융자를 받을** 수 있는 시스템을 구축했습니다.

이 은행에서 융자를 받으려면 대출자가 5명 그룹을 만들고, 한 사람씩 순서대로 융자를 받습니다. 융자를 받은 사람이 상환을 끝내야만 다음 사람이 융자를 받을 수 있으며, 만에 하나 연체되더라도 그룹 안의 소속원은 기본적으로 연대보증 책임을 지지 않습니다. 그룹은 같은 지역에 사는 주민끼리 이루어지는데, 대부분은 카스트 하위에 속한 여성입니다. **지역 사회에서 인간관계의 비중이 높다는 관습을 이용하여 상환 책임 의무감을 느끼도록 하는 구조로,** 대손률은 불과 2% 정도라 합니다.

이 같은 빈곤층에 소액을 융자하는 구조를 마이크로 파이낸스라 하는데, 그때까지 노동의 기회조차 없었던 많은 방글라데시 여성이 창업을 통해 수입을 얻을 수 있게 되었습니다. 그 결과, 해당 지역의 아동 취학률도 높아졌습니다.

그림 6-18 그라민 은행의 마이크로 파이낸스 구조

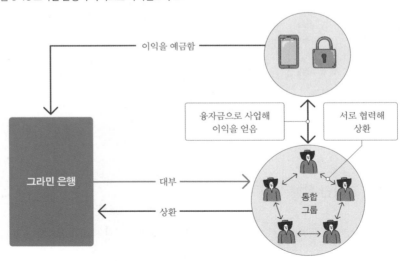

사례 2: 후마키라

살충제 제조사인 **후마키라**는 1990년대에 1년 내내 모기가 많아 제품의 수요를 예상할 수 있는 인도네시아에 진출하고, 현지 모기의 생태를 연구하여 이 지역에 알맞은 제품을 개발했습니다.

시장 개척의 열쇠가 된 것은 영업 직원과 현지에서 채용한 여성 판매원의 마케팅 활동입니다. 인도네시아 특유의 **와룽**이라는 개인 상점에 영업 직원이 방문하여 제품을 설명하고 납품 협상을 하는 한편, 여성 판매원이 주위의 가정을 방문하여 시제품을 권했습니다. 이렇게 '소비자가 시제품에 만족하면 와룽에서 구매'하는 흐름을 만들며 지속적으로 시장을 개척했습니다. 동시에 빈곤층에 속하는 여성들에게 일할 기회를 주고, 그들의 자립에도 공헌하고 있습니다.

> **MEMO**
>
> 인도의 타타모터스가 개발한 저가 자동차 나노는 10만 루피(약 200만 원)라는 저렴한 가격으로 저소득층을 대상으로 했습니다만, 인도의 90% 이상 세대는 대출을 받더라도 '나노'를 살 만한 수입이 없었으므로 판매가 저조했습니다. 이를 통해 BOP를 실시할 때는 대상이 되는 저소득층의 생활수준이나 니즈를 정확히 파악해야 한다는 것을 알 수 있습니다.

BOP의 성립 조건

(1) 빈곤층의 소득 증가 구조 구축

단순히 상품이나 서비스를 제공하여 이득을 올리는 것뿐 아니라 **빈곤층의 소득을 늘리는 구조**를 만들어, 계속 소비하도록 하는 것이 관건입니다.

(2) 현지의 생활양식, 관습, 문화를 이해한 마케팅

신흥국 저소득층의 생활은 종교적 계율이나 남존여비와 같은 **독특한 관습이나 문화의 제약**을 받습니다. 자사의 제품이 이 제약에 들어맞는지 철저한 조사가 필요합니다. 또한, 소비나 생활 실태가 아직 분명하지 않은 계층에 접근할 때는 현지의 NPO나 NGO와 협력하는 것도 좋습니다.

(3) 위생 교육이나 문화 계몽 활동 병행

예를 들어, 식기를 씻는 습관이 없는 지역에서는 '세제를 이용하면 전염병이 얼마나 줄어드는가?' 등의 계몽·교육 활동도 기업에서 수행해야 합니다. 즉, 제품 구매가 이후 의료비나 생활 위험을 줄이는 데 도움이 된다는 것을 이해하도록 하는 것이 중요합니다.

적용을 위한 질문

- ☑ 저소득층이 구매할 수 있는 현실적인 가격을 설정할 수 있는가?
- ☑ 제품이 보급될수록 지역 사회 문제 해결에 공헌할 수 있는가?
- ☑ 현지인이 수입을 통해 생활수준을 향상시킬 수 있는 구조를 만들 수 있는가?
- ☑ 지속 가능한 시장을 창출할 수 있는가?

참고문헌

C. K. 프라할라드. (2004). 저소득층 시장을 공략하라(유호현 옮김). 럭스미디어

Hammond A. L., Kramer W. J., Katz R. S., Walker T. C. (2007). The Next 4 Billion. World Resources Institute(https://www.wri.org/research/next-4-billion)

63

태어날 때부터 국제파
본 글로벌

Born Global

KEY POINT

● 창업 후 단기간에 세계 시장으로 진출하여 수익을 획득
● 글로벌 경영과 친숙한 하이테크 관련 산업이 다수
● 현지에서의 체제 구축이나 세계 시장을 대하는 경영자의 자질이 중요

기본 개념

본 글로벌이란 창업 후 단기간에 세계 시장으로 진출하여, 국외 사업이 매출의 상당 부분을 차지하는 비즈니스를 말합니다. 구체적으로는 창업 후 대략 **2~4년 정도 이내**에 세계 시장에 진출하고 **매출의 25% 이상**을 국외에서 버는 기업을 본 글로벌 기업이라 부릅니다.

원래 기업의 국제화는 먼저 '국내 시장에서 지위를 확립한 다음' 진행했기에, 창업 후 시간이 걸리는 것이 일반적이었습니다. 그러나 최근에는 본 글로벌을 의식하여 사업을 전개하는 기업이 급속하게 늘었습니다. 그 배경으로는 크게 다음 3가지를 들 수 있습니다.

(1) 세계화의 진전

(2) 컴퓨터·스마트폰의 보급

(3) 국내 시장의 포화

첫 번째 세계화의 진전입니다. 최근 운송 수단의 다양화나 무역 자유화 등을 배경으로 중소 규모의 기업이라도 세계를 대상으로 사업을 할 수 있게 되었습니다. 그러므로 창업 직후부터 세계 시장을 노리는 기업이 많아졌습니다.

두 번째 컴퓨터·스마트폰의 보급입니다. 컴퓨터 관련 제품이나 스마트폰 앱 등에는 지역과 관계없이 전 세계에서 사용하는 제품·서비스가 많습니다. 예를 들어, 마우스는 세계 어느 곳에서나 사용하며 전 세계 규모의 SNS도 다수 존재합니다. 이러한 제품·서비스를 취급하는 기업의 활동 지역은 그 성질상 창업 직후부터 쉽게 전 세계로 퍼집니다. 해당 분야의 기업이 대상 시장을 전 세계로 정하고 이용자 수를 늘리는 것은 **네트워크 외부성**(p.360)을 생각할 때도 중요합니다.

세 번째 국내 시장의 포화입니다. 국가나 지역별로 다릅니다만, 가령 일본이나 유럽과 같이 성숙화가 진행된 국내 시장만으로는 긁어모을 수 있는 수익에 한계가 있습니다. 따라서 기업이 생기자마자 세계 시장에 눈을 돌리는 것에는, 위험 분산이라는 함의도 있습니다.

> **MEMO**
>
> 본 글로벌은 최근 20~30년 동안 널리 퍼진 사고방식입니다. 원래는 오스트레일리아에서 일찍이 국제화를 이룬 기업을 조사했던 컨설팅 회사 맥킨지앤컴퍼니가 주장한 개념입니다.

본 글로벌 기업의 3가지 특징

필수 조건은 아닙니다만, 본 글로벌을 지향하며 사업을 전개하는 기업 대부분에는 다음과 같은 3가지 특징이 있습니다.

첫 번째, 기술력을 활용한 제품·서비스 판매나 사업 활동을 수행하는 기업이 많습니다. 기술력(특히 정보 기술)은 시장과 관계없는 보편적인 특성이 강하므로 본 글로벌 기업과 친화성이 높습니다.

두 번째, **거액의 투자가 필요 없는 사업을 수행하는 기업**이 많습니다. 예를 들어, 생산 설비나 유통망을 구축하는 데 거액의 투자가 필요한 업종이라면 창업 후 곧바로 세계 시장에 진출하기는 어렵습니다.

세 번째, **국내 시장에서 성공한 뒤 여기서 얻은 수익을 토대로 조기에 세계 시장에 진출하는 기업**도 있습니다. 특히 틈새 시장에서 지위를 확립하고 여기서 기른 강점을 바탕으로 세계 시장에 진출하는 기업이 많습니다.

현재는 이와 같은 특징이 있는 본 글로벌 기업이 전 세계에서 활약 중입니다. 모바일 동영상 앱 **틱톡**(TikTok)은 2016년 9월 중국에서 서비스를 시작한 이래, 2017년 8월에는 일본 시장, 2017년 9월에는 인도네시아 시장 등 세계 시장으로 빠르게 진출했습니다. 개인 자산 관리·가계부 앱을 운영하는 **머니트리**는 2013년부터 일본 국내에서 순조롭게 성장하고, 2017년부터는 오스트레일리아 시장에 진출했습니다.

사례 1: 웨더뉴스

1986년 일본에서 창립된 기상 정보 서비스 제공 기업 **웨더뉴스**는, 2년 후인 1988년에 미국 법인을 설립하고 세계 시장 진출을 시작했습니다. 현재는 일본 이외에도 세계 20곳의 국가와 지역에 거점을 가진 세계 최대 기상 정보 기업이 되었습니다. 매출의 약 24%가 세계 시장에서 발생하는, 그야말로 본 글로벌 기업이라 할 수 있습니다.

이 회사가 제공하는 각종 기상 정보는 세계 어디에서나 필요한 정보이므로 세계 시장 진출에 어울린다는 점과 함께, 창업자가 미국 해양기상 조사 회사의 일본 법인 사장이었다는 점도 웨더뉴스의 세계화를 뒷받침했습니다.

사례 2: 미탭스

2007년 9월 창업한 **미탭스**는 마케팅 사업(앱의 수익화 지원 등)과 인터넷 결제 대행 서비스를 운용하는 기업입니다. 이 회사는 2011년부터 세계 시장 진출을 시작하여 2020년 4월 시점에는 8개국에 거점을 보유하고 있습니다. 매출의 39%, 매출 총이익의 47%를 세계 시장(특히 중화권이나 한국)에서 얻는 등, 조기 글로벌화에 성공한 기업이라 할 수 있습니다.

또한 미탭스는 해외 시장에 진출할 때 인재를 현지에서 채용하고 각 지역의 전략도 현지에서 입안·수행하는 등, 국외 사업 강화를 추진하고 있습니다.

> **MEMO**
> 본 글로벌 기업은 하이테크 산업(특히 정보통신 산업)에 흔합니다만, 다른 산업에서도 볼 수 있습니다. 예를 들어, 전기 스쿠터를 판매하는 테라모터스나 전기 자동차를 판매하는 GLM도 본 글로벌 기업의 대표적 사례입니다.

본 글로벌의 성립 조건

(1) 세계 시장 진출에 유리한 제품·서비스

본 글로벌 기업은 세계 시장 진출에 유리한 제품·서비스에서 성립하기 쉽습니다. 특히 앞서 살펴본 대로 하이테크 산업, IT 산업에서는 제품·서비스 자체나 이를 실현하는 기술이 그 지역에만 한정되는 경우가 적습니다.

(2) 세계 시장 진출에 필요한 조직·네트워크 구축

세계 시장에 진출하는 데 있어서는 세계 규모의 인재 영입이나 관계자와의 네트워크 구축도 중요한 성립 요건이 됩니다.

그리고 기업을 경영하는 경영진의 자질 또한 중요한 성립 요건입니다. 경영자가 비즈니스에 관한 전문 지식뿐 아니라 국제 경험과 네트워크를 보유하며, 위험을 무릅쓰고 세계 시장에 진출하려는 자세를 갖췄는지가 본 글로벌 기업 탄생의 원천이라고 지목되고 있습니다.

적용을 위한 질문

☑ 세계 시장 진출에 친화적인, 지역성이 옅은 사업인가?

☑ 세계 시장에 진출하려면 거액의 투자가 필요한 것은 아닌가?

☑ 세계 시장에서 인재나 관계자와의 네트워크를 구축할 수 있는가?

☑ 경영자에게 세계 시장 진출과 관련한 자질이 있는가?

 **참고문헌**

中村久人.『ボーングローバル企業の経営理論: 新しい国際的ベンチャー・中小企業の出現』(八千代出版, 2013)

Rennie, M. W. (1993). Born Global. *McKinsey Quarterly (No.4)*

비즈니스 모델 제작 워크숍

3부에서는 전략 모델(즉, 고객 니즈와 자사의 가치 제안)을 출발점으로 하여, 비즈니스 모델의 사고방식과 제작법을 워크숍 형식으로 자세히 설명합니다.

워크숍 시작 가이드

여기서는 '전략 모델 캔버스'를 이용하여 자사의 비즈니스 모델을 만드는 방법을 설명합니다. 비즈니스 모델이란 사업 활동의 구조 모델입니다. 전략 모델을 이용하여 이 설계를 검토하는 것이 이 책이 제안하는 '전략 모델 캔버스'입니다.

전략 모델 캔버스 사용법

전략 모델 캔버스는 다음 그림과 같이 5가지 부분으로 나뉩니다. 그림 안의 번호는 1장에서 설명한 '전략 모델을 어떻게 만들 것인가?'(p.20)에 따라 붙인 것입니다. 이 순서대로 내용을 기입해 가면서 여러분의 회사·조직을 위한 비즈니스 모델을 만들어 보기 바랍니다.

그림 III-0 전략 모델 캔버스 구성

그림 III-1 전략 모델 캔버스 작성 순서(기본)

① 가치 제안
대상 고객/고객 활동
자사의 가치 제안

② 운영
자사 자원
자사 활동
자사 제품(기능·매력)

③ 경쟁사(대체품)의 운영
경쟁사의 자원
경쟁사의 활동
경쟁사의 제품(기능·매력)

④ 수익 모델
비용 구조의 특징
수익 모델의 특징

⑤ 콘텍스트
자원·구조·가치관에 대한 전제
시장에 관한 전제

비즈니스 모델의 2가지 목적

비즈니스 모델은 다음과 같은 2가지 목적을 달성하는 데 무척 효과적입니다.

첫 번째 목적은 자사가 가진 자원이나 활동을 심화하여 지속적인 수익을 올리는 비즈니스를 구축하는 것입니다. 이를 기존 비즈니스 혁신이라 합니다. 비즈니스 모델을 이용하면 현재의 비즈니스를 혁신할 수 있습니다.

두 번째 목적은 새로운 영역을 탐색하고 신규 사업을 개척하는 것입니다. 이를 신규 비즈니스 개발이라 합니다. 기존 기업이 비즈니스 모델을 통해 생각한다면, 자사의 기존 자원을 고려하면서 새로운 영역을 탐색할 수 있습니다. 물론 스타트업 기업이라면 이를 창업에 활용할 수 있습니다.

이 장에서는 먼저 기존 비즈니스를 혁신하는 방법을 소개합니다. 이때는 자사 사업에 이미 고객이 있다는 것이 전제입니다. 우선은 이 고객에 대해 자사가 어떤 가치를 제안하는가를 확인하는 것부터 검토를 시작하여, 이를 바탕으로 '지금까지 쌓아 올린 자원을 어떻게 활용해야 기존 비즈니스를 혁신할 수 있는가?'를 알아봅니다.

다음으로, 신규 비즈니스를 개발하는 방법을 소개합니다. 새로운 비즈니스를 만들 때는 새로운 고객을 발견하고 그 니즈로부터 가치 제안을 만들어 나갑니다. 물론 '새로운 고객의 니즈를 만족할 수 있는 자사 자원은 무엇인가?'라는 점도 중요합니다.

고객 니즈의 변화나 기술 발전에 따라 비즈니스에 요구되는 것은 끊임없이 변합니다. 그러므로 아무리 정밀한 비즈니스 모델을 만든다고 해도 언젠가는 반드시 진부해지기 마련입니다. 그러므로 항상 기존 비즈니스를 끊임없이 혁신하고, 이와 동시에 새로운 비즈니스를 만드는 것이 중요합니다.

제로에서 만족스러운 결과를 만들기란 쉽지 않습니다. 모쪼록 여기서 소개하는 워크숍을 통해 비즈니스의 혁신과 개발을 실행해 보기 바랍니다. 이때 워크숍은 사업 기획 팀을 중심으로 현장 실무자들과 함께 진행하는 것이 바람직합니다.

기존 비즈니스 혁신 워크숍

워크숍 워밍업

이 장에서는 기존 비즈니스를 어떻게 혁신해야 하는가를 살펴봅니다. 여기서는 일본의 전기기기 회사인 주식회사 **키엔스(KEYENCE)**를 예로 들어 설명하겠습니다. 일본 잡지의 '고액 연봉 순위표'에서 흔히 보는 이름이며 30세 사원 평균 연봉은 약 1,840만 엔으로, 일본 기업 연봉 순위 2위인 회사입니다.•

1974년에 창업한 키엔스는 공장 기계에 사용하는 센서나 계측기를 제조하는 B2B 기업입니다. 직원은 약 7,900명, 매출은 5,871억 엔이며 영업 이익은 3,179억 엔으로, 영업 이익률이 54.1%에 달하는 고수익 기업입니다(이 책 집필 시점).

이 장에서는 키엔스의 기본적인 비즈니스 모델을 순서대로 전략 모델 캔버스에 기입해 본 다음, 이 회사가 어떤 혁신을 이루어서 지금의 모습이 되었는지를 분석해 보겠습니다.

• 일본 동양경제 온라인 '"30세 연봉" 전국 상위 500사 최신 순위'(https://toyokeizai.net/articles/-/318849?page=2)

가치 제안 구상

첫 단계로, 전략 모델 캔버스의 ① 부분부터 생각해 봅시다. 여기서는 가치 제안(value proposition), 즉, [대상 고객/고객 활동]에 대해 [자사의 가치 제안]을 어떻게 수행할 것인지를 확인합니다.

먼저 키엔스 사례를 살펴봅시다.

대상 고객/고객 활동

키엔스의 주요 사업은 공장 기계에서 사용하는 센서나 계측기 제조로, [고객]은 제조업 기업의 공정 기술자나 기술 개발자입니다.

또한, 제조업 기업이 고객일 때 고객의 업무를 '제품 생산에 필요한 기기나 부품 조달'이라 생각하기 쉽습니다만, 키엔스는 [고객 활동], 즉 고객의 일을 '단순히 기기·부품을 조달하는 것뿐 아니라 업무를 개선하거나 생산성도 함께 올리는 것'이라 정의합니다. 이처럼 고객과 그 활동을 정의할 때는 **본질적인 부분**에 주목해야 합니다.

자사의 가치 제안

다음으로 확인할 것은 [자사의 가치 제안]입니다. 고객의 업무를 '기기·부품 조달'이라 정의했을 때 가치 제안은 '생산 비용이 저렴한 기기·부품을 제공하는 것'이 되지만, 키엔스는 다릅니다.

키엔스에서는 영업 담당자가 고객 현장을 방문하여 제조 설비를 관찰한 다음, **'어떤 센서를 사용하면 제조 속도가 향상될지'를 계산**하고, 기술자에게 **업무 개선이나 생산성 향상에 관해 제안**합니다. 이것이 키엔스가 고객에게 제공하는 가치입니다. 설령 제안한 센서가 비싸더라도 이를 사용함으로써 생산성이 개선되어 제품당 제조 비용이 줄어든다면, 고객에게는 이 고가 제품을 구매할 이유가 생깁니다.

키엔스 사례를 볼 때 자사의 가치 제안이 **같은 업종이라도 고객의 활동을 적절하게 이해하여 정의하면 전혀 다른 것이 된다**는 것을 알 수 있습니다. 즉, '자사의 고객과 그 활동을 어떻게 정의할 것인가?'에 따라 비즈니스 모델의 핵심이 정해진다고 할 수 있습니다.

그림 7-1 키엔스의 대상 고객과 가치 제안

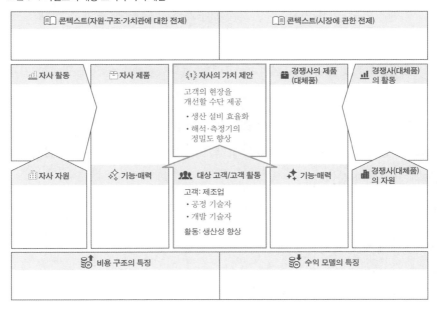

그러면, 여러분의 회사에서는 **[대상 고객/고객 활동]**과 **[자사의 가치 제공]**이 어떠한지 적어 보기 바랍니다.

[대상 고객/고객 활동]과 [자사의 가치 제안] 작성 요령

1. 자사의 [대상 고객]을 구체적으로 적습니다. B2B라면 실제 고객이 되는 부서명이나 직종명도 함께 적습니다. B2C의 경우, 세그먼트(사업 부문)를 적습니다.

2. [고객 활동]에서는 고객 자신이 사내에서 행하는 활동과 사외에서 행하는 활동 각각에 대해 검토합니다.

3. 고객 활동을 수행할 때 과제는 무엇인지를 검토합니다.

4. [자사의 가치 제안]에는 고객의 과제 해결을 위해 자사가 어떤 가치를 제안할 수 있는지를 적습니다.

운영 정리

다음으로, 전략 모델 캔버스의 ② 부분인 **[운영]**을 생각해 봅시다. 구체적으로는 **[자사 자원]**, **[자사 활동]**, **[자사 제품]**, **[기능·매력]**입니다. 고객에게 가치를 제안하려면 '경쟁사가 흉내 낼 수 없는' 비즈니스 구조가 필요합니다.

자사 자원

먼저, '**자사에 어떤 자원이 있는가?**'를 구체적으로 적어 나갑니다. 여기서 말하는 [자원]이란 수익을 얻기 위한 기업 활동에 필요한 요소나 능력으로, 이른바 인재, 물건, 자본, 정보 등입니다. 예를 들어, 제조업이라면 '공장'이나 '제조 설비', IT 기업이라면 '기술 인력'이 이에 해당합니다. 자사의 자원은 **고객에게 제안한 가치를 실현하기 위해 필요합니다.**

키엔스 사례를 통해 조금 구체적으로 살펴보겠습니다. 키엔스에는 크게 3가지 자원이 있습니다. 첫 번째는 '**고객의 과제를 확인하고 해결 방법을 기획·제안할 수 있는 영업 담당자**'입니다. 전문성이 있는 영업 담당자를 1,000명 이상 보유한 회사는 흔치 않습니다. 이러한 인력 운영이 경쟁사가 키엔스를 모방할 수 없도록 하는 핵심 자원입니다.

두 번째는 '**고객의 과제 해결 사례를 모은 데이터베이스**'입니다. 고객에게 제안할 때는 과거의 과제 해결 사례와 관련된 독자적인 데이터가 큰 역할을 합니다.

세 번째는 '**팹리스(fabless)**'입니다. 키엔스 제품의 약 90%는 외부 기업을 통한 위탁 생산이며, 자사에서 직접 제조하는 기기·부품은 기술 노하우를 축적할 수 있는 것에 한정합니다. 이러한 팹리스화에 따라 원료나 제품 재고 부담이나 공장에 근무하는 사원의 인건비를 줄여 효율적으로 영업 이익을 확보합니다. 이처럼 '자원을 가지지 않는 것' 역시 자원에 관련된 특징이라 할 수 있습니다. 일반적인 제조 기업은 자사 공장이나 생산 설비가 가장 중요한 자원이지만, 키엔스는 전략적으로 그 반대의 길을 걷고 있다고 할 수 있습니다.

[자사 자원] 작성 요령

1. 기존 비즈니스 활동에서 자사 자원을 다시 확인합니다.
2. 어떤 자원이 가치 제안에 도움이 되는가를 검토하여 적습니다.
3. 가치 제안과 자사 자원이 잘 조합되지 않는다면, 대상 고객의 활동과 자사 자원을 대조하여 가치 제안을 다시 검토합니다.

자사 활동

이 책에서 제안하는 전략 모델 캔버스에서는 '**가치 제안을 실현하고자 자사의 자원을 어떻게 사용할 것인가?**'와 관련된 것을 [활동]이라 부릅니다. 예를 들어, 제조업에서는 '**비용 효율이 높은 생산**'이 자사 자원을 사용하여 제품을 만드는 활동이 됩니다. 한편, 온라인 쇼핑 사이트에서는 '**많은 상품을 취급하는 것**'이나 '**구매 이력을 이용하여 상품을 추천하는 것**' 등이 활동이 됩니다.

키엔스의 경우, 자사의 자원인 영업 인력이 실제 고객 기업의 현장(공장 등)을 방문하여 생산성 향상과 관련된 과제를 밝혀 냅니다. 과제를 발견하면 새로운 센서 기기나 부품을 도입했을 때 얼마나 제조 속도가 향상될지를 계산하고, 공정 효율화를 위한 기획서를 작성합니다. 고객 기업이 이 기획서를 승인하면 키엔스는 제휴 공장에 제품을 발주하고 납품까지 진행합니다.

[자사 활동] 작성 요령

1. 자원을 활용하여 제품·서비스를 만들려면 무엇을 해야 할지 적습니다.
2. 활동 내용이 유효한지, 효과적인지를 검토하고 이를 적습니다.

자사 제품/기능·매력

[자사 제품]은 [자사 자원]을 이용한 활동으로 만들어지는, 이익 창출 원천입니다. 제품은 업종에 따라 물건이기도 하고, 서비스이기도 합니다. 여기서는 '**자사가 직접 고객에게 제공할 제품은 무엇인가?**', '**그 제품이 고객의 니즈를 충족하는 것은 어떤 기능 때문인가?**', '**고객이 사용하고 싶다고 생각하게 되는 매력은 무엇인가?**' 등을 분석합니다.

예를 들어, 키엔스의 '제품'은 협력사에 주문하여 제조하는 **부품, 측정기, 해석기** 등입니다. 키엔스가 고객에게 제안하는 기기·부품의 단가는 경쟁사보다 비싸다고 알려졌지만, 많은 고객이 이를 이용합니다. 왜냐하면, 이 회사가 고객에게 제공하는 가치는 '저비용'이 아니라 '개선 제안'이기 때문입니다. 제품 납품뿐 아니라 '기획'이라 불리는 개선 제안이나 납품 후의 운용 지원이 이 회사의 기능이자 매력입니다. 이 [기능·매력]이 있기에 비로소, 고객은 높은 단가를 납득하고 키엔스 제품을 구매하는 것입니다.

[자사 제품/기능·매력] 작성 요령

1. 자사의 자원을 사용한 활동을 통해 만들어지는 [제품]을 구체적으로 적습니다.

2. 자사 제품의 기능을 구체적으로 적습니다. [기능]이란 고객 활동에 사용되는 제품·서비스의 요소 또는 역할입니다.

3. 고객이 자사 제품을 선택하도록 하는 매력을 구체적으로 적습니다. [매력]이란 고객이 경쟁사나 대체품과 비교하는 항목입니다.

그림 7-2 키엔스의 운영

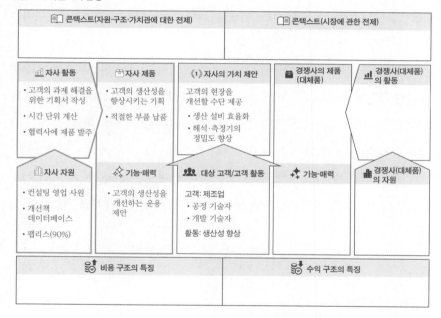

경쟁사 분석

이 책에서 비즈니스 모델 검토에 이용하는 전략 모델 캔버스의 독창성은 경쟁사 분석에 있습니다. 이것은 '기존 비즈니스 혁신'을 목적으로 이 캔버스를 이용한다고 가정하기 때문입니다.

자사 비즈니스 모델이 진부해지는 이유는 여러 가지입니다만, **시장 경쟁에서 경쟁 기업이 자사보다도 혁신적인 가치를 제안했기 때문**인 경우도 드물지 않습니다. 그러므로 '자사와 경쟁사는 무엇이 다른가?'를 확인하는 것은 지속적인 수익을 얻는 데 있어 꼭 필요합니다.

경쟁사 분석은 전략 모델 캔버스의 ③ 부분에 적습니다. 이 장에서 예로 든 키엔스의 경쟁 기업은 **고객에게 수주받아 제조하는 기기·부품 제조사**가 됩니다.

경쟁사(대체품)의 자원

일반적인 기기·부품 제조사의 가장 큰 [자원]은, 제품을 제조하는 **자사 공장**과 생산 공정에 사용하는 **기계**입니다. 또한, 고객의 요구에 따라 특별 제품을 개발하는 제조 현장의 **기술자**나 기술을 개발하는 **연구개발자**도 자원입니다.

경쟁사(대체품)의 활동

기기·부품 제조사의 주요 [활동]은 고객의 요구에 따라 **필요한 부품을 설계·개발**하고 **재료를 조달**하여 **제품을 제조**하는 것입니다. 경쟁 기업의 제공 가치가 '저비용의 특별 제품 제공'이라면, 발주처의 가격 교섭에 대응할 수 있는 **저비용 생산**도 중요한 활동이 됩니다.

경쟁사(대체품)의 제품/기능·매력

일반적인 기기·부품 제조사의 [제품]은 고객이 제품을 만드는 데 바탕이 되는 **'특별 주문 기기·부품'**입니다. 또한 [기능]은 **'고객이 원하는 그대로의 제품'**이며, [매력]은 **'저렴함'**이 됩니다.

이처럼 일반적인 기기·부품 제조사를 분석해 보면 기본적으로 자원은 '공장'이나 '기계'이고, 대규모일수록 저비용 생산이 가능해져 경쟁 우위로 이어진다는 것을 알 수 있습니다.

또한, **제품 그 자체를 제공 가치**라 한다면 경쟁사가 새로운 기능을 추가한 경우, 자사 역시 이를 추가해야만 하므로 지나친 경쟁이 발생하기 쉽습니다. 이렇게 되면 보유 자원의 규모가 승패를 가릅니다. 키엔스의 뛰어난 점은, 경쟁 축을 '고객의 생산성을 향상하기 위한 제안'으로 옮겼다는 것입니다. 생산성을 올리기 위한 '지식'을 제공 가치로 삼음으로써, 팹리스임에도 충분히 운영할 수 있는 비즈니스 모델 구축에 성공했습니다.

[경쟁사 분석] 작성 요령

1. 경쟁사가 가진 [자원]을 구체적으로 적습니다.

2. 자원을 이용한 경쟁사의 [활동]을 구체적으로 적습니다.

3. 경쟁사의 [제품·서비스]와 그 [기능·매력]을 구체적으로 적습니다.

4. 자사의 가치 제안이나 운영과 다른 점을 재확인합니다.

그림 7-3 키엔스의 경쟁사 분석

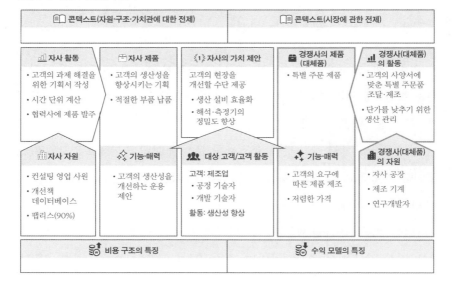

444

수익 모델 설정

여기서부터는 '이 비즈니스 모델로 어떻게 이익을 창출할 것인가?'를 알아봅니다. 전략 모델 캔버스의 ④ 부분에 해당합니다. **[비용 구조의 특징]**과 **[수익 모델의 특징]**에 각각의 내용을 기입합니다.

표 7-1 수익 모델의 2요소

항목	내용
비용 구조의 특징	자사가 비즈니스를 운영할 때 필요한 지출 항목 고정비와 변동비로 나누면 알기 쉬움
수익 모델의 특징	'무엇을', '어떻게' 하여 수익을 얻을지를 구체적으로 작성

비용 구조의 특징

키엔스의 **[비용 구조의 특징]**을 살펴봅시다. 이 회사 고정비의 큰 부분을 차지하는 것은 인건비입니다. 이 회사는 거래가 성립할 때 영업 담당에게 인센티브를 지급하는 구조로 되어 있으며, 기본급도 동종 업계보다 압도적으로 높게 책정되어 있습니다. 전략 모델 캔버스를 보면 이 '**높은 인건비**'가 경쟁 기업이 **흉내 낼 수 없는 부분**임을 알 수 있습니다. 또한, 높은 급여는 영업 담당자의 동기를 높입니다.

기기·부품 제조사에서는 제품의 제조 비용이 변동비가 되고 이것이 큰 지출을 차지하지만, 키엔스는 **팹리스화를 통해 제조 비용을 아주 낮은 수준으로 유지합니다.** 이 역시 키엔스의 특징 중 하나입니다.

[비용 구조의 특징] 작성 요령

1. [고정비]를 기입합니다. 인건비나 사무실 임대료, 전기 요금, 통신비 등(업종에 따라서는 그 밖에도 연구개발비나 영업용 차량 대여 비용 등)
2. [변동비]를 기입합니다. 제조업이라면 자재비, 서비스업이라면 광고홍보비 등

수익 모델의 특징

키엔스의 **[수익 모델의 특징]**은 독자적 가격 설정입니다. 이 회사는 재고를 보유하지 않는 형태의 수익 모델을 채용하고 있는데, 경쟁사의 가격 설정을 참고하지 않고 원가 인상을 반영한 것도 아닌, **'고객이 지불해도 좋다고 생각하는 금액'**으로 가격을 설정한다고 합니다. 이러한 자체 가격 설정이 가능한 것은 앞서 살펴본 운영(p.438)을 통해 '고객의 생산성 제고'라는, 경쟁사와는 다른 가치 제안을 실현하고 있기 때문입니다.

[수익 모델의 특징] 작성 요령

1. 무엇을 팔고 어떻게 수익을 얻을 것인지를 구체적으로 적습니다. 이 책에서 소개한 수익 모델을 참조하여 자사의 사업이 '구독', '광고 모델' 등 어떤 수익 모델에 해당하는지를 기입합니다.
2. 수익을 얻는 구조에 독자성이 있다면 이에 대한 설명을 씁니다.

그림 7-4 키엔스의 수익 모델

📖 콘텍스트(자원·구조·가치관에 대한 전제)			📖 콘텍스트(시장에 관한 전제)	

📊 자사 활동	🏠 자사 제품	①〉 자사의 가치 제안	🖥 경쟁사의 제품 (대체)	📈 경쟁사(대체품)의 활동
• 고객의 과제 해결을 위한 기획서 작성 • 시간 단위 계산 • 협력사에 제품 발주	• 고객의 생산성을 향상시키는 기획 • 적절한 부품 납품	고객의 현장을 개선할 수단 제공 • 생산 설비 효율화 • 해석·측정기의 정밀도 향상	• 특별 주문 제품	• 고객의 사양서에 맞춘 특별 주문품 조달·제조 • 단가를 낮추기 위한 생산 관리

🏢 자사 자원	✨ 기능·매력	👥 대상 고객/고객 활동	✨ 기능·매력	📊 경쟁사(대체품)의 자원
• 컨설팅 영업 사원 • 개선책 데이터베이스 • 팹리스(90%)	• 고객의 생산성을 개선하는 운용 제안	고객: 제조업 • 공정 기술자 • 개발 기술자 활동: 생산성 향상	• 고객의 요구에 따른 제품 제조 • 저렴한 가격	• 자사 공장 • 제조 기계 • 연구개발자

💰 비용 구조의 특징	💰 수익 모델의 특징
• 인건비(높은 급여로 동기를 높임) • 연구개발비(비율은 낮음) • 변동비: 제조 비용(10% 이하)	• 전부 판매(자체 가격 설정)

콘텍스트 확인

앞 절까지 설명한 4개 부분 작성이 모두 끝났다면 다시 전체를 살펴보며 이 비즈니스 모델이 성립할 수 있는지를 확인합니다.

그런 다음, 마지막 부분인 ⑤ **콘텍스트**를 작성합니다. 여기서는 [자원·구조·가치관에 대한 전제]와 [시장에 관한 전제] 2가지를 기입합니다.

이 장에서 설명하는 것은 '**기존 비즈니스의 혁신**'이며, 이미 자사 비즈니스 구조가 있으므로 [자원·구조·가치관에 대한 전제]에는 **현재 비즈니스 모델의 전제**를 기입합니다.

한편, [시장에 관한 전제]는 **이 비즈니스 모델이 시장 요구나 시장 성장을 예측할 수 있는가를 확인하는 부분**입니다. 기존 고객을 담당하는 영업 직원의 이야기를 통해 고객 니즈를 확인하거나, 시장 조사나 고객 인터뷰 등의 마케팅 활동을 통해 정보를 수집하고 그 내용을 적습니다.

키엔스의 사례에서는 '성공 원인 확인'이 됩니다. 혁신이 필요한 비즈니스에서는 현재 상황의 콘텍스트가 자사 이념이나 시장 현실과 맞지 않게 되었음을 확인하고, 비즈니스 모델 각 요소의 재검토로 이어집니다.

자원·구조·가치관에 대한 전제

이제 키엔스의 콘텍스트를 살펴봅시다. 우선 **[자원·구조·가치관에 대한 전제]**입니다. 지금까지 설명한 대로 이 회사의 가치 제안은 '단순히 제품을 파는 것'이 아니라, **'고객의 생산 관련 과제를 해결하는 것'**입니다. 이를 실현하고자 영업 담당자는 반드시 고객의 제조 현장을 방문하고 개선책을 기획·제안합니다.

또한, '생산성 향상' 노하우를 경쟁력으로 삼는다는 점도 중요합니다. 고객에게 제조 속도 개선을 제안할 때 핵심이 되는 것이, 이 회사가 독자적으로 축적한 고객의 제조 현장 관련 지식·노하우입니다.

또한, 키엔스는 **'매출총이익이 80%가 되지 않는 제품은 취급하지 않는다'**고 정해 두고 있습니다. 이 의사결정도 이 회사의 가치 제안이 단순히 기기·부품을 납품하는 것이 아니라 개선책을 제안하는 것이라면 타당성이 있습니다.

[자원·구조·가치관에 대한 전제] 작성 요령
1. 자사가 이 비즈니스 모델을 어떻게 수행할 것인가를 기입합니다.

시장에 관한 전제

[시장에 관한 전제]에는 '이 비즈니스 모델이 어떠한 시장 니즈나 현황을 배경으로 성립하는지'를 기입합니다. 키엔스는 고객의 제조 현장을 확인한 후 작성하는 개선 제안을 통해 고객의 생산성 향상에 이바지합니다. 일반적으로 고객은 자사의 제조 설비 노출을 꺼립니다만, 개선 기획을 위한 것임을 이해하

거나 키엔스와 신뢰 관계가 숙성되어 있다면 생산 현장을 기꺼이 공개합니다.

키엔스 비즈니스 모델의 또 하나 중요한 콘텍스트는 '**특별 주문품은 취급하지 않는다**'는 점입니다. 특별 주문품을 발주·생산하는 경우, 이 기기나 부품은 한 회사에서밖에 사용할 수 없으며, 같은 과제를 가진 다른 기업에도 제공할 수 없습니다.

키엔스에서 기획을 중시하는 것은, **복수 고객에의 가치 제안을 통해 표준품을 만들고, 이를 수평으로 전개하여 여러 곳의 현장에서 업무 개선을 이룰 수 있게 하기 위해서입니다.** 특별 주문품은 제조 비용은 늘어나고 영업 이익은 낮아질 가능성이 있습니다. 키엔스처럼 표준품을 사용하여 여러 고객의 과제를 해결하는 노하우를 축적한다면, 높은 영업 이익률을 실현할 수 있습니다.

【시장에 관한 전제】 작성 요령

1. 자사의 비즈니스 모델과 시장 니즈가 어떻게 일치하는지를 기입합니다.

2. 자사의 비즈니스가 회사 방침이나 자사 이념과 일치하는가를 기입합니다.

3. 시장에 경쟁사가 있는지를 검토하고, 자사가 제공하는 가치가 고객에게 타당한가를 검증하여 그 결과를 통해 발견한 '시장 니즈'가 어떤 것인가를 검토합니다.

그림 7-5 키엔스의 콘텍스트

📖 콘텍스트(자원·구조·가치관에 대한 전제)	📑 콘텍스트(시장에 관한 전제)
• 고객의 생산 관련 과제 해결이 최대 공헌이 됨 • 생산성 향상 관련 계산과 제안이 경쟁력 • 매출총이익이 80% 이상이 아니면 시장에 내놓지 않음	• 현장의 실태에 맞는 개선책 제안으로 고객의 생산성 제고 • 특별 주문품이 없어도 고객의 문제를 해결할 수 있음

📊 자사 활동	🗓 자사 제품	⟨1⟩ 자사의 가치 제안	🚌 경쟁사의 제품 (대체품)	📊 경쟁사(대체품) 의 활동
• 고객의 과제 해결을 위한 기획서 작성 • 시간 단위 계산 • 협력사에 제품 발주	• 고객의 생산성을 향상시키는 기획 • 적절한 부품 납품	고객의 현장을 개선할 수단 제공 • 생산 설비 효율화 • 해석·측정기의 정밀도 향상	• 특별 주문 제품	• 고객의 사양서에 맞춘 특별 주문품 조달·제조 • 단가를 낮추기 위한 생산 관리

🏢 자사 자원	✨ 기능·매력	👥 대상 고객/고객 활동	✨ 기능·매력	🏭 경쟁사 (대체품)의 자원
• 컨설팅 영업 사원 • 개선책 데이터베이스 • 팹리스(90%)	• 고객의 생산성을 개선하는 운용 제안	고객: 제조업 • 공정 기술자 • 개발 기술자 활동: 생산성 향상	• 고객의 요구에 따른 제품 제조 • 저렴한 가격	• 자사 공장 • 제조 기계 • 연구개발자

💰 비용 구조의 특징	💰 수익 모델의 특징
• 인건비(높은 급여로 동기를 높임) • 연구개발비(비율은 낮음) • 변동비: 제조 비용(10% 이하)	• 전부 판매(자체 가격 설정)

지금까지 살펴본 것처럼 키엔스의 가치 제안이 고객의 생산성 향상이기 때문에 자사의 자원을 활용한 비즈니스 실현과 시장 니즈라는 두 가지 콘텍스트를 만족할 수 있었던 것입니다.

[정리] 비즈니스 모델을 혁신하려면

지금까지 진행한 기존 비즈니스 혁신 워크숍에서는 이미 사업을 운영하는 기업이 보유한 자원을 활용하여 고객에게 더 많은 가치를 제공하기 위한 방법을 생각해 보는 과정을 소개했습니다. 사례로 소개한 키엔스는 압도적인 매출과 이익률을 자랑하는 기업입니다만, 창업 초기부터 지금과 같은 가치 제안을 수행한 것은 아닙니다. 특별 주문품 발주 제조를 겸하면서 한정된 고객(거래처 기술자)에 대해 개선 제안을 시작하고 이를 통해 성공 사례를 축적한 다음 기획 제안을 통한 비즈니스로 폭을 넓혀 지금에 이르게 되었습니다.

비즈니스 모델에는 '완성형'이 없습니다. 혁신을 계속하려면 경쟁사에는 없는 자사 고유의 가치 제안을 끊임없이 발굴해야 합니다. 가치 제안을 혁신하면 이것이 운영이나 수익 모델에 영향을 주어 비즈니스 모델 자체가 변하게 됩니다. 기존의 비즈니스가 성공했을 때일수록 자사 자원을 검증하고 조합 방법을 바꾸거나, 새 자원을 획득 혹은 삭감하는 것을 통해 새로운 가치를 창출해 내는 것이 중요합니다.

신규 비즈니스
개발 워크숍

워크숍 워밍업

. . . .

이 장에서는 전략 모델 캔버스를 사용하여 신규 비즈니스를 개발하는 과정을 설명합니다. 기존 비즈니스와 신규 비즈니스의 차이는 '이미 대상 고객이 존재하는가' 여부에 있습니다.

여기서는 잘 알려진 에어비앤비를 예로 들어 설명하겠습니다. **에어비앤비(Airbnb)**는 미국 샌프란시스코에서 룸 셰어를 하던 브라이언 체스키(Brian Chesky)와 조 게비아(Joe Gebbia)가 자신들의 방에 있던 에어 베드(공기 주입식 침대)에 여행객을 재운 것이 그 시작이라 합니다.

현재 에어비앤비에 등록된 숙소 수는 전 세계 약 700만 건으로, 에어비앤비를 사용하여 숙박한 여행자는 5억 명을 넘습니다.

에어비앤비가 획기적이었던 것은 실제 그곳에 사는 일반인의 집에 여행자, 즉 게스트가 머물 수 있었다는 것 때문입니다. 게스트는 '호스트'라 불리는 방 제공자로부터 현지 정보를 얻는 등 커뮤니케이션을 통해 마치 그곳에 사는 듯한 여행을 만끽할 수 있었습니다.

또한, 에어비앤비에는 호텔 소유와 같은 큰 고정비가 필요 없었다는 점도 숙박 시설을 제공하는 업종으로서는 새로운 비즈니스 모델이었습니다. 게다가 하나의 서비스 안에서 저가부터 고가까지 폭넓은 가격 범위의 숙박을 제공한다는 점도, 지금까지는 없었던 에어비앤비의 특징 중 하나입니다.

가치 제안 구상

그러면 전략 모델 캔버스를 사용하여 신규 비즈니스를 개발해 봅시다. 첫 번째로 ① 부분의 가치 제안, 즉 [대상 고객/고객 활동]에 대해 [자사의 가치 제안]을 어떻게 수행할 것인가 확인합니다.

먼저, 에어비앤비의 사례를 살펴봅시다.

대상 고객/고객 활동

에어비앤비에는 2종류의 서로 다른 [대상 고객]이 있습니다. 첫 번째는 싼 값으로 기억에 남는 여행을 하고 싶은 '게스트'입니다. 두 번째는 방을 대여하여 돈을 벌고자 하는 사람, 즉 '호스트'입니다. 2007년 체스키와 게비아가 방을 빌려줬을 당시, 그들은 집세를 해결하지 못해 고민 중이었습니다. 그러다 때마침 샌프란시스코에서 대형 콘퍼런스가 개최되는 바람에 거리의 호텔이 모두 만실임을 알고는 빈방을 일시적으로 빌려주는 에어비앤비 서비스를 떠올렸던 것입니다.

자사의 가치 제안

에어비앤비의 [가치 제안]은 대상 고객마다 다릅니다. 게스트에 대한 가치 제안은 '저렴한 숙박비로 현지 생활을 체험할 수 있다는 것'입니다. 이는 종래의 호텔에서는 볼 수 없었던 가치입니다. 호스트에 대한 가치 제안은 '소유한 빈 방을 활용하여 부담 없이 돈을 버는 것'입니다.

신규 비즈니스를 개발할 때는 사전에 명확한 대상 고객 없이 비즈니스를 진행하면서 이를 발견할 때도 있습니다. 또한, 반드시 기존 비즈니스에 기반을 둘 필요도 없습니다.

그러므로 특정 고객을 상정하고, 이 고객이 '현 시점에서 충족하지 못하고 있는 니즈'를 발견하는 것이 신규 비즈니스 개발의 출발점이 됩니다. 이 책에서는 이와 관련해 자세하게 설명하지는 않지만, 이럴 때는 고객 니즈를 공감형 인터뷰를 통해 찾는 '설계적 접근법(design approach)'이 효과적입니다.

그림 8-1 에어비앤비의 대상 고객과 가치 제안

📖 콘텍스트(자원·구조·가치관에 대한 전제)			📖 콘텍스트(시장에 관한 전제)	
📈 자사 활동	🏷 자사 제품	《1》자사의 가치 제안 개인 여행자 ◎숙박비 절약 ◎현지 생활을 체험 호스트 ●빈방으로 수익 창출	💼 경쟁사의 제품 (대체품)	📊 경쟁사(대체품)의 활동
🏢 자사 자원	✧ 기능·매력	👥 대상 고객/고객 활동 고객 ◎개인 여행자 ●호스트 활동 ◎저렴한 여행 즐기기 ●빈방으로 수익 창출	✦ 기능·매력	📊 경쟁사(대체품)의 자원
💰 비용 구조의 특징			💰 수익 모델의 특징	

◎ 게스트 ● 호스트

그러면, 신규 비즈니스의 비즈니스 모델을 만들어 봅시다.

[대상 고객/고객 활동]과 [자사의 가치 제안] 작성 요령

1. 니즈는 있으나 충족하지 못하는 사례가 주변에 없는지 검토합니다.

2. 이러한 요구가 있는 [고객]은 누구인지를 기입합니다.

3. 에어비앤비와 같이 고객이 2종류 이상이라면 모두 기입합니다. 앞의 그림과 같
   이 기호(◎, ● 등)로 분류하면 알기 쉽습니다.

4. 고객 요구를 만족하려면 무엇이 필요한가를 고민하고, [자사의 가치 제안]에 기
   입합니다.

MEMO

신규 비즈니스에는 처음부터 비즈니스를 시작하는 스타트업인 경우와 이미 사업을 운영하는 기업이 자사의 자원을
활용하여 새로운 비즈니스를 개발하는 경우 2종류가 있습니다.

운영 정리

다음으로, 전략 모델 캔버스의 ② 부분, **[운영]**을 생각해 봅시다. 이번에 구상하는 것은 '지금까지는 없었던 비즈니스'이므로, 먼저 자신이 가진 자원이나 조달할 수 있는 자원을 이용하여 이를 운영할 수 있는지를 검토해야 합니다. 구체적으로는 **[자사 자원]**, **[자사 활동]**, **[자사 제품]**, **[기능·매력]**을 고민하도록 합니다.

자사 자원

에어비앤비의 경우 창업자가 룸 셰어를 했던 **방과 여분의 에어 베드**가 자사의 최초 [자원]이었습니다. 이것만으로도 게스트를 유치할 수 있었습니다만, 비즈니스가 되려면 규모를 키워야 합니다.

에어비앤비는 2008년에 **예약용 웹사이트**를 만들고, 2009년에는 호스트가 자신의 숙소를 등록할 수 있는 플랫폼을 구축했습니다. 이 플랫폼에 **호스트가 등록한 숙소**(호스트가 제공하는 방)가 결과적으로 에어비앤비의 최대 자원이 되었습니다.

또한, 호스트와 게스트가 늘수록 숙박 시설의 훼손이나 무단 예약 취소 등의 문제도 함께 늘어나기 때문에, **법적인 문제를 해결하는 능력과 노하우**도 자원으로 축적했습니다.

[자사 자원] 작성 요령

1. ① 부분에 작성한 [자사의 가치 제안]을 실현하는 데 필요한 자원을 기입합니다.
2. 자사에 있는 자원과 없는 자원을 확인합니다.
3. 지금은 없는 자원을 외부 협력사에 의존한다면 해당 협력사를 [자사 자원] 상자에 기입합니다.

MEMO

신규 비즈니스를 개발할 때 풍부한 자원이 있다고는 할 수 없기 때문에 협력사를 선정하거나 확보하는 것이 비즈니스 모델을 만드는 데 있어 중요합니다. 도움을 줄 것으로 예상하는 협력사가 있다면 이 역시 구체적으로 적습니다.

자사 활동

이 책이 제안하는 전략 모델 캔버스에서는 '어떻게 자사 자원을 사용하여 가치 제안을 실현할 것인가?'에 대한 대처를 [활동]이라 부릅니다.

플랫폼을 이용하여 호스트와 게스트를 연결하는 활동에서는 **양쪽 모두의 정보를 관리**해야 합니다. 에어비앤비와 같이 자택이나 소유한 방에 게스트를 숙박하도록 할 때는 **호스트와 게스트 사이의 신뢰 관계**가 기본입니다. 그러므로 고객 정보의 정확성이나 신뢰성 관리가 중요합니다.

이에 에어비앤비는 신뢰성을 보장하기 위해 호스트와 게스트가 **상호 평가를 기입할 수 있는 기능**을 지원하고 있습니다. 또한, 좋은 평가가 많을수록 이용자의 동기가 높아지므로, 호스트나 게스트에게 **평가를 요청하는 메시지를 보내는 시스템**도 마련했습니다. 이와 함께 **평가가 현저히 낮은 호스트나 게스트의 등록을 해지**하는 것도 에어비앤비가 비즈니스를 유지하는 데 필요한 활동

459

입니다.

그 밖에도 에어비앤비의 사업에서는 등록 호스트가 늘더라도 현지 법률이 민박을 허용하지 않는다면 비즈니스가 성립하지 않으므로 신규 사업을 개발할 때는 **관련 법 확인이나 관련 단체와의 교섭도** 필요합니다.

[자사 자원] 작성 요령

1. 자원을 활용한 제품·서비스를 만드는 데 필요한 것을 기입합니다.
2. 활동 내용이 효과적인지, 효율적인지를 검토하고 이를 기입합니다.

MEMO

제조업에서는 단순히 '제조'하는 것뿐 아니라 어떻게 제품 제조 구조를 구축할 것인가를 적어야 할 때도 있습니다. 또한, 서비스업에서는 새로운 자원으로 확보한 것을 어떻게 운용할 것인가를 검토하는 일도 필요합니다.

자사 제품/기능·매력

에어비앤비가 자사 자원이나 활동을 통해 고객에게 제공하는 서비스, 즉 [제품]은 '호스트와 게스트의 효율적 매칭'입니다. 이 회사는 호스트에게는 '쉬운 방 사진 촬영 방법'이나 '소개글 작성법' 등의 노하우를 제공하여 게스트에게 숙박 시설을 어필하도록 합니다. 한편, 게스트에게는 '쉬운 검색'이나 '호스트에 대한 사전 질문' 등의 기능을 제공하여 이용을 촉진합니다.

또한, '숙박 시의 파손', '문제 발생'에 대응하는 제도와 보증은 에어비앤비가 고객에게 제공하는 [매력]이라 할 수 있습니다. 실제로 이 회사는 2012년부터 최대 약 10억 원을 보증하는 '호스트 보증 프로그램'을 시작했습니다.

이러한 자사의 자원과 활동을 통해 만들어지는 에어비앤비의 제품(서비스)과 그 기능·매력은 외국의 모르는 사람의 집에 머물 게스트와 얼굴도 모르는 게스트를 받아들일 호스트 모두가 안심할 수 있는 구조라 할 수 있습니다.

[자사 제품/기능·매력] 작성 요령

1. 자사 제품이 갖춘 '기능'을 구체적으로 기입합니다. [기능]이란 고객 활동에 사용되는 제품·서비스 요소 또는 역할입니다.
2. 고객이 자사 제품을 선택하게 되는 '매력'을 구체적으로 기입합니다. [매력]이란 고객이 경쟁사나 대체품과 비교하는 항목입니다.

그림 8-2 에어비앤비의 운영

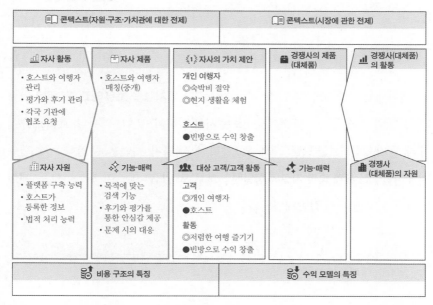

◎ 게스트 ● 호스트

461

경쟁사 분석

신규 비즈니스를 개발하는 경우에도 경쟁사나 대체품은 반드시 존재합니다. 이 절에서는 고객이 안은 과제에 대해 같은 가치를 제공하는 기업이나 제품·서비스를, 전략 모델 캔버스의 ③ 부분에서 분석합니다.

여기서는 에어비앤비의 최대 경쟁사를 호텔로 가정하겠습니다.

경쟁사(대체품)의 자원

에어비앤비와 호텔의 가장 큰 차이는 '숙박 시설을 보유하고 있는가?'입니다. 호텔의 가장 큰 [자원]은 '**자사 보유 시설**'입니다. 또한, 역사나 호화로움에 따라 평가되는 '**호텔 브랜드**'도 중요합니다. 게다가 체인을 운영하는 호텔이 제공하는 '**전 세계 숙박 시설의 통일된 노하우**'도 있습니다. 이 3가지 모두 에어비앤비의 자원과는 정반대입니다.

경쟁사(대체품)의 활동

보유 시설이나 브랜드, 통일된 노하우를 바탕으로 호텔이 수행하는 [활동]은 고객이 **세계 어디를 여행하더라도 균일한 숙박 환경과 서비스를 제공하는** 것입니다. 이 활동이 호텔의 제품(서비스) 가치를 결정합니다.

경쟁사(대체품)의 제품/기능·매력

호텔이 게스트에게 제공하는 [제품(서비스)]은 **방과 숙박 관련 서비스**입니다. 한편, 에어비앤비가 제공하는 제품(서비스)는 **게스트와 호스트의 연결**입니다. '여행지에서 숙박한다'라는 **똑같은 목적이라도** 제공하는 제품은 전혀 다르다는 것을 알 수 있습니다.

이와 함께 에어비앤비와는 다른 호텔의 [차별화 원천]이 되는 것은 **좋은 입지**와 **가격**입니다. 또한, 호텔이 가진 [매력]은 **서비스 품질**과 **보안**입니다.

그림 8-3 에어비앤비의 경쟁사 분석

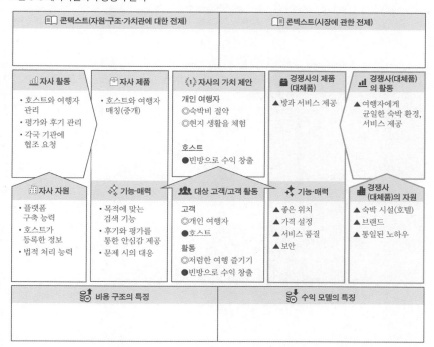

◎ 게스트 ● 호스트 ▲ 경쟁사

[경쟁사 분석] 작성 요령

1. 고객에게 자사와 같은 가치를 제공하는 기업을 경쟁사로 설정합니다. 이때 가치 제공의 수준 차이를 고려할 필요는 없습니다.

2. 경쟁사가 보유한 [자원]을 구체적으로 기입합니다.

3. 경쟁사가 자원을 이용하여 수행하는 [활동]을 구체적으로 기입합니다.

4. 경쟁사의 [제품·서비스]와 그 [기능·매력]을 구체적으로 기입합니다.

5. 자사가 제공하는 가치 제안이나 운영이 경쟁사가 이미 제공하는 것과 다른지 확인합니다.

수익 모델 설정

신규 비즈니스를 시작할 때 수익을 올릴 수 있을지는 항상 가설(예상) 상태에서 출발합니다. 그러므로 수익 모델에 대한 사고방식이 기존 사업의 비즈니스 모델과는 크게 다릅니다.

그러면 ④ 부분, 즉 '신규 비즈니스를 시작하려 할 때 어떤 수익 모델을 설정할 것인가?'를 살펴봅시다.

비용 구조의 특징

[비용 구조의 특징]에는 **자사가 비즈니스를 운영하는 데 필요한 지출 항목을 구**체적으로 기입합니다. 고정비와 변동비를 나누어 쓰면 알기 쉽습니다. 에어비앤비는 플랫폼 비즈니스이므로 주요 고정비는 **시스템 운영비**(통신비, 서버 사용료 등)와 **인건비**입니다. 숙박 관련 사고 대책으로 보험료가 필요합니다만, 이는 호스트 수에 비례하는 변동비입니다.

[비용 구조의 특징] 작성 요령

1. 자사의 지출 중 [고정비]를 구체적으로 기입합니다.

2. 자사의 지출 중 [변동비]를 구체적으로 기입합니다.

3. 고정비가 어느 정도 비율일지를 예상합니다.

4. 사업 시작 후에 크게 변할 것 같은 비용과 변화하지 않을 것 같은 비용을 예상합니다.

5. 특히 규모에 따라 변하는 비용이 무엇인지 생각해 둡니다.

수익 모델의 특징

[수익 모델의 특징]에는 자사가 '무엇을', '어떻게' 하여 수입을 얻을 것인가를 구체적으로 적습니다. 에어비앤비의 수입은 **중개 수수료**이므로, 자사의 지출 규모에 따른 수수료율로 정하면 됩니다.

[수익 모델의 특징] 작성 요령

1. 무엇을 팔고 어떻게 수익을 올릴 것인가를 구체적으로 기입합니다.

2. 수익을 얻는 구조에 독자성이 있다면 그 설명을 적습니다.

3. 비용이 수익을 훨씬 초과할 때는 절감할 가능성이 있는지를 검토합니다.

MEMO

에어비앤비는 호스트와 게스트가 지급하는 '서비스 수수료'가 수익 모델이므로 '수수료'라고 기입하면 됩니다. 또한, 스타트업이라면 시작할 때의 수익 모델로 '투자자로부터의 자금 조달'을 기입하는 경우도 있습니다. 이때는 어느 정도의 금액을 조달해야 비즈니스를 시작할 수 있는지도 함께 적습니다.

그림 8-4 에어비앤비의 수익 모델

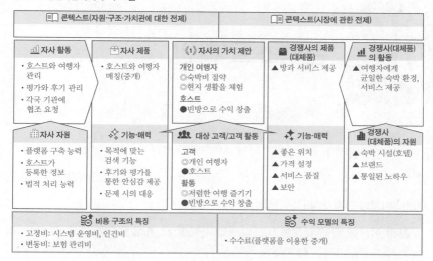

◎ 게스트 ● 호스트 ▲ 경쟁사

지금부터 새로운 비즈니스를 창업하는 경우가 아니더라도, 자사 자원을 활용하여 신규 사업을 기획하는 경우에도 수익을 올리기까지는 일정 기간이 필요합니다. 신규 사업을 시작할 때 설정한 수익 모델은 어디까지나 가설이므로, 처음에는 예상한 비용과 수익 균형을 현실적으로 고려하여 적고, 이후 실제로 사업을 운영하면서 상황에 따라 수익과 비용 구조를 수시로 재검토하도록 합니다.

콘텍스트 확인

4부분의 작성이 끝났다면 다시 전체를 살펴보고 이 비즈니스 모델이 정말로 성립할지를 확인합니다. 그런 다음, ⑤ 부분의 **[자원·구조·가치관에 대한 전제]**와 **[시장에 관한 전제]**를 작성합니다.

현재 시장에 없는 새로운 비즈니스를 시작할 때 가장 중요한 것은 ⑤ 부분, 즉 '콘텍스트'입니다. 시장에 없는 가치 제안이더라도 애당초 고객 니즈가 없다면 시장에 내놓는다 한들 수익을 얻을 수는 없습니다. 그러므로 시장 조사를 실행하여 시장 규모나 예상되는 고객 수요 등을 파악해야 합니다.

그러나 시장 조사가 너무 지나치면 아이디어에 제약을 걸어 버릴 수도 있습니다. 너무 신중한 나머지 행동하지 못한다면 실패는 하지 않겠지만, 성공역시 불가능합니다. 세상에는 에어비앤비처럼 일단 사업을 시작하고, **시장의 동향에 맞춰 개선해 가며 성공**한 사례도 많습니다.

1장에서 "콘텍스트란 사업의 가설을 명시하는 것"이라 했는데, 신규 비즈니스라면 특히 그렇습니다. 이를 염두하면서 적절한 시장 조사와 시행착오를 통해 진행하도록 합니다.

자원·구조·가치관에 대한 전제

그럼 에어비앤비의 콘텍스트를 살펴봅시다. 먼저 [자원·구조·가치관에 대한 전제]입니다. 숙박할 방은 호스트가 소유한 것이므로 에어비앤비가 설비 투자를 할 필요는 없습니다. 이 '호스트의 빈방을 게스트의 숙박 장소로 제공하는 구조'는 스타트업 비즈니스를 개발할 때 걱정거리인 '대규모 투자'가 필요하지 않으므로 사업 실현 가능성이 커집니다.

또한, 이 회사의 주요 활동은 플랫폼 제공자로서 정보를 관리하는 것이므로 축적한 정보를 이용하여 고객에게 안심·안전을 담보할 수 있게 됩니다.

비즈니스 구조가 '플랫폼 비즈니스'이므로 네트워크 효과(p.360)에 의해 호스트와 게스트가 비례하여 증가하리라 예상할 수 있습니다. 이용자 규모가 커질수록 결과적으로 전략 모델 캔버스의 오른쪽 위에 있는 [시장에 관한 전제]에도 충분한 영향을 미칠 수 있습니다.

'자원·구조·가치관에 대한 전제' 작성 요령

1. 자사가 이 비즈니스를 현실적으로 실현할 수 있는 배경이 되는 전제(가설)를 기입합니다.
2. 제조업·서비스업에 관계없이 자사 이외의 협력사를 포함한 비즈니스를 고려하는 경우에는, 협력사가 자사에 협력하도록 할 유인책을 구상합니다.

시장에 관한 전제

[시장에 관한 전제]에는 '이 비즈니스 모델이 어떤 시장 니즈나 현황을 배경으로 성립하는 것인가?'를 적습니다. 에어비앤비의 대상 고객은 패키지 여행을 이용하지 않는 개인 여행자(게스트)입니다. 이 고객층은 일정한 시장 규모를 이룬다고 예상할 수 있으며, 기존 여행사가 대상으로 하는 고객과는 전혀 겹치지 않습니다. 또한, 제공하는 가치는 '방'뿐 아니라 이에 더하여 '현지에서 생활하는 듯한 체험'이므로 호텔과도 직접 경쟁하지 않습니다.

또 하나의 고객인 호스트와 관련해서는 **숙박할 수 있는 빈방은 세계 어느 지역이든 있을 터입니다.** 즉, 에어비앤비의 비즈니스 모델은 시장의 수요와 공급을 생각할 때 타당성이 높은 것임을 알 수 있습니다.

'시장에 관한 전제' 작성 요령

1. 자사가 운영할 비즈니스와 시장 요구가 어떻게 일치하는가를 기입합니다.

그림 8-5 에어비앤비의 콘텍스트

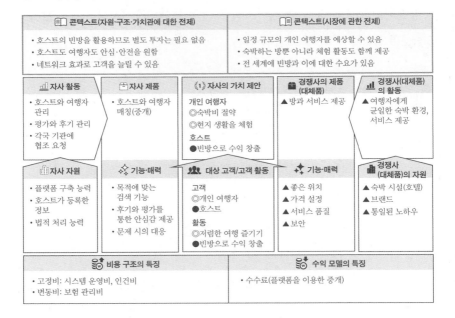

📖 콘텍스트(자원·구조·가치관에 대한 전제)	📗 콘텍스트(시장에 관한 전제)
• 호스트의 빈방을 활용하므로 별도 투자는 필요 없음 • 호스트도 여행자도 안심·안전을 원함 • 네트워크 효과로 고객을 늘릴 수 있음	• 일정 규모의 개인 여행자를 예상할 수 있음 • 숙박하는 방뿐 아니라 체험 활동도 함께 제공 • 전 세계에 빈방과 이에 대한 수요가 있음

📊 자사 활동	🗂 자사 제품	💡 자사의 가치 제안	🏢 경쟁사의 제품(대체품)	📈 경쟁사(대체품)의 활동
• 호스트와 여행자 관리 • 평가와 후기 관리 • 각국 기관에 협조 요청	• 호스트와 여행자 매칭(중개)	개인 여행자 ◎숙박비 절약 ◎현지 생활을 체험 호스트 ●빈방으로 수익 창출	▲방과 서비스 제공	▲여행자에게 균일한 숙박 환경, 서비스 제공

🏗 자사 자원	✨ 기능·매력	👥 대상 고객/고객 활동	✨ 기능·매력	🏢 경쟁사(대체품)의 자원
• 플랫폼 구축 능력 • 호스트가 등록한 정보 • 법적 처리 능력	• 목적에 맞는 검색 기능 • 후기와 평가를 통한 안심감 제공 • 문제 시의 대응	고객 ◎개인 여행자 ●호스트 활동 ◎저렴한 여행 즐기기 ●빈방으로 수익 창출	▲좋은 위치 ▲가격 설정 ▲서비스 품질 ▲보안	▲숙박 시설(호텔) ▲브랜드 ▲통일된 노하우

💰 비용 구조의 특징	💰 수익 모델의 특징
• 고정비: 시스템 운영비, 인건비 • 변동비: 보험 관리비	• 수수료(플랫폼을 이용한 중개)

◎ 게스트 ● 호스트 ▲ 경쟁사

이제 지금까지 차례대로 작성한 신규 비즈니스의 비즈니스 모델에 대해 자사의 자원이나 구조, 시장 타당성을 검증해 보도록 합시다.

신규 비즈니스일 때는 시장 니즈가 기존 사업과는 다르다는 점에 주의해야 합니다. 제조업이라면 '자사의 자원을 활용한 서비스 제공'에 니즈가 존재할지도 모릅니다. 한편, 서비스업이라면 '서비스에 더해 제품도 자사에서 제공'하는 편이 제공 가치를 높일 수도 있습니다. 이처럼 기존 사고방식과 조금 다른 니즈에도 눈을 돌려 봅시다.

[정리] 신규 비즈니스를 개발하려면

새로운 비즈니스를 개발할 때 중요한 것은 전략 모델이며, 그 출발점이 되는 것이 대상 고객 설정입니다. 그러므로 고객 니즈에 관해서는 7장 〈기존 비즈니스 혁신〉에서보다 더 세밀한 고려가 필요합니다.

스타트업 비즈니스를 시작할 때는 '전체 수는 적더라도 가치가 높은 고객 니즈를 발견해야 한다'고 합니다만, 새로운 비즈니스 모델을 만들 때는 장래에 '가치가 높은 고객 니즈'의 규모를 확대할 수 있을 만큼의 콘텍스트가 있는지 확인해야 합니다. 이럴 때 전략 모델 캔버스가 도움이 됩니다.

또한, 이미 기존 사업을 운영 중인 기업이 신규 비즈니스를 시작할 때는 신규 비즈니스 대상 고객의 니즈에 자사 자원이나 활동이 맞아떨어지는지를 전략 모델 캔버스로 확인하면 좋습니다. 이미 성공한 기업임에도 신규 비즈니스 개발에 고전하는 이유 중 하나는, 보유한 자원과 기존 시장 니즈에 집착하기 때문입니다. 전략 모델 캔버스 사고법을 이용하여 대상 고객으로부터 비즈니스를 개발하기 시작한다면, 자사 자원을 활용한 지금은 보이지 않는 가치 제안을 발견할 수 있을 것입니다.

시장 니즈를 특정하는 작업은 책상 위에서는 한계가 있습니다. 대상으로 가정한 고객의 활동을 실제로 관찰하거나 인터뷰하는 등, 공감적인 자세를 갖고 시장 니즈를 탐색해야만 합니다.

크게 성공한 기업이나 급성장한 기업은 독자적인 비즈니스 모델을 구축하고 있습니다. 예를 들어, 이 책 3부에서 살펴본 에어비앤비는 '민박' 분야에서 급성장한 기업입니다. 코로나 팬데믹으로 잠시 실적이 정체 중이긴 합니다만, 2020년 8월에 기업공개(IPO)를 신청했으며, 그 가치는 약 20조 원이라 합니다.

에어비앤비는 이전에는 없었던 비즈니스 모델을 실현했습니다. 그리고 타사가 쉽게는 모방할 수 없는 장벽을 만드는 데 성공했습니다. 그렇다면 여러분은 에어비앤비와 같이 될 수 없을까요? 아마도 같은 시장에 같은 비즈니스 모델로 진입한대도 성공하거나 성장하기는 어려울 것입니다. 그러나 에어비앤비의 비즈니스 모델을 참고하여, 다른 산업에서 새로운 비즈니스 모델을 구축할 수는 있습니다. 에어비앤비의 전략 모델은 '공유'이며 수익 모델은 '종량제'의 '성과 보수'입니다. 이 패턴을 참고하여 다른 산업 분야에서 새로운 비즈니스를 고안해 보는 것. 이것이 이 책에서 살펴본 다양한 '패턴'의 사용법입니다.

경제학자 조지프 슘페터(Joseph A. Schumpeter)는 기술 혁신은 곧 '새로운 결합을 수행하는 것'이라 주장했습니다. 여기서 '새로운 결합'이란 토지, 노동, 자본 등의 생산 요소의 조합 방식을 바꾸는 것을 말합니다. 새롭게 결합하는 것이 반드시 새로운 기술에 기초해야 하는 것은 아닙니다. 새로운 기술이 아니더라도 기존의 생산 요소를 이용하여 새로운 서비스를 발상해 내는 사람도 있습니다. 예를 들어, 1,200엔으로 머리를 깎을 수 있는 QB하우스의 비즈니스 모델은 획기적이긴 하나, 특별한 선진 기술을 발명하고 이를 사용한 것은 아닙니다(설비 개량은 존재).

이 책의 독자 여러분은 각 산업 분야에서 새로운 결합을 창조하는 데 도전했으면 합니다. 이 책이 제안한 '전략 모델 캔버스'는, '탐색(신규 사업 개발)'과 '심화(기존 사업 혁신)' 양쪽 모두에 사용할 수 있습니다.

정답이 없는 시대일수록 새로운 가치를 만들어 내는 힘, 그리고 스스로 변화하는 힘이 필요합니다. 독자 여러분이나 여러분이 참여하는 기업이 '살아남는 데 필요한 창조력'을 기르는 데 이 책이 일조했으면 하는 바람입니다.

네코로 타츠유키(根来龍之), 토가시 카오리(富樫佳織), 아지로 사토시(足代訓史)